政治体制改革
中国路径

CHINESE PATH OF
POLITICAL SYSTEM REFORM

景跃进 著

"十三五"国家重点出版物出版规划项目

中国财政经济出版传媒集团

经济科学出版社
Economic Science Press

图书在版编目（CIP）数据

政治体制改革的中国路径/曾峻著．—北京：经济科学出版社，2020.7（2022.9 重印）
（中国道路．政治建设卷）
ISBN 978-7-5218-1727-0

Ⅰ.①政… Ⅱ.①曾… Ⅲ.①政治体制改革-研究-中国 Ⅳ.①D6

中国版本图书馆 CIP 数据核字（2020）第 133155 号

责任编辑：孙丽丽
责任校对：郑淑艳
责任印制：李 鹏 范 艳

政治体制改革的中国路径
曾 峻 著

经济科学出版社出版、发行 新华书店经销
社址：北京市海淀区阜成路甲 28 号 邮编：100142
总编部电话：010-88191217 发行部电话：010-88191522
网址：www.esp.com.cn
电子邮箱：esp@esp.com.cn
天猫网店：经济科学出版社旗舰店
网址：http://jjkxcbs.tmall.com
北京季蜂印刷有限公司印装
710×1000 16 开 17 印张 220000 字
2020 年 7 月第 1 版 2022 年 9 月第 2 次印刷
ISBN 978-7-5218-1727-0 定价：68.00 元
（图书出现印装问题，本社负责调换。电话：010-88191510）
（版权所有 侵权必究 打击盗版 举报热线：010-88191661
QQ：2242791300 营销中心电话：010-88191537
电子邮箱：dbts@esp.com.cn）

《中国道路》丛书编委会

顾　　　问：魏礼群　马建堂　许宏才

总　主　编：顾海良

编委会成员：（按姓氏笔画为序）
　　　　　　马建堂　王天义　刘　志　吕　政
　　　　　　向春玲　陈江生　季正聚　季　明
　　　　　　竺彩华　周法兴　赵建军　逄锦聚
　　　　　　姜　辉　顾海良　高　飞　黄泰岩
　　　　　　傅才武　曾　峻　魏礼群　魏海生

政治建设卷

主　　　编：曾　峻　王公龙

《中国道路》丛书审读委员会

主　任：吕　萍

委　员：李洪波　陈迈利　柳　敏　樊曙华
　　　　刘明晖　孙丽丽　胡蔚婷

总　　序

中国道路就是中国特色社会主义道路。习近平总书记指出，中国特色社会主义这条道路来之不易，它是在改革开放三十多年的伟大实践中走出来的，是在中华人民共和国成立六十多年的持续探索中走出来的，是在对近代以来一百七十多年中华民族发展历程的深刻总结中走出来的，是在对中华民族五千多年悠久文明的传承中走出来的，具有深厚的历史渊源和广泛的现实基础。

道路决定命运。中国道路是发展中国、富强中国之路，是一条实现中华民族伟大复兴中国梦的人间正道、康庄大道。要增强中国道路自信、理论自信、制度自信、文化自信，确保中国特色社会主义道路沿着正确方向胜利前进。《中国道路》丛书，就是以此为主旨，对中国道路的实践、成就和经验，以及历史、现实与未来，分卷分册做出全景式展示。

丛书按主题分作十卷百册。十卷的主题分别为：经济建设、政治建设、文化建设、社会建设、生态文明建设、国防与军队建设、外交与国际战略、党的领导和建设、马克思主义中国化、世界对中国道路评价。每卷按分卷主题的具体内容分为若干册，各册对实践探索、改革历程、发展成效、经验总结、理论创新等方面问题做出阐释。在阐释中，以改革开放四十多年伟大实践为主要内容，结合新中国成立七十年的持续探索，对中华民族近代以来发展历程以及悠久文明传承的总结，既有强烈的时代感，又有深刻的历史感召力和面向未来的震撼力。

丛书整体策划，分卷作业。在写作风格上，注重历史和现实相贯通、国际和国内相关联、理论和实际相结合，对中国道路的重大理论和实践问题做出探索；注重对中国道路的实践经验、理论创新做出求实、求真的阐释；注重对中国道路做出富有特色的、令人信服的国际表达；注重对中国道路为发展中国家走向现代化的途径、为解决人类问题所贡献的中国智慧和中国方案的阐释。

在新中国成立特别是改革开放以来我国发展取得的重大成就基础上，近代以来久经磨难的中华民族实现了从站起来、富起来到强起来的历史性飞跃，焕发出强大生机活力，迈进中国特色社会主义道路发展的新时代。在新时代建设社会主义现代化强国的新的历史征程中，中国财经出版传媒集团经济科学出版社、中国特色社会主义经济建设协同创新中心精心策划、组织编写《中国道路》丛书有着更为显著的、重要的理论意义和现实意义。

《中国道路》丛书2015年策划启动，2017年开始陆续推出。丛书2016年列入"十三五"国家重点出版物出版规划项目、主题出版规划项目。丛书第一批，2017年列入国家"90种迎接党的十九大精品出版选题"；2018年获国家出版基金资助，作为馆藏图书被大英图书馆收藏；2019年被中宣部遴选为"书影中的70年·新中国图书版本展"参展图书，并入选国家社科基金中华学术外译项目推荐选题目录。

《中国道路》丛书编委会

目　录

绪论　/　1

第一章　新中国政治制度的缘起与演化　/　13

一、中西政治制度的近代碰撞　/　13

二、新民主主义共和国方案　/　19

三、社会主义政治制度的确立与探索　/　31

第二章　新时期政治体制改革的开启与推进　/　46

一、政治体制改革的起步与设计　/　46

二、积极稳妥推进政治体制改革　/　61

三、政治建设与政治体制改革并举　/　71

第三章　新时代政治体制改革的拓展与深化　/　83

一、政治体制改革的新目标新格局　/　83

二、全面加强民主政治制度建设　/　88

三、全面推进职能转变与组织体系变革　/　96

四、全面深化司法体制改革　/　107

五、全面从严治党背景下的权力监督　/　112

第四章 理论与实践的三重来源及其整合 / 119

一、马克思主义国家理论 / 119
二、人类政治文明的有益成果 / 125
三、中华优秀传统治理经验 / 132
四、政治体制改革的行动指南 / 141

第五章 多元目标的平衡与中国式诠释 / 148

一、多元目标任务及其关系 / 148
二、民主政治的中国主张 / 155
三、法治国家的中国内涵 / 164
四、治理现代化的中国表达 / 172

第六章 渐进策略与改革的基本经验 / 179

一、坚持既积极又稳妥的总基调 / 179
二、坚持走中国特色政治发展道路 / 183
三、坚持和完善中国特色政治制度 / 191
四、坚持政治体制改革的科学方法 / 197

第七章 政治体制改革的成效与展望 / 214

一、评价政治制度的中国标准 / 214
二、渐进式改革的革命性成效 / 223
三、政治体制改革的历史性贡献 / 233
四、政治体制改革未有穷期 / 243

参考文献 / 251
后记 / 259

绪　论

2018年,中国迎来政治体制改革的"不惑之年"。与其他领域改革一样,中国政治体制改革时间跨度长,不同阶段的提法和做法也不尽相同,理论界观点更是众说纷呈。各种实践和评论有利于丰富认知,但不免有"见木不见林"的缺憾。因此,有必要强调整体论视角并提出一个中心概念来系统总结中国政治体制改革,并揭示这一改革所致力完善的政治制度总体特征。

一

政治体制改革是中国全面改革的组成部分,是在坚持基本政治制度前提下,改革不适应、不科学因素,促进政治制度完善,不断发展社会主义民主,推进社会主义法治国家建设。"政治体制改革"这一概念本身即已表明,从一开始中国的政治体制改革就是在基本政治制度框架内进行的,目的在于优化基本政治制度,而非另起炉灶、建立一套迥然不同的制度体系。改革开放以后,邓小平有意识地区分"基本制度"和"具体制度"、"政治制度"和"政治体制",用意就在于此。可以说,坚持政治制度与完善政治制度的关系是中国政治体制改革的"元命题",贯穿在各个具体领域和环节,决定着政治体制改革的性质、方向与效果。

从政治体制改革的属性出发,不难把握改革的范围。也就是说，凡是政治制度涉及的领域，都有一个改革完善问题。如党的领导体制改革、人民代表大会制度与选举制度改革、中国共产党领导的多党合作与政治协商制度改革、民族区域自治制度改革、基层群众自治制度改革、行政体制改革、司法体制改革、监察体制改革、群团体制改革、公共事业单位改革、国防与军事体制改革、干部人事制度改革，等等。在每个大的领域内，又可进一步析分出更具体的改革对象。如行政体制改革包括行政机构改革、公务员制度改革、财政体制改革、执法体制改革、行政区划改革、中央与地方关系改革，等等。如果再进一步析分，这些领域的改革又包括更加具体的事项。如公务员制度改革包括招录、职位职级、工资福利、考核、辞退等改革事项。所以，政治体制改革的内容是一个经纬交织的网络结构，横向上涵盖政治制度和运行的所有方面，纵向上每个方面又都包含由宏观到微观不同层次的内容。在这个意义上，作为全面改革一部分的政治体制改革，其自身同样是一个系统工程。

对于内容、议题如此广泛的政治体制改革，政治学界有两种审视方式。第一种属于"分解式的"。分解的方式首先是指针对某个领域的研究，这种研究有助于深入透析某个方面政治体制改革的实践和理论，但与深刻性伴随的往往是片面性，无法把握改革的概貌以及具体领域、要素之间的关系。问题在于，一些对政治体制改革作整体研究的著述，也存在"清单式"罗列现象。这些论著除了有少数章节讨论政治体制改革的必要性、重要性、目标、原则、特点等所谓基本问题外，其余章节几乎都是分别研究某个具体领域的改革，最后变成单个领域改革的简单汇总。第二种研究方式是"整合式的"。这种研究方式旨在把政治体制改革作为一个有机整体来进行把握，不仅反映政治体制改革的全貌，而且反映构成要件之间的关系。

当然，理论研究所揭示的事物之间的联系不是表层的，而是内在的、有机的，也只有这样，它所反映的全貌才能接近实际。

绪　论

改革开放以来，中国政治体制改革范围如此之广、力度如此之大、成果如此之多、影响如此之深，已经具备进行系统回顾和总结的条件。整合式的研究并非"一网打尽"、穷尽所有，理想境界是提出一个能反映事物总体特征的概念，借助这个概念来解释各种具体事实。这个概念之所以能够解释各种事实，因为它是从具体事实中抽象出来的，而不是主观炮制出来的，这是从概念发生角度来说的。从概念运用角度来说，它也离不开具体事实，即需要借助具体事实才能说明概念的效力。

二

本书试图用"合金"来概括并分析中国政治体制改革的基本特点，把政治体制改革视为一个在更高层次上回归并重新塑造"合金型"政治制度的过程。"合金"是十多年来笔者思考中国模式的一个角度，本书以此作为分析中国政治体制改革的中轴概念。

中国改革开放有个现象非常突出，受到人们的高度关注：许多提法都注意统筹兼顾、努力平衡各种复杂关系。20世纪80年代，邓小平的"两手抓"思想引人瞩目。90年代，江泽民提出在经济与社会发展过程中必须正确处理"十二大关系"。进入21世纪，胡锦涛把改革开放基本经验概括为"十个结合"。无论是"两手抓"还是"十个结合"，都意味着各方面工作有两个及两个以上要素构成。坚持和发展马克思主义，坚持四项基本原则和改革开放，社会主义和初级阶段，社会主义和市场经济，市场机制和政府作用，发展公有制经济和非公经济，按劳分配和按其他要素分配，让一部分人先富起来和共同富裕，效率和公平，改革、发展和稳定，"走出去"与"引进来"，等等，无不包含着一种"关系"结构，体现出明显的多元、包容和融合特征。然而，人们又强烈地感受到，中国社会主义国家性质没有变，马克思主义指导地位没有变，中国共产党领导作用没有变，共产主义远大理想没有变，这些仍然是中国理论与实践的重要成分，而且是属于主体、处于主导地位的成分。

对于这种既多元又一体的状况，国外一些人称为"中国模式"，笔者称之为"合金型"社会。合金是由两种以上的金属与金属或非金属经过一定的工艺而形成的具有更好品质的新物质。合金物在保留或强化单一元素优点的同时，又通过引入新元素克服了原有元素的缺点。人类冶炼历史最悠久并仍然陈列在博物馆的合金当属青铜，青铜就是在纯铜中加入锡或铅等金属而形成的合金。人类目前运用最广泛的钢铁也是一种合金。纯铁虽储藏丰富、硬度高，但易生锈、易脆裂。钢铁就是把纯铁与碳、硅、锰、磷、硫等元素混合并进行冶炼而得到的结果，它不仅强度更高，而且不易生锈。合金物中既有原来的主体元素又有新加入的元素，并且有机地结合在一起，可以借用过来形象化地概括改革开放后中国社会的总体特征。①

改革开放后形成的中国模式的合金特征，表现在各个方面。以公共管理为例，合金型治理具体表现为以服务为核心的多元公共管理价值体系、以中国共产党为领导的多层公共管理主体、以发展为主导取向的多重公共管理职能、以上下结合为原则的公共管理关系等。② 再以文化为例，近年来，文化自信被放在与道路自信、制度自信、理论自信同等重要的位置，而且是更基础、更广泛、更深厚的自信。然而，文化自信中的"文化"不能仅仅理解为"单一的"中华优秀传统文化，更不能理解为传统文化，而应理解为由中华优秀传统文化、中国共产党革命文化和社会主

---

① 曾峻：《中国特色社会主义的"合金"品质》，载于《党政论坛》2010年第5期。

② 参见曾峻等：《中国特色社会主义公共管理研究》，人民出版社2013年版。

义先进文化共同组成的"复合文化",是一种兼顾"本来""外来"与"未来"的"合金型"文化。① 也正因为如此,这种文化才能与同样具有"合金"性质的道路、制度和理论相匹配并相互支撑。②

在政治领域,党和国家根本组织原则——民主集中制包括民主和集中两个方面;党的领导与人民当家作主、依法治国有机统一包括三大要素;中国共产党领导的多党合作与政治协商制度包括中国共产党的领导和多党合作、民主协商等要素;民族区域自治制度是国家统一、民族因素、区域因素的结合;"一国两制"中既有"一国"也有"两制";权力防控体系中有教育,也有监督和制约;干部标准强调德才兼备、以德为先;法治国家建设,坚持德治与法治统一。凡此种种都表明,中国政治制度和政治实践同样具有"合金"特征。这种"合金型"政治制度,是政治体制改革追求的目标,也是政治体制改革带来的结果。

三

把"合金型"政治制度视为政治体制改革追求的目标,或者把政治体制改革视为回归和重塑"合金型"政治制度的过程,暗含了这样一个前提:改革开放以前,这种政治制度已经存在,但在一个时期发生了偏移,所以才需要回归。此外,这种回归又不是简单回到原初状态,而是注入新的元素和内容,使原来的制度得到进一步的丰富、发展和完善,"重塑"或"再造"就是从这个角度来讲的。本书第一至第三章,即是从历时态上回顾这个

---

① 曾峻:《文化自信源于综合性创造》,载于《社会科学报》2016年8月25日。
② 曾峻:《文化自信与道路自信、理论自信、制度自信的关系》,引自上海市中国特色社会主义理论体系研究中心:《文化自信:创造引领潮流的时代精神》,上海人民出版社2017年版。

过程，其中的主线是"一"与"多"的变奏。

从鸦片战争到中国共产党提出新民主主义共和国方案，是由"一"到"多"的过程。秦至清两千多年间，中国逐步建立起以皇权为中心的完备的专制政体。近代以降，在西方军事力量强势冲击下，清廷开始在原有政体下引入某些西方现代政治制度做法，中国政治元素由"一"变为"二"，即传统元素和西方元素，其中主体成分是传统的。孙中山领导的资产阶级革命实现了国家权力归属的翻转，资产阶级共和国取代帝制成为主导的成分，传统因素下降为次要因素。马克思主义的传播、中国共产党的成立、红色政权的建立，标志着国家权力归属实现了第二次翻转，社会主义因素出现。这样，中国政治元素由"二"变为"三"：传统的因素、现代西方文明的因素、社会主义的因素。

单就社会主义因素看，同样经历了一个由"一"到"多"的变化过程。最初是模仿苏联做法，无论政权的内容、形式还是名称都带有明显的苏联痕迹。抗日战争爆发后，为建立全民族抗日统一战线，中国共产党对陕甘宁边区和抗日根据地的政权作出重大调整，在形式上肯定了国民政府的某些做法。但这并非权宜之计，而是在特定条件下明确了资产阶级共和国的历史价值。同时，中国共产党开始自觉探索中国革命道路与未来政体，赋予其民族特色和民族形式。新中国成立前，毛泽东在《论联合政府》《新民主主义论》等论著中提出的新民主主义共和国方案，把资产阶级共和国形式、中华民族特色、社会主义因素结合起来，是中国共产党创造的"合金型"政体第一个版本。

从20世纪50年代开始到中共十一届三中全会前，是从"多"再到"一"的过程。随着新中国的成立，社会主义政治要素逐步上升为主导因素。《共同纲领》规定的政治制度属于新民主主义共和国方案，体现出多种政治要素集合、多种政治力量联合的特征。"五四宪法"虽然已经属于社会主义性质的宪法，但仍然保留了新民主主义时期的政治理念和制度安排，其中也包括西方宪法及有关做法，如毛泽东所说，并没有一笔抹杀资产阶级民主①。但是，随着阶级斗争变成主要矛盾，"左"的错误愈演愈烈。在政治上表现为，中国政治制度中的其他因素逐渐消失，单一色彩不断强化，并在"文化大革命"期间达到极致。人民民主专政被无产阶级专政取代，人民代表大会制度被革命委员会取代，基层政权被人民公社取代，法律规定的民主形式被"四大民主"取代，社会主义法制遭到破坏，党和国家机构无法正常运行。所有这一切都是教条化乃至错误对待马克思主义国家理论的结果，是"左"的错误在政治领域的具体反映。

中共十一届三中全会以后，是再由"一"回到"多"的过程，即重新回到"合金型"政治制度轨道上来，政治体制改革是实现这种回归的途径和手段。在邓小平领导下，中国正式开启政治体制改革，重点解决权力高度集中问题，通过法律制度重建使基本政治制度恢复到"五四宪法"和中共八大时的状态，同时也根据形势发展要求作出调整和完善。在江泽民领导下，按照积极稳妥要求，继续推进政治体制改革，提出社会主义政治文明、依法治国、中国特色社会主义政治发展道路等重要思想，行政体制、基层民主、党内民主等领域的改革成效显著。在胡锦涛领导下，中国政治发展走向改革与建设并行阶段，在政治体制改革之外提出加强政治建设的一系列新举措。中共十八大以来，尽管"政治体制改革"出现的频次不多，但改革涉及的广度、力度和效度却是空前的；在推进国家治理体系和治理能力现代化语境下，政治体制改革的立意也达到空前的高度。习近平关于社会主义政治建设的论述，明确了新时代政治体制改革的方向、原则、重点，也对已经形成的理论共识和制度成果进行了系统集成。经由持续不断的政治体制改革，中国"合金型"政治制度得到丰富发展，呈现螺旋式上升态势。

---

① 《毛泽东文集》第6卷，人民出版社1999年版，第326页。

四

中国政治体制改革"多元一体"的特点，在理论来源、目标任务、策略方法、评价标准与实际成效等方面得到充分显现。对此的分析，是本书第四至第七章的内容。

政治体制改革理论与实践来源具有多重性。一是马克思主义国家理论。这是政治体制改革的根本指导，设定了改革的性质、原则与走向。二是包括西方在内的人类政治文明有益成果。它们反映了人类政治发展的共同规律，因而成为政治体制改革的重要资源。三是中华优秀传统治理经验。中国共产党对此进行创造性转化，某些经验及其背后独特的思维方式、价值观念在当代中国政治中得到体现。对于上述理论及有关做法，中国共产党都没有采取简单临摹或移植的做法，而是立足中国实际需要进行选择，并在实践中把它们结合起来。

政治体制改革的目标与任务具有多元性。中国是一个后发现代化国家，政治体制改革是在坚持基本政治制度框架下的改革，需要超越"左"与右等各种干扰，因而需要在同一过程中达到多个目标、完成多个任务，"毕其功于一役"。民主、法治、平等、自由、参与、公平、正义、廉洁、透明、效率、安全、发展，是中华民族、社会主义和各国人民的共同价值，也是中国政治发展的现实需要。在众多目标、价值和任务中，中国从实际出发进行优选、排序，纳入现代化和民族复兴的宏大叙事之中。中国还赋予民主、法治和治理等重要目标与价值新内涵，不仅在实现路径上而且在目标方向上体现出中国特色、中国贡献。

政治体制改革的策略与方法具有辩证性。中国政治体制改革坚持渐进式改革策略，妥善处理改革的进取性与稳妥性关系，坚持把党的领导、人民民主与依法治国统一起来，坚持走中国特色社会主义政治发展道路,始终着眼于巩固和扩大社会主义政治制度的特色与优势。在具体方法上,坚持目标引领与问题导向相结合、基层探索与高层推动相结合、分类改革与系统集成相结合、治标之举与治本之策相结合,确保改革行稳致远。

政治体制改革取得的成效与贡献具有全面性。在政治制度评价上,中国摆脱单纯的西方标准束缚,从政治本身的内在标准和经济社会变革的外部标准两个维度全面评价政治体制改革成效和政治制度优劣。中国的政治体制改革不仅使科学社会主义的政治主张焕发生机活力,推动中华文明现代化,而且为人类政治发展贡献了中国道路、中国制度、中国理论、中国智慧。政治体制改革书写了中国政治发展、人类政治发展的新篇章。

五

倘若我们认可中国共产党创设的政治制度具有合金特征,改革开放后的政治体制改革所做的一切努力都旨在重新回到这种制度并进行重大发展和完善,那么,我们还需要追问:何以如此?为什么中国会发展出这样的制度?它是独一无二的吗?对于当前和今后的政治实践有何意义?

中国共产党为什么能够创设并不断发展独特的政治制度?首先因为她是"共产党"。共产党意味着始终以马克思主义为指导、以共产主义为远大理想、以人的解放和全面发展为根本目标。同时,中国共产党人深谙马克思主义实践性、开放性特征,在坚持马克思主义基本原理和方法的同时,致力于马克思主义与实践、时代结合,使之展示出历史的、具体的和生动的形态。特别是马克思主义经典作家推崇的辩证法及其分析社会所运用的范畴和工具,为社会运动提供了无限的可能和巨大的空间。在他们看来,历史不是静态的,更不是固化的,而是动态的、开放的。

包括政治体制在内的改革开放这场伟大的社会实践，深刻地反映了马克思主义的精神实质。

中国共产党之所以能够创设并不断发展独特的政治制度，还因为她是"中国"共产党。何谓"中国"？中国是一个空间概念，还是一个文化概念。就当下而言，中国就是960多万平方公里国土以及生活在其中的13多亿民众及他们祖先共同创造的文化。然而，就历史而言，中国的范围、人口构成和文化却是变动不居的，经过数千年积淀才达到目前的状态。而且这种积淀不是地质层式的简单累积，而是合金性的再造。中华民族和中华文明是内外部各种因素相互交流、融合而塑造的。从起源上看，中华文明从一开始就是多个族群、多种异质文明相互作用的产物。文明标志之一的青铜器冶炼技术很可能由西亚或中亚传入。中华文明内部和外部之间的互动、融合贯穿于中国历史的始终，先后吸收了印度文明、中东文明以及西方文明许多因素，这是中华文明生生不息、推陈出新的原因所在。马克思主义传入中国后，则形成马克思主义、中华文明与西方文明三元互动局面。[①] 立足马克思主义，同时弘扬中华优秀传统文化、吸收借鉴现代文明成果，塑造出一种全新的制度和文明，是中国共产党所承载的历史使命。

中国共产党继承中华文明的和合精神、求是精神和创造精神，并使之在社会主义伟大实践中发扬光大。从这个角度看，"合金型"社会是由中国革命、建设和改革自身的特点决定的。在经济社会落后的东方国家如何建设社会主义、发展社会主义，是一项前所未有的事业，没有先例可循，也无法照搬他国现成做法，只能立足国情进行探索。这就决定了改革带有相当大的试验性和渐进性，必须善于学习借鉴一切有益因素，必须在兼顾各种关系中谨慎前行。当然，辽阔的地域、多样化的社会、巨大的差

---

① 曾峻：《文明视野中的中国特色社会主义》，载于《上海行政学院学报》2013年第4期。

异性，也为在保持主导、主体因素前提下吸收新的元素、实践各种方案提供了必要的条件。

中国道路、中国制度是中国特殊历史、特殊文化、特殊国情决定的，因此是"独一无二"的，所以不能学，也学不了，而不可推广的模式是没有多少意义的。这是近年来常见的一种论调。对此，我们的理解是：首先，中国无意于推广自己的模式，更不希望别人复制自己的模式，因为我们从来就反对别人把自己的模式强加给中国或复制别人的模式。但不能因此否认中国道路、中国制度的价值，因为这种制度能够造福全球近五分之一的人。13多亿的人口规模超过北美、欧洲、日本、韩国、澳大利亚、新西兰等所有国家人口之和。中国全面实现现代化，就能把13亿人带入现代化，这是对人类历史多么大的贡献。其次，中国制度、中国道路的真正价值并不是某些具体做法，而在于基本理念。这种理念就是坚持以人民福祉为中心，以需求和问题为导向，不断推动政策完善和制度发展；这种理念就是秉持开放、包容、进取、创新的心态，集百家之长于一体。这是中国道路、中国制度之"特"的精髓所在。反观某些西方国家，长期的"优越"地位导致它们不愿甚至不敢正视自身的不足，拒绝学习，拒绝改变，逐步走向傲慢自大、故步自封的境地，进而走向思想僵化、制度固化，最终逃脱不了衰败的命运。

中国政治体制改革及其重塑的"合金型"政治制度，对于继续做好自己的事情启示更多、意义更大。第一，中国政治体制改革成效显著、贡献巨大，但与理想状态尚有距离，民主、法治和国家治理的一些难题尚未完全解决，某些具体做法也有待时间和实践的进一步检验，同时内外部环境正在发生前所未有的变化，因此需要继续推进改革，让中国政治制度的优势和魅力得到更加充分的展示。

第二，"多元一体、有主有辅"是"合金型"制度的完整内涵，中国政治制度的优势源于此。只看到多元、多样或只看到一体、主要因素，都是片面的，过度强调或强化某个方面在实践中是有害的。这已被过往历史反复证明。

第三，开放、变革和创新是中华文明的历史常态和核心精神，是中国之谓"中国"的精妙之处。我们强调的"中国"意识，不是当初带有傲慢情结的"中央之国"，更不是带有自恋情结的"民族主义"。今天我们所说的"中国"是56个民族共同创造的中国，是包含着古今中外多重文明元素的中国，是面向未来、面向现代化、面向世界的中国。这才是真正的中国，能够永立于此的是这样的中国。也只有这样的中国，才能不断成就自己、造福世界。与此相反，有意无意把中华民族简化为汉族、把中国简化为汉族居住区、把中国文化简单等同于"国学"特别是儒学、把中国意识等同于回到过去的各种做法，恰恰背离了中国精神，给国人和外人以错误印象，更不利于中国未来的成长。

第一章

新中国政治制度的缘起与演化

如果说政治体制改革是在更高层次上回归并重塑"合金型"政治制度的话,那么,就必须搞清楚这个制度的原型是什么、是从何而来的。中国特色社会主义政治制度在改革开放以后形成,但其渊源则可追溯到改革开放以及新中国成立之前,是中国共产党人历经艰辛、不断探索才逐步形成的。回首当代中国政治制度的"前世今生",有助于认识到这个制度来之不易,有助于深入把握其内在精髓,更有助于厘清40多年政治体制改革的主题与旨趣。

一、中西政治制度的近代碰撞

鸦片战争后,在内忧外患双重冲击下,中国古代传统政治制度遭受到前所未有的冲击。清朝政府推行的政治变革是回应冲击的第一次尝试,即在传统专制君主制内引入西方制度元素。孙中山的政治设计及民国政治实践属于第二次尝试,但基点发生根本性逆转的同时又在实行现代共和制前提下保留某些传统元素或援引传统资源为资产阶级共和国张目。

(一) 传统之体与西方之用

随着军事上不断受挫，19世纪40年代起，封建统治阶层中的少数分子开始介绍其他国家的政治制度，并从制度上反思传统政治的弊端。主张"师夷长技以制夷"的魏源在《海国图志》中较早介绍过英国的议会（"巴厘满"）制度和美国总统（"大酋"）制，指出美国人选举总统这一做法，"一变古今官家之局，而人心翕然，可不谓公乎？""议事听讼，选官举贤，皆自下始，众可可之，众否否之，众恶恶之，三占从二，舍独循同，即在下预议之，亦先有公举，可不谓周乎？"① 在这段文字中，魏源对西方政治制度的态度跃然纸上。西方政治制度知识和理论的引入在专制铁幕中打开一个缝隙，为近世国人的政治选择提供了另类方案。

面对越来越强烈的"欧风美雨"，面对越来越多经济和军事的失利，清政府开始自我调整。从政治实践层面看，先后经历三次大的调整。一是组织机构变革。19世纪60年代起，清政府设立总理各国事务衙门、同文馆、总税务司、南北洋通商大臣、海军衙门等机构或官职，以适应对外交往以及举办近代工业等需要。二是戊戌变法。1898年，康有为、梁启超等维新派提出一整套救亡图存改良主张。政治上仿效日本，建立"君民同体"新制度，开设国会，制定宪法，修订官职。百日维新虽无疾而终，却把变革指向运行两千多年的中国传统政体，实现从物器之变到制度之变的跃升。三是立宪运动。1901年，清廷决定实行"新政"，内容涵盖机构、军事、法律和文教等领域。1905年，清廷选派五大臣考察西方九国政治，为制度变革作准备。1906年，清廷正式宣布开始预备立宪。清政府一方面承认"各国所以富强者，实由于实行宪法，取决公论，君民一体，呼吸相通，博

---

① ［清］魏源：《海国图志》，岳麓书社1998年版，第1611页。

采众长,名定权限,以及筹备财用,经画政务,无不公之于黎庶",另一方面,又说"目前规制未备,民智未开,若操切从事,涂饰空文",因而改革"必从官制入手",同时"广兴教育,清理财务,整饬武备,普设巡警,使绅民明悉国政",等到数年后时机成熟再确定实行立宪具体时间。[①] 这里不赘述清末预备立宪详细过程,其结局却有目共睹:在浩浩荡荡的革命面前,这次带有鲜明保守性的变革仍然没有结出果实。

实事求是地看,清朝后期三次政治变革是不断深入的,从机构改革到维新变法再到颁行宪法,清政府对待域外政治制度看法的转变也客观上有利于社会舆论的转向和变革氛围的形成。但清末政治制度变革有一个共同特点,套用彼时流行说法就是"中体西用",也就是在维持君主专制之"体"前提下引入西方宪法和政治制度之"用",各项变革举措的主体、重心仍在专制君主制,目的在于巩固"一人一姓"的长久统治。清朝后期政治变革特别是预备立宪运动失败的启示是多方面的,但最关键的一条是,专制制度已被历史所淘汰,所以后来无论直接或变相恢复帝制的努力都会被世人唾弃。

(二)西制之体与传统之用

改良失败,则革命成为首选。1894年孙中山上书李鸿章失败后,曾表达出这样的心声:"目前中国的制度以及现今的政府绝不可能有什么改善,也决不会搞什么改革,只能加以推翻,无法进行改良。期望当今的中国政府能在时代要求影响下自我革新,并接触欧洲文化,这等于希望农场的一头猪会对农业全神贯注并善于耕作,那怕这头猪在农场里喂养得很好又能接近它的文明的主人。"取代现行制度的是什么样的制度呢?孙中山认为是一个"负责任的、有代表性的政体"。而实现这种政体的途径则

---

① 《清末筹备立宪档案史料》,中华书局1979年版,第43~44页。

是"人民的起义"。①

孙中山所向往的"负责任的、有代表性的政体"的理论与制度的"底色"无疑来自西方，属于现代共和政治谱系，这是以孙中山为代表的革命党人与清廷的本质区分。不过，从孙中山开始建构全新的共和国方案之日，他就不希望把西方政体"全盘照抄过来"，因为"我们有自己的文明"，虽然它已"停滞不前"。② 1911年11月，孙中山在欧洲发表演讲指出，未来的"联邦共和政体""将取欧美之民主以为模范，同时仍取数千年前旧有文化而融贯之"。③ 1923年，他则将自己的政治思想概括为三个部分："因袭吾国固有之思想者""规抚欧洲之学说事迹者""吾所独见而创获者"。④ 这说明立足西方政体，同时援引中国既有政治资源以建构一种新的制度模式，是孙中山终其一生的信念。

针对当时国内外以"革命"为大逆不道的思想，孙中山指出，孔子说过"汤武革命，顺乎天而应乎人"，所以革命是"圣人之事业""神圣之事业"，是"天赋之人权"，"革命"也是"最美之名辞"。⑤ 孙中山经常引用孔子孟子论述为三民主义提供理论支撑。他特别强调，变专制政体为共和政体，四万万人都来管理国家，就是古人所说的"公天下"；三民主义"不过演绎中华三千年来汉民族所保有之治国平天下之理想而成之者也"。⑥ 孙中山不仅在理论上把西方民主与中国传统文化中的积极因素结合起来，而且在制度设计上把西方实践与中国实际结合起来，力主共和政体的同时，注意克服西方政治制度中的某些缺憾，努力寻求一条从帝制走向共和的现实路径。

在民权与政权关系上，主张权能分治。孙中山认为，政治由

---

①② 《孙中山全集》第1卷，中华书局1981年版，第86～87页。
③ 《孙中山全集》第1卷，中华书局1981年版，第560页。
④ 《孙中山全集》第7卷，中华书局1985年版，第60页。
⑤ 《孙中山全集》第1卷，中华书局1981年版，第441～442页。
⑥ 《孙中山全集》第9卷，中华书局1986年版，第532页。

主权和治权两方面构成，前者由人民行使，后者由政权行使。人民主权包括选举权、罢免权、创制权、复决权四种直接权力，也包括人民选举产生的代议机构行使的间接权力，只有这两类权力得到充分实现，才能做到民有、民治、民享，才能防止政府滥权。人民主权的双重结构，反映出孙中山对欧美民主的整合取向。孙中山还意识到，人民权力也不能过头，要避免出现"政府无能"情况。孙中山的这层考虑，出于中国一盘散沙的局面、对民智未开的忧虑和对有效政府的诉求，同时也折射出对西方过度民主的警惕。

在政权内部关系上，主张五权分立。孙中山指出，历览各国宪法，不成文宪法以英国最好，成文宪法以美国最好，不过"英是不能学的，美是不必学的"。因为英国宪法对各种政治权力界定不清，而美国宪法也显得不完全适用，所以必须"创一种新主义，叫作'五权分立'"。具体来说，就是在立法、司法、行政三权之外增加考选权和纠察权（后改为考试权和监察权）。考选权本是中国传统制度一大特色，但在专制体制下却垄断于君主一人之手，运用到民主体制下可以防止少数公职人员滥竽充数。纠察权的设立则可以避免西方议会无人监督的弊端[①]。"五权分立"的精髓是权力分立与制衡，这是与西方政体相同之处；对全体公职人员进行统一考铨和全面监督，则是与西方不同之处。

在中央与地方关系上，主张析权均权。起初，孙中山希望仿效美国，通过自下而上的革命，使各省成为自主国，然后通过联邦制将全国统一起来。这一路径一方面有利于国民革命，另一方面也考虑到中国区域差异，赋予地方较大权力可以防止地方势力觊觎国家权力。辛亥革命后，面对地方督军的兴起，孙中山表达出"今日中国似有分割与多数共和国之象"的担忧[②]。于是，

[①] 《孙中山全集》第1卷，中华书局1981年版，第329~331页。
[②] 《孙中山全集》第1卷，中华书局1981年版，第559页。

孙中山放弃原先的联邦制主张，要求"保持政治统一，将以建单一之国，行集权之制"。与此同时，发展地方自治，训练国民，"养共和之基础，补中央之所未逮"①。地方无权，会导致中央专制；地方坐大，又会导致中央软弱，孙中山认为，走出这种两难困境的办法是厘清各自权限并实行上下分权。1924年1月，"均权主义"正式写入中国国民党第一次全国代表大会宣言。② 在这次会议上，继提出"五族共和"思想之后，孙中山又提出联合周边少数民族组成"大中华民国"的设想③，可以说这是解决多民族国家统一问题的先声。

在建立共和国策略上，主张分步实施。孙中山基于对国情的考察，始终注重循序渐进建国。1923年1月，孙中山在《申报》五十周年纪念专刊上发表《中国革命史》一文，提出建国"三期论"，即军政、训政、宪政。1924年1月，孙中山在《国民政府建国大纲》中对此作进一步阐发。建国"三期论"是孙中山反思辛亥革命后政治乱象的结果，认为缺乏国民素质训练和必要的准备必然导致四大流弊：旧污未能荡涤，新治无由进行；粉饰旧污，以为新治；发扬旧污，压抑新治；假民治之名，行专制之实。④ 孙中山分阶段渐进实现民主建国的思想，触及中国民主政治的约束条件问题，可谓对东方国家政治现代化道路的初步探索。

在政党与国家关系上，主张"以党治国"。受英美政治制度影响，孙中山起初倾向于议会政治，也就是通过政党竞争掌握议会、进而掌握整个政权以实现政治意图。然而，北洋政府时期的议会纷争，使这种想法落空。"二次革命"失利后，在苏俄革命巨大冲击下，孙中山实现了从"效法英美"到"以俄为师"的

---

① 《孙中山全集》第2卷，中华书局1982年版，第399页。
② 《孙中山全集》第9卷，中华书局1986年版，第123页。
③ 《孙中山全集》第9卷，中华书局1986年版，第107页。
④ 《孙中山全集》第7卷，中华书局1985年版，第66~67页。

转向。转向既体现在对三民主义的重新阐发上，也体现在对政党作用及其与国家关系的重新界定上。首先必须改造国民党，使之从一个相对松散、纪律较差的政党转变为一个纪律严明、权力集中的政党，突出党的领袖的绝对权威。孙中山指出，之所以要这样做，也是比较中西方国情而得出的结论。西方因缺乏自由而要摆脱专制痛苦，中国的问题则是自由太多，缺乏团体凝聚力，因此需要限制个人自由，把本党团结起来，使力量加大，使革命容易成功。① 实现政党内部整合后，再"把党放在国上"②，并掌握军队，从而实现对国家的整合。"以党治国"与建国"三期论"提出时间大致相当，这表明孙中山把政党视为"建国""治国"的关键力量，进一步揭示出政党在中国政治转型中的特殊地位与作用。

孙中山的民主共和思想虽然在实践中被蒋介石及国民党政府所扭曲，但在这一思想鼓动下，长达两千多年的专制政体被推翻，对传播现代政治理念与制度产生了广泛而深远的影响。特别是孙中山把西方政治制度模式与中国历史文化和当时中国国情结合起来，力图设计并积极推行一种包含中国元素的资产阶级共和国方案，体现出努力超越西方政体的取向。

二、新民主主义共和国方案

十月革命一声炮响，为中国送来马克思列宁主义。在此背景下，中国政治制度的探索再次发生转向。继资产阶级共和国取代专制主义之后，新民主主义共和国取代资产阶级共和国。毛泽东把这种新民主主义共和国称为政治制度的"第三种形式"，它既

---

① 《孙中山全集》第9卷，中华书局1986年版，第137页。
② 《孙中山全集》第9卷，中华书局1986年版，第104页。

不同于资产阶级共和国又不同于苏式社会主义共和国，是人民民主专政国体、共和国政体、民族表现形式的有机结合。

（一）走俄国人的路

1914年，当国人为国内政治乱象进行思考与抗争之际，第一次世界大战爆发。近代中国效仿的西方社会陷入战争状态，使国人对西方文明产生怀疑，政治制度选择处于进退维谷之中。1917年，俄国十月革命胜利打破这种僵局，又一种新的选择摆在人们面前。

十月革命后第三天，《民国日报》刊发《突如其来的俄国大政变》予以报道，并把新政权称为"劳兵政府"。1918年11月，李大钊在《布尔什维主义的胜利》中，热情讴歌苏俄革命，指出这是"庶民的胜利"、劳工的胜利，布尔什维克建立的政权是"劳工联合的会议"。1919年8月，毛泽东在《民众的大联合》中把苏俄政权称为"劳农两界"合立的"委办政府"[1]。这表明，当时的知识分子已经认识到苏俄政权是劳动大众的政权。1919年，《新群》杂志第3期刊载梁乔山文章，指出苏维埃宪法"特异之处"[2]，"苏维埃"一词见诸国内文献。《解放与改造》第6期刊发张君劢翻译的俄罗斯苏维埃联邦共和国宪法全文，俄罗斯宪法完整地被介绍到国内。

1920年三四月间，"苏俄第一次对华宣言"传到中国，宣言承诺交还原来沙俄政府在中国掠夺的权益。对于近代以来饱受列强欺凌的中国人来说，此举进一步改变了他们对苏俄政权的态度。同年，《新青年》推出《俄罗斯研究》专栏，刊载大量列宁等人的文章以及介绍苏俄情况的材料。同期还刊载陈独秀撰写的《谈政

---

[1] 毛泽东：《民众的大联合（三）》，引自《毛泽东早期文稿》，湖南出版社1990年版，第390页。

[2] 梁乔山：《俄苏维埃共和宪法评论之评论》，载于《新群》1919年第1卷第3期，第2页。

治》，提出要通过阶级革命建立"列宁的劳动专政"。1920年9月16日，蔡和森从法国致信毛泽东明确指出，社会主义的主要方法，就是"阶级战争——无产阶级专政"。阶级斗争则首先要组建共产党，社会主义革命后要"建设一架无产阶级机关——苏维埃"，无产阶级不掌握政权，万不能实现经济解放。① 由于蔡和森是在私人通信中表达自己观点的，因此对外界影响有限，但从一个侧面说明通过社会革命建立苏俄类型政权已成为实际需要。

1920年11月，中国共产党早期组织发表《中国共产党宣言》，首次使用"无产阶级专政"概念。这一提法后正式写入中共一大通过的党纲。一大党纲"承认苏维埃管理制度"的表述，其英文译本就是"采取苏维埃的形式"。中共一大宣告中国共产党的诞生，明确了包括政治制度方面的奋斗目标，但如何达到这些目标、阶段性任务是什么却考虑不多。在共产国际指导下，中共二大提出民主革命时期的纲领。就政治建设而言，内容包括：反对割据式的联省自治和大一统的武力统一，推翻一切军阀，由人民统一中国本部，建立一个真正民主共和国；同时促成蒙古、西藏、回疆三自治邦，再联合成为中华联邦共和国。当然，二大宣言也反复提醒，工人阶级不能忘记第二步奋斗目标，即在将来实行"与贫苦农民联合的无产阶级专政"，"预备与贫农联合组织苏维埃"。因此，在民主主义联合战线里，应保持自身独立性，训练自己的组织力和战斗力，最终达到完全解放的目的。② 1923年，中共三大通过的《中国共产党党纲草案》重申党的最高目的："建立无产阶级独裁制，创造世界的苏维埃共和国，以进于无产阶级的共产社会。"③

---

① 《蔡和森文集》，人民出版社2013年版，第69页。
② 中共中央文献研究室、中央档案馆：《建党以来重要文献选编（1921~1949）》第1册，中央文献出版社2011年版，第133~134页。
③ 中共中央文献研究室、中央档案馆：《建党以来重要文献选编（1921~1949）》第1册，中央文献出版社2011年版，第252页。

国共合作破裂后，建立由中国共产党领导的苏维埃政权被提上议事日程。1927年5月，中共五大明确"必须建立工农小资产阶级的民权独裁制"。12月，中共领导的广州起义爆发，第一个苏维埃政权在古老的中国大地上诞生。1928年6月至7月，中共六大在莫斯科召开，会议通过的《苏维埃政权的组织问题决议案》是中共建党后最完备的苏维埃政权建设文件。随着局部政权先后建立，中共中央进一步提出召开全国苏维埃代表大会，进而建立全国性苏维埃政权的任务。虽然因为种种原因，筹备会以及代表大会的会期一再延迟，但客观上促进了苏维埃建政的发展。到1930年下半年，农村革命根据地已有三百多县的苏维埃政权，统辖人口五千多万，红军人数超过十万人。①

1931年9月，第三次反围剿取得胜利，苏区中央局进驻瑞金。赣南、闽西及其周围苏区连成一片，形成二十一县、五万平方公里、二百五十万人口、五万红军的广大根据地，中央苏区进入全盛期。② 11月7日，中华苏维埃第一次全国代表大会在江西瑞金召开，来自中央苏区、闽西、湘鄂赣、湘赣、琼崖等苏区以及红军一三军团、二六军、十六军及各独立师的610名代表参加会议。大会通过中华苏维埃共和国宪法草案，宣告成立中华苏维埃临时中央政府。

中共领导的苏维埃建政运动是继建党、建军后的标志性事件，在政治上确立社会主义运动的方向，确立人民大众的主体地位，确立当代中国政治制度的雏形。另外，也应看到，根据地时期的苏维埃运动不可避免带有当时"左"倾冒险主义痕迹，在严酷的战争条件下一些制度和政策也未能得到充分贯彻，更重要的是，该运动无论名称还是内容都明显照搬苏联做法。

---

① 中共中央文献研究室、中央档案馆：《建党以来重要文献选编（1921～1949)》第7册，中央文献出版社2011年版，第409页。
② 唐志宏、谭继和主编：《中华苏维埃共和国史稿》，成都出版社1993年版，第245页。

（二）使马克思主义在中国具体化

"使马克思主义在中国具体化"是 1938 年 10 月毛泽东在中共六届六中全会上提出的一个命题。此时，中国共产党已在陕北站稳脚跟；此前在长征途中召开的遵义会议，扭转军事上的被动局面，适合中国国情的革命道路开始形成。提出"使马克思主义在中国具体化"，则标志着中国共产党更加自觉地把马克思主义与中国实际全面结合起来，"使之在其每一表现中带着必须有的中国的特性"[①]。这里的"每一表现"包括政治制度方面的表现，即马克思主义国家理论、苏联社会主义政治制度也必须按照中国特点去应用。抗日战争爆发后出现的新情况成为中国共产党独立探索具有中国特点政治制度的实际需要。

1935 年 8 月 1 日，驻共产国际的中共代表团以中华苏维埃政府和中共中央名义发表《为抗日救国告全体同胞书》，提出组建由抗日各阶级各阶层各党各军队各民族的国防政府，不再坚持原来的苏维埃政权形式。12 月，中共中央召开瓦窑堡会议。会议指出，新组建的政府不仅要代表中国工农群众，而且代表中华民族，苏维埃工农共和国已无法适应这种定位，因此应改为"人民共和国"，以利于吸纳一切抗日力量参与政权，并使之成为"反日反卖国贼共同目标之下的各阶级联盟"[②]。1936 年 9 月，中共中央进一步提出建立民主共和国的主张，指出："这是团结一切抗日力量来保障中国领土完整和预防中国人民遭受亡国灭种的惨祸的最好方法，而且这也是从广大的人民的民主要求产生出来的最适当的统一战线的口号"，这种政治制度比局限于部分区域的

[①] 《毛泽东选集》第 2 卷，人民出版社 1991 年版，第 534 页。
[②] 中共中央文献研究室、中央档案馆：《建党以来重要文献选编（1921～1949）》第 12 册，中央文献出版社 2011 年版，第 538 页。

苏维埃制度适用面更广，也比国民党的一党专政更加进步。① 对于政权名称和性质的调整，毛泽东作了解释：新的民主共和国"包括无产阶级、农民、城市小资产阶级、资产阶级及一切国内同意民族和民主革命的分子，它是这些阶级的民族和民主革命的联盟"。这里最大的改变在于包括资产阶级，由于他们有重新参加抗日的可能，所以必须"恢复和他们共同斗争的联盟"。因此，"工农民主共和国口号，过去的提出和今天的放弃，都是正确的。"②

为争取国共合作、一致抗日，中国共产党承认国民党政府为全国性政府，先后提出把陕甘宁苏区改为"特区""边区"。边区政府虽然名义上是国民党政府领导下的地方性政权，但实际控制权在中共手中，施政纲领、领导人员、日常运行、军事力量等方面都保持相对独立性，这为中国共产党在各抗日根据地特别是陕甘宁边区进行政治制度创新提供了必要条件。在选举方面，拥有选举权和被选举权的范围更广，而在苏维埃时期地主、富农、资本家及家属甚至宗教人士、知识分子都没有选举权和被选举权；各级议会代表均直选产生，而在苏维埃时期实行间接选举，由乡到省逐级选举产生全国苏维埃代表；代表名额上按照统一的人口比例分配，而在苏维埃时期按照阶级属性分配，工人每13人选一名乡代表，农民每50人才能选一名乡代表。③ 在公职人员结构上，实行著名的"三三制"，不仅代议机构而且政府机构中，中共党员要求控制在三分之一，充分体现出"各党、各派、各界、各军的联合专政"④ 的特点。

抗日战争结束后，中国面临着两条道路、两种命运的选择，

---

① 中共中央文献研究室、中央档案馆：《建党以来重要文献选编（1921~1949）》第13册，中央文献出版社2011年版，第284页。
② 《毛泽东选集》第1卷，人民出版社1991年版，第260~261页。
③ 参见宋金寿、李忠全主编：《陕甘宁边区政权建设史》，陕西人民出版社1990年版，第128~130页。
④ 《毛泽东选集》第2卷，人民出版社1991年版，第760页。

具体到政治层面就是中国共产党倡导的人民民主与国民党实行的一党专制的较量。为团结一切积极因素推翻国民党统治、建立独立自由民主的新中国，中国共产党继续推进理论和制度创新，新中国主要政治制度的名称与内涵初步奠基。

确立人民民主专政国体。国体回答的是"社会各阶级在国家中的地位"问题①，决定政治制度的性质，即谁处于统治地位、谁处于被统治地位。抗日战争时期，各根据地政权是抗日民族联合战线性质的政权，一切支持抗日的阶级阶层都属于人民的范畴。1948年9月，毛泽东在中共中央政治局会议上第一次提出"人民民主专政"概念。人民民主专政以无产阶级为领导、以工农联盟为基础，还有资产阶级民主分子的参与。② 此后，毛泽东多次阐发人民民主专政理论，明确了将要建立的政权的性质及各阶级阶层的地位与关系。

确立人民代表大会政体。早在1940年，毛泽东在《新民主主义论》中就使用了"人民代表大会"一词，指出："中国现在可以采取全国人民代表大会、省人民代表大会、县人民代表大会、区人民代表大会直到乡人民代表大会的系统，并由各级代表大会选举政府。"③ 考虑到当时国共合作需要，毛泽东把民主集中制表述为政体形式。在解放战争中，毛泽东关于人民代表大会政体的设想则得以实施。1947年11月，中共中央在给冀东区党委的指示中指出：解放区各级政权形式应采取从上至下的代表会议制度，其名称一般以称人民代表会议为妥。各级农民代表会，或人民代表会，为各级政府最高权力机关。④ 1948年1月18日，毛泽东在《关于目前党的政策中的几个重要问题中》中指出：

---

① 《毛泽东选集》第2卷，人民出版社1991年版，第676页。
② 《毛泽东选集》第4卷，人民出版社1991年版，第1308页。
③ 《毛泽东选集》第2卷，人民出版社1991年版，第677页。
④ 中共中央文献研究室、中央档案馆：《建党以来重要文献选编（1921～1949）》第24册，中央文献出版社2011年版，第474～475页。

"中华人民共和国的权力机关是各级人民代表大会及其选出的各级政府"，全国胜利以后"中央和地方各级政府，都应当由各级人民代表大会选举"。①

确立多党合作与政治协商制度。抗战时期，中国共产党建立抗日民族统一战线，实现国共再次合作，在抗日根据地也吸收各方面抗日力量参与政权建设。不过，由于陕甘宁等根据地没有其他政党活动，因而统一战线主要局限于工农以外阶级阶层代表人士。随着军事上的不断胜利，中国共产党决定与各民主党派共同筹建新政府。1948年4月，中共中央发布纪念"五一"节口号，号召各民主党派、各人民团体、各社会贤达迅速召开没有反动分子参加的新的政治协商会议，讨论并召集人民代表大会，成立民主联合政府。中共号召得到各民主党派积极响应，民主人士纷纷前往解放了的北平共商建国大计。"五一"节口号的发布和新政治协商会议的召开，标志着中共领导、多党参与的新型政党制度诞生。

确立民族区域自治制度。受苏联制度和国内"民族自决"等思潮影响，从党的二大起，中国共产党在国家结构问题上主张联邦制，1945年党的七大通过的党章依然把建立"新民主主义联邦共和国"作为奋斗目标之一。抗日战争期间，为联合回族等少数民族共同抗日，中央决定在少数民族相对集中的地方建立民族自治机关。1936年10月，中共领导的第一个少数民族自治政府——豫海县回民自治政府成立。1945年10月，中央决定在绥远等蒙古族较多的地方建立地方自治政府。1947年5月1日，第一个省级民族区域自治区——内蒙古自治区成立。新中国成立前夕，受毛泽东委托，李维汉对未来的国家结构形式进行专门研究。经过调研论证，1949年9月，周恩来在新政协筹备会上宣布：即将建立的中华人民共和国不实行联邦制，而实行民族区域

---

① 《毛泽东选集》第4卷，人民出版社1991年版，第1272~1273页。

自治制度。①

(三)"第三种"政治形式的特征

新民主主义政治制度的特征首先体现为"三个不同"。第一,新民主主义政治制度与中国古代专制政体有本质的不同。清末政治改良充分证明,专制主义已经无法顺应历史发展的潮流,这就是后来各种企图直接或变相复辟帝制行为不得人心的根本原因。第二,新民主主义政治制度与中国近代资产阶级共和国有本质的不同,因为这种共和国已经被证明是行不通的。正如毛泽东所说:"中国人向西方学得不少,但是行不通,理想总是不能实现。多次奋斗,包括辛亥革命那样全国规模的运动,都失败了。"于是,"西方资产阶级的文明,资产阶级的民主主义,资产阶级共和国的方案,在中国人民的心目中,一齐破了产。资产阶级的民主主义让位给工人阶级领导的人民民主主义,资产阶级共和国让位给人民共和国。"② 第三,新民主主义政治制度与苏联社会主义共和国也有所不同。中国共产党成立后的第一个十四年曾简单复制苏联革命模式,招致重大损失。在政治实践方面,同样出现过"水土不服"现象。对此,毛泽东以"苏维埃"为例做过论述。1948年9月,他在《中共中央政治局会议上的报告和结论》中指出:"过去我们叫苏维埃代表大会制度,苏维埃就是代表会议,我们又叫'苏维埃',又叫'代表大会','苏维埃代表大会'就成了'代表大会代表大会'。这是死搬外国名词。"③ 在中共七届二中全会上,他又指出:"我们是以工农联盟为基础的人民苏维埃,'苏维埃'这个外来语我们不用,而叫作

---

① 中共中央文献研究室、中央档案馆:《建党以来重要文献选编(1921~1949)》第26册,中央文献出版社2011年版,第702页。
② 《毛泽东选集》第4卷,人民出版社1991年版,第1470、1471页。
③ 《毛泽东文集》第5卷,人民出版社1996年版,第136页。

人民代表会议。"①

毛泽东批评的不仅仅是名称问题,而是要说明由于国情不同、发展阶段不同,中国革命的任务、对象和策略与苏联是不同的,因此处于统治地位的阶级构成以及政治制度的实现形式也应与苏联不同。正因为这样,"苏联式的、无产阶级专政的、社会主义的共和国"在一定的历史时期并不适用于中国这样的殖民地半殖民地国家。这样的国家只能采用既不同于"旧形式的、欧美式的、资产阶级专政的、资本主义的共和国",又不同于苏联社会主义共和国的"第三种形式"的、新民主主义共和国。② 就后一种情况而言,人民民主专政区别于无产阶级专政,人民代表大会区别于苏维埃代表大会,多党合作区别于一党执政,民族区域自治制度区别于联邦制。此外,在具体做法层面,新民主主义政治制度与苏联社会主义政治制度的不同之处更多。

指出新民主主义政治制度与苏联社会主义政治制度的差异性,并不是要否定二者的一致性。前述差异性是坚持一致性前提下的差异性。第一,二者的理论基础是一致的,都依据的是马克思列宁主义的国家理论,均强调人民大众是国家的主人,国家的一切权力来自人民,并且由人民实实在在地掌握和行使。第二,新民主主义政治制度的主体部分是社会主义因素。正因为如此,毛泽东以及中国共产党的文件反复强调,处于统治地位的各阶级阶层中,无产阶级及其政党是领导力量,工人和农民是人民中的绝大多数。第三,社会主义政治制度是新民主主义政治制度的发展方向。经由人民共和国最终是要"到达社会主义和共产主义,到达阶级的消灭和世界的大同。"③ 条件不具备的情况下急于推行社会主义制度,或者忘记社会主义发展趋势,都是片面的倾

---

① 《毛泽东文集》第5卷,人民出版社1996年版,第265页。
② 《毛泽东选集》第2卷,人民出版社1991年版,第675页。
③ 《毛泽东选集》第4卷,人民出版社1991年版,第1471页。

向。总之，新民主主义政治制度不仅包含了社会主义因素，而且这种因素处于主导地位、具有远大前途，这是后来新民主主义政治制度顺利过渡到社会主义政治制度的内在逻辑。

新民主主义政治制度还有第二方面的来源，即批判地继承了旧民主主义共和国的一些元素。新民主主义政治制度与资产阶级政治制度属于两种性质完全不同的制度，特别是就其包含的社会主义因素及社会主义发展方向而言更是如此。但这并不否认新民主主义政治制度在具体形式上对资产阶级共和国方案的继承。在新中国成立以前尤其是抗日战争期间，中国共产党对于旧的资产阶级共和国方案的态度在很大程度上表现为对待孙中山的态度。毛泽东多次表示："我们的这种主张，是和孙中山先生的革命主张完全一致的。"孙中山曾批评资产阶级民主制度"往往为资产阶级所专有，实成为压迫平民之工具"，因而要求国民党的民权主义"为一般平民所共有，非少数人所得而私也"。① 不幸的是，后来的中华民国也变得有名无实。毛泽东指出，我们所做的工作不过是"循名责实"，把孙中山的理想变成现实。② 在中共七大口头报告中，毛泽东再次强调："孙中山的确做过些好事，说过些好话，我在报告里尽量把这些好东西抓出来了。这是我们应该抓住死也不放的，就是我们死了，还要交给我们的儿子、孙子。"③ 毛泽东对待孙中山的态度，决不是权宜之计、出于当时统战考虑，其中反映的是共产党人的科学历史观，是对于资产阶级政治理论和实践的批判性继承。即在相当长历史时期里，民主、自由、平等、共和国都是共产党追求的价值和目标，如果说有什么不同，只是在于共产党把这些价值体现得更好，这些目标实现得更充分。

---

① 《毛泽东选集》第3卷，人民出版社1991年版，第1056~1057页。
② 《毛泽东选集》第2卷，人民出版社1991年版，第677页。
③ 《毛泽东文集》第3卷，人民出版社1996年版，第321页。

新民主主义政治制度还有历史文化基础、"民族形式"。毛泽东在中共六届六中全会上指出："我们这个民族有数千年的历史，有它的特点，有它的许多珍贵品。对于这些，我们还是小学生。今天的中国是历史的中国的一个发展；我们是马克思主义的历史主义者，我们不应当割断历史。从孔夫子到孙中山，我们应当给以总结，承继这一份珍贵的遗产。"马克思主义中国化，就是要把"国际主义的内容与民族形式"有机统一起来。① 换言之，马克思主义与中国实际相结合，这里的"中国实际"包括中国经济、社会、政治状况，也包括中国历史文化传统、中国的表达和实现方式。从政治制度上看，专制制度被推翻了，但中国数千年积累的治理经验不能全盘否定。此外，无论是什么制度形式，也都必须适应长期形成的民众心理、思维方式和行为模式，这有利于提高制度运行的实效性。强调集中统一领导，有利于克服小农的分散主义；强调完整统一，折射出民众对大一统的需求；重视统一战线，是"和而不同"精神的新表现；稳妥处理民族关系，则有多民族和谐共处的历史基础。

综上所述，新民主主义政治制度是一种复合型政治制度，它以社会主义价值、原则和目标为核心，以现代民主制度为基本政治形式，以中华文化为表现方式。这种政治制度立足中国国情，服务于中国革命的需要，是在近30年革命进程中形成的。决定这种政治制度的根本原因在于中国革命的特殊性，但也不能忽视其中人的因素。从毛泽东为代表的第一代中国共产党人的经历看，他们中的绝大多数都接受过中国传统文化的熏陶，在20世纪初期通过图书、报刊、留学对西方政治制度也有所了解并在一段时间内积极认同，十月革命后又转向马克思主义。多重知识来源以及复杂人生经历，使他们有可能自觉或不自觉地把社会主义、近代西方民主和中华优秀传统结合起来，提出独具特色的新

---

① 《毛泽东选集》第2卷，人民出版社1991年版，第533~534页。

民主主义政治方案。

三、社会主义政治制度的确立与探索

以毛泽东为代表的中国共产党人经过28年不懈探索，形成了具有时代特征和中国特点的新民主主义政治制度，奠定了当代中国政治的理论基础、制度基础和实践基础。1954年宪法颁布、第一届全国人大召开，中国实现了从新民主主义政治制度向社会主义政治制度的转变。从50年代后期开始，中国共产党在政治制度方面艰辛探索。"文化大革命"时期，与党和国家其他方面一样，民主法制遭受巨大冲击，"合金型"政治制度的特色和优势几近丧失殆尽。

（一）中国人民站起来了

1949年9月21日，中国人民政治协商会议第一次全体会议在北平召开。毛泽东在开幕式上庄严宣告："占人类总数四分之一的中国人从此站立起来了。"中国人站立起来，对外而言是指摆脱近代以来被列强凌辱状态，赢得国家独立；对内而言是指摆脱数千年专制统治，赢得民主权利。中华人民共和国的成立，标志着"中国的历史，从此开辟了一个新的时代"[①]。

中国人民政治协商会议第一次全体会议通过的具有临时宪法性质的《共同纲领》、中央人民政府组织法，集中反映了新民主主义时期的政治成果。关于国家性质，《共同纲领》规定：中华人民共和国是新民主主义即人民民主主义的国家，中国人民民主专政是中国工人阶级、农民阶级、小资产阶级、民族资产阶级及其他爱国民主分子的人民民主统一战线的政权，而以工农联盟为

---

① 《毛泽东文集》第5卷，人民出版社1996年版，第348页。

基础，以工人阶级为领导。关于人民权利，共同纲领规定：人民依法有选举权和被选举权，有思想、言论、出版、集会、结社、通讯、人身、住居、迁徙、宗教信仰及示威游行的自由权。关于人民与政权的关系，共同纲领规定：中华人民共和国的国家权力属于人民，人民行使国家政权的机关为各级人民代表大会和各级人民政府。各级人民代表大会由人民用普选方法产生，各级人民代表大会再选举各级人民政府，各级人民代表大会闭会期间由各级人民政府行使权力。在全国人民代表大会召开以前，由中国人民政治协商会议全体会议代行全国人民代表大会职权。

在各政权机关内部关系上，《共同纲领》规定，各级政权机关一律实行民主集中制。中央人民政府组织法规定，中华人民共和国中央人民政府是基于民主集中制的人民代表大会制的政府。也就是说，新中国政治制度包括两个最关键内容：人民代表大会制度和民主集中制。从人民代表大会制度看，各级人民政府由同级人民代表大会选举产生。当时的中央人民政府下设政务院、人民革命军事委员会、最高人民法院、最高人民检察署，这就表明，行政权、军事权、司法权等各种权力直接来自人民代表大会，人民代表大会在地位上高于其他国家机关，而不是与它们平行。在此意义上，这是肇始于巴黎公社、后为苏联所实行的议行合一体制，也是人民代表大会制度作为根本政治制度的立论依据。从民主集中制看，一是在人大与政府关系上，国家权力由人大统一行使是集中，人大向人民负责并报告工作、政府向人大负责并报告工作是民主。二是在各政权机关内部，各级人民代表大会和人民政府均实行委员会制，按照少数服从多数原则进行议事决策，这是民主。形成的决策，各职能机构或部门在职权范围内严格执行，这是集中。三是在中央与地方关系上，各下级政府均由上级政府加委并服从上级政府，全国各地政府均服从中央政府，这是集中。在保障国家统一的前提下，各地方政府因地制宜处理具体事务，这是民主。《共同纲领》还规定：各少数民族聚居的地区，应实行民族的区域自治，按照民族聚居人口多少和区域大小，分别建立各种民族自治机关。这一规定进一步赋予民族区域自治地区更大的权力。另一方面，为防止民族分裂，1949年10月5日，中共中央作出指示：今后不宜再提少数民族"自决权"①。

广而言之，民主集中制原则还体现在新中国成立之初的中国共产党与政权、民主党派关系上。新中国成立后，党拥有领导和执政双重地位。为了加强对全国工作的领导，党中央在各大行政区和部分地区设立中央局或中央分局。1949年11月，中央政治局作出《关于在中央人民政府内组织中国共产党委员会的决定》。在中央人民政府党委下，按照党员人数及部门工作性质，设立分党委，覆盖范围包括政治法律委员会、财政经济委员会、文化教育委员会、中央人民政府委员会直属机关、最高人民法院和最高人民检察署、政务院直属机关及人民监察委员会等机关。决定同时要求，在中央人民政府所属各院、委、部、会、署、行、厅、司、局、处等机关内部建立党总支和党支部。在加强党的组织体系建设的同时，中央也反复提醒，要正确处理党组织与政权关系，不能以党代政。政权系统的党组织主要负责党的自身建设。党政之间不是隶属关系，党的领导要通过党的路线、方针、政策及在政权机关由担任公职的党员发挥作用来实现。毛泽东在积极推进各级、各界人民代表会议的进程中提出，既要坚持共产党领导又要加强民主建政工作，人民政府的一切重要工作都应交出席人民代表会议的代表们讨论，并作出决定。周恩来也强调："党政有联系也有区别。党的方针、政策要组织实施，必须通过政府，党组织保证贯彻。"② 建立新政权的任务完成后，民主党派的历史使命是否已经结束？是否还有存在的必要？针对这

---

① 中共中央文献研究室：《建国以来重要文献选编》第1册，中央文献出版社2011年版，第20页。
② 中共中央文献研究室：《建国以来重要文献选编》第1册，中央文献出版社2011年版，第160页。

些疑问，1950年3月，毛泽东在听取第一次全国统战工作会议汇报时指出：从长远和整体看，必须要民主党派。认为民主党派是"一根头发的功劳"，一根头发拔去不拔去都一样的说法是不对的。从他们背后联系的人们看，就不是一根头发，而是一把头发，不可藐视。① 此后，他还多次强调，对民主党派要实行民主，要不怕批评，要敞开来让人家说话。在毛泽东等人的支持下，多党合作制度得以延续，民主党派的队伍得到发展壮大。

（二）迈向社会主义

中国人民政治协商会议组织法规定，中国人民政协全体会议每三年召开一次。1952年，第一届全国政协即将到期。是继续召开全国政协二届一次会议，还是召开全国人民代表大会，中共高层面临着选择。起初，考虑到中国尚未进入社会主义，毛泽东和中央计划再晚些时候召开全国人大。1952年10月，刘少奇访问苏联向斯大林表达了这种想法。斯大林认为，为了驳斥国际敌对势力对新中国的攻击和中国更好地进行建设事业，建议中共把召开全国人大、制定宪法的时间提前。斯大林的建议得到中共认可。② 导致中共改变态度的另一原因与国内形势有关。经过三年努力，保卫新生政权的斗争基本结束，经济社会建设取得显著成就，具备了召开全国人大的条件。此时，毛泽东也已开始思考何时、如何从新民主主义向社会主义过渡的问题，召开全国人大、制定宪法，是实现向社会主义过渡在政治方面的重大举措。

1952年12月24日，全国政协常委举行扩大的第四十三次会议，同意中共中央关于定期召开全国人大的提议。1953年1月20日，中央人民政府委员会举行第二十次会议，决定于1953年

---

① 中共中央统战部研究室：《历次全国统战工作会议概况和文献》，档案出版社1988年版，第6页。
② 中共中央文献研究室：《刘少奇传》，中央文献出版社1998年版，第757~758页。

召开由人民用普选方式产生的乡、县、省（市）各级人民代表大会，在此基础上召开全国人民代表大会并制定宪法。会议同时决定成立以毛泽东为主席的宪法起草委员会。2月11日，中央人民政府委员会举行第二十二次会议，通过《中华人民共和国全国人民代表大会及地方各级人民代表大会选举法》，启动中国历史上第一次全国范围内的最大规模的民主选举活动。过渡时期总路线等理论和政策确定后，宪法起草工作顺利推进。1954年9月15日，第一届全国人大第一次全体会议胜利召开，审议通过中华人民共和国宪法，实现了从新民主主义政治制度向社会主义政治制度的历史性跨越。

与《共同纲领》阶段的政治制度比较，第一届全国人大的选举制度和宪法规定的政治制度呈现一系列新变化。各级人大代表的选举"贯穿一个总的精神，就是根据我国当前的具体情况"。在代表名额分配上，均以一定人口的比例为基础，同时又适当照顾地区和单位，在城市和乡间、在汉族和少数民族间都作了不同比例的规定。比如，全国人大代表，各省每八十万人选举代表一人，人口特少的省不得少于三人；中央直辖市和人口在五十万以上的省辖工业市应选全国人民代表大会代表的名额，按人口每十万人选代表一人；全国少数民族应选全国人民代表大会代表一百五十人。地方各级人大代表中，每一聚居的少数民族均应有代表出席。邓小平指出，这种做法从某个角度看是不完全平等的，但只有这样规定，才能真实反映我国的现实生活，承诺使各民族各阶层在人大中有与其地位相当的代表，从这个角度看它不但是合理的，而且是我们过渡到更为平等和完全平等的选举所完全必需的。在代表选举方式上，乡、镇、市辖区及不设区的市等基层政权单位实行直接选举，一般采用举手表决的投票方法；在县以上则实行间接选举，采用无记名投票方法。邓小平解释说，这是由于我国目前的社会情况、人民还有很多缺乏选举经验以及文盲尚多等实际条件决定的。①

对于政权性质，宪法总纲表述为："中华人民共和国是工人阶级领导的、以工农联盟为基础的人民民主国家。"这一表述突出了工人阶级领导和工农联盟，改变了共同纲领关于统一战线性质政权的界定。对于人民与政权关系，宪法明确规定，中华人民共和国一切权力属于人民。但在文本结构上，"国家机关"安排在第二章，"公民的基本权利和义务"安排在第三章。对于各国家机关的地位与关系，各级政府不再属于人民行使权力的机关，宪法规定各级人大是权力机关、全国人大是最高国家机关，是唯一拥有立法权的机关。在组织结构上，改变中央人民政府委员会统一领导行政、军事、司法的体制，首次设立国家主席职位；政务院更名为国务院、最高人民检察署更名为最高人民检察院，形成"一府两院"平行、分别对全国人大负责的格局。在中央与地方关系上，宪法第一次规定了国家的行政区划、专门写入民族自治地方的自治机关等内容，同时特别强调"全国地方各级人民委员会都是国务院统一领导下的国家行政机关，都服从国务院"；"各民族自治地方都是中华人民共和国不可分离的部分"。

在讨论宪法、筹备全国人大过程中，中国共产党提出了过渡时期总路线并开始社会主义改造，因而"五四宪法"带有很强的社会主义导向，但这部宪法也充分考虑了中国实际，吸收了中外各国宪法的有益内容。1954年6月14日，毛泽东在中央政府委员会第三十次会议上指出，宪法草案总结了我国的革命经验和建设经验，同时也是本国经验和国际经验的结合。我们的宪法是社会主义类型的宪法，但即使是社会主义原则也要结合实际加以运用。希望在全国范围内一天就实行社会主义，"这样形式上很革命，但是缺乏灵活性，就行不通，就会遭到反对，就会失败。

---

① 转引自林蕴晖等：《凯歌行进的时期》，河南人民出版社1996年版，第420～421页。

因此,一时办不到的事,必须允许逐步去办。"① 毛泽东的论述及"五四宪法"的内容表明,宪法规定的政治制度在坚持社会主义原则的同时,仍然借鉴了近代以来资产阶级政治制度的合理因素,而且在实践层面兼顾到当时中国的自然、经济和社会状况。

(三) 政治制度的曲折发展

中国共产党自建立之日起就确定了走社会主义道路、进而实现共产主义的远大理想,但如何立足中国特殊情况实现这一理想却需要不断摸索。在政治制度方面,新中国成立前后经历了一个大致相似的过程:新中国成立前,先是模仿苏维埃体制,后提出新民主主义共和国方案并在共同纲领中得到集中体现。新中国成立后特别是社会主义改造完成后,也曾照搬苏联模式,但很快有所警醒。对待苏联体制的实质在于,怎样在执政条件下把马克思主义原理、社会主义原则与中国国情结合起来,找到适合中国的政治发展道路及一整套相应的政治制度、运行方式。

1956年2月,苏共二十大开展了对斯大林的批评,暴露出苏联模式弊端,引起中共高层反思。4月4日,《人民日报》发表《关于无产阶级专政的历史经验》一文,肯定了苏共反对个人崇拜的做法,同时要求全党"继续开展反对教条主义的斗争",不能把斯大林的著作"当作万应灵药,千篇一律地加以应用",否则就会不可避免地犯错误。② 4月25日,毛泽东在中央政治局扩大会议上作《论十大关系》报告,指出:最近苏联方面暴露了他们在建设社会主义过程中的一些缺点和错误,我们要"引以为鉴"。毛泽东所论十大关系,一半以上属于政治制度方

---

① 《毛泽东文集》第6卷,人民出版社1999年版,第326页。
② 中共中央文献研究室:《建国以来重要文献选编》第8册,中央文献出版社2011年版,第199页。

面的，如中央和地方的关系、汉族和少数民族的关系、党和非党的关系、革命和反革命的关系、中国和外国的关系。其着眼点放在如何"调动一切直接的和间接的力量"①，因而其侧重点放在这些关系的后一个方面。这构成了这个时期党的政策的基调。4月28日，毛泽东在政治局扩大会议上又讲了党内生活、个人和集体利益分配、社会主义整个经济体制、修改党章、百花齐放百家争鸣、民主管理、全国平衡、摸经济工作八个问题，特别指出最近几年产生的新偏向是"集中过多"②。7月21日，周恩来在中共上海市委第一次代表大会上提出"专政要继续，民主要扩大"，指出"要经常注意扩大民主，这一点更带有本质的意义"。在制度设计上，人大代表经常接触人民，人代会上所有代表的发言要发表出来，政府主动接受监督，中央和地方之间允许唱"对台戏"。③ 在中共八大上，刘少奇指出，革命的暴风雨时期已经过去，因此"斗争的方法也就必须跟着改变"，系统地制定比较完备的法律、健全国家法制成为国家的迫切任务之一。④ 董必武在肯定新中国成立以来法制建设的成就与经验的同时，指出还存在法制不健全、不重视和不遵守法律的问题，因此要把"以法办事"作为进一步加强人民民主法制的中心环节，必须做到"有法可依""有法必依"，此外还要加强司法机关建设，加速推进律师制度、公证制度，逐步建立公断制度。⑤ 邓小平在关于修改党章的报告中，特别强调了民主集中制和党的集体领导，继续坚决执行中央反对把个人突出、反对对个人歌功颂德的方针，使党

---

① 《毛泽东文集》第7卷，人民出版社1999年版，第24页。
② 《毛泽东文集》第7卷，人民出版社1999年版，第52页。
③ 中共中央文献研究室：《建国以来重要文献选编》第8册，中央文献出版社2011年版，第373~375页。
④ 中共中央文献研究室：《建国以来重要文献选编》第9册，中央文献出版社2011年版，第80页。
⑤ 中共中央文献研究室：《建国以来重要文献选编》第9册，中央文献出版社2011年版，第231~233页。

的民主原则和群众路线在一切方面都得到贯彻。①

1957年2月,毛泽东在最高国务会议第十一次(扩大)会议上发表《关于正确处理人民内部矛盾的问题》的讲话。在这篇讲话中,毛泽东科学地区分了敌我、人民内部两类不同性质的矛盾,认为大量存在的是后一种矛盾。他提出,对于人民内部矛盾"必须采取民主的说服教育的方法,决不允许采取命令主义的态度和强制手段"。在人民内部也要实行民主集中制,实现"民主和集中的统一,自由和纪律的统一"②。7月,毛泽东在《1957年夏季的形势》中阐发了自己的政治理想:造成一个"又有集中又有民主,又有纪律又有自由,又有统一意志又有个人心情舒畅、生动活泼"的政治局面。③ 8月4日,周恩来在民族工作座谈会上首次提出了政治制度改革的命题:"政治上的制度要适合社会主义的经济基础,也要改革,要改革成为民主集中制",也就是成为毛泽东所希望的那种政治局面。④

在以苏为鉴背景下,政治建设方面出现新气象。毛泽东和中共中央提出了思想文化领域的"百花齐放、百家争鸣"方针,对待民主党派的"长期共存、互相监督"方针。党内集体领导制度得到加强,实行党代会常任制,建立纪律检查机关。基层民主方面,建立职工代表大会、改进信访接待制度。法制建设和司法制度改革方面,仅1957年1月颁布的各种法律、法令、法规就达195件;健全司法、监督系统、推行律师制度和公证制度也都取得新进展。中央与地方关系方面,通过调整机构,大幅度下放经济管理权限。然而,这种良好局面并未维持太久。随着"反

---

① 中共中央文献研究室:《建国以来重要文献选编》第9册,中央文献出版社2011年版,第122页。
② 《毛泽东文集》第7卷,人民出版社1999年版,第211页。
③ 中共中央文献研究室:《建国以来重要文献选编》第10册,中央文献出版社2011年版,第429~430页。
④ 中共中央文献研究室:《建国以来重要文献选编》第10册,中央文献出版社2011年版,第456页。

右""庐山会议"等一连串政治事件发生,党和国家政治生活中不正常现象不断增加。中共八大关于社会主义主要矛盾的提法被改变,代之以"政治战线上和思想战线上的社会主义革命";个人崇拜重新抬头,进而演化为"天才论",党的集体领导遭到破坏;强化党对国家事务的直接干预,明确提出"大政方针和具体部署,都是一元化,党政不分";基层政权改变为人民公社,成为政治社会实验的载体。

纵观 20 世纪 50 年代中后期到"文革"前的十年,可以说是中国共产党探索革命后政治建设起伏最大、最曲折复杂的时期,经验与教训交织,成功与失误杂陈。有的阶段如中共八大前后、"七千人大会"前后以正确的东西为主,有的阶段如"反右""大跃进""庐山会议"时期以错误的东西为主。即使是同一个阶段、同一次会议、同一个文件也往往是正确与错误的东西并存。从总的趋势看,1957 年反右派斗争后,"错误就越来越多了"①。在政治制度及其运作层面,片面突出社会主义因素,其他因素被视为封建主义或资产阶级糟粕而受到批判,政治制度的"一元化""单一化"趋势不断强化,并在"文革"中达到顶峰。

(四) 政治上的"大革命"

1956 年至 1966 年的十年,中国共产党在发展社会主义民主、建设社会主义政治方面进行积极探索,留下许多宝贵的思想观点和制度遗产,然而,这十年伴随着一连串政治运动并在其中提出了许多不正确的东西。由于对国内外形势作出偏离事实的估计,中共八大关于社会主义主要矛盾的提法被改变,阶级斗争的弦越绷越紧,而且越来越指向思想文化和政治上层建筑领域。党的指导思想和重大政策之所以出现失误而且没有得到及时有效纠正,又与个人崇拜、权力高度集中、民主法制遭到破坏紧密联系在一

---

① 《邓小平文选》第 2 卷,人民出版社 1994 年版,第 295 页。

起。党和国家制度不完善或运行失效导致决策失误、进而导致阶级斗争扩大化；阶级斗争扩大化反过来进一步强化权力集中。可以说，到1965年底，发动"文化大革命"的各项条件都已经具备。[①]"左"的错误总体表现为超越社会发展阶段，急于进入社会主义乃至共产主义，凡是不符合这个要求的东西均被视为资本主义因素要么被铲除，要么被抑制。反映在经济上，就是"一大二公"，追求所有制的纯而又纯，追求分配上的平均主义；反映在社会上，就是"人民公社化"，搞政社合一；反映在政治上，就是片面强调无产阶级领导和无产阶级专政，"五四宪法"界定的基本政治制度受到严重冲击。纵观"文化大革命"十年的政治体制，在大量"无序"现象背后却有一些相对稳定的"规范"。

理论基础："无产阶级专政下继续革命"。"文化大革命"的全称是"无产阶级文化大革命"。这里的"无产阶级"主要是指工人阶级，最多包括农民阶级。认为无产阶级和资产阶级的矛盾、社会主义和资本主义的矛盾是社会主义的主要矛盾，不仅导致工作重心无法放在发展生产力和经济建设上，而且导致阶级结构上仅剩下无产阶级。地主、富农、民族资产阶级、小资产阶级、知识分子等都属于要消灭、改造或专政的对象；由于各民主党派与民族资产阶级、小资产阶级、知识分子紧密相关，因而民主党派虽未完全取消但基本上无法正常开展活动。后来在政治运动中被打成"右派"、与各种"反革命"集团有牵连的人也都成为专政对象。所谓"大革命"就是要消灭无产阶级以外的各个社会阶层，这是保证社会主义不"变质"的社会条件。正是在这个意义上，"文化大革命"虽以"文化"命名，但实质上是政治"大革命"。

由于过度强调无产阶级作用，"人民"的范围越来越小，

---

① 参见金春明：《六十年代"左"倾错误的发展与"文化大革命"的爆发》，载于《中共党史研究》1996年第1期。

"人民民主专政"自然为"无产阶级专政"所取代。而在新中国成立之初和之后较长时期里,有关文件虽然也指出"人民民主专政"的实质是"无产阶级专政",不过同时指出这是未来的事情,当时不宜公开宣称。而20世纪60年代以后,在阶级斗争、"不断革命"形势下,其他阶级或者被视为是落后的,或者被视为反动的,大张旗鼓讲"无产阶级专政"便成为顺理成章的事情。在大讲特讲"无产阶级专政"语境下,"民主"几近销声匿迹,国家机器的"专政"职能空前强化。

组织形式:"革命委员会"。人民民主专政国体的改变,自然导致与之相应的政治制度的失灵。1966年7月,全国人大常委会举行第三十三次会议,会议未经讨论就决定无限期地推迟召开三届全国人大第二次会议。在全国政协常委会和全国人大常委会的联席会议上,康生宣布全国政协四届二次会议不定期推迟举行,实际上取消全国政协的活动。代替原有制度的、所谓"新的"组织形式,在中央层面是中央文化革命小组,在地方是革命委员会。中共八届十一中全会通过《中国共产党中央委员会关于无产阶级文化大革命的决定》,规定文化革命小组、文化革命委员会和文化革命代表大会是群众在共产党领导下自己教育自己的最好的新组织形式,是无产阶级文化革命的权力机构。中央文化革命小组逐步取代政治局、书记处,成为权力中心。在地方,经过"夺权"运动,30个省市自治区全部成立革命委员会。期间,河南遂平的卫星公社被称为继巴黎公社后的第二个公社;聂元梓等人的大字报称为"二十世纪六十年代的北京人民公社宣言";上海造反派宣布成立过短暂的上海人民公社。省级层面的"人民公社"虽然被叫停,但"文革"时期始终充满浓厚的巴黎公社情结。①

革命委员会组成人员遵循"三结合"原则,由革命群众组

---

① 郑谦:《"文化大革命"的巴黎公社情结》,载于《中共党史研究》2010年第2期。

织的负责人、当地驻军的负责人和党政机关的革命的领导干部三方面人员构成。革命委员会的出现，宣告地方人民代表大会、政府、司法机关停止运行。1975年1月，四届全国人大一次会议通过的宪法规定："地方各级革命委员会是地方各级人民代表大会的常设机关，同时又是地方各级人民政府。"革命委员会这一政权组织形式，用国家根本大法的形式确立下来。在权力结构上，革命委员会一度实行党政合一，立法、行政与司法合一，成为权力高度集中的化身。

活动方式："四大"民主。早在1956年到1957年间，毛泽东已提出"大民主"问题，认为"大鸣、大放、大字报、大辩论"最适合发挥群众的主动性，提高群众的责任心，充分发挥了社会主义民主。因此要把"大鸣、大放、大辩论、大字报"这种形式传下去。① "文革"爆发后，"大民主"得到肯定并被滥用。林彪等人把"大鸣、大放、大字报、大辩论、大串联"视为"无产阶级专政下发展大民主的新经验"，"是毛泽东思想和广大群众相结合的新形式，是群众自己教育自己的新形式"，"是毛主席对马克思列宁主义关于无产阶级革命和无产阶级专政学说的新贡献"。② "四大"是领导人诉诸群众进行政治运动的结果，体现出对"当权派"和现有秩序的不满。"四大"的滥用则是造成无政府状态的重要原因之一。"四大"是古代的大同理想、近代激进民主观念以及革命浪漫主义结合的产物，它以大规模群众运动为单位、以直接民主为形式、以打碎一切国家机器、破坏一切既有秩序为目标，这种"大民主"观埋下蔑视法制、纪律的心理习惯，给中国民主政治建设带来无法估量的负面影响。③

---

① 中共中央文献研究室：《建国以来重要文献选编》第10册，中央文献出版社2011年版，第528、529页。
② 《在接见全国各地来京革命师生大会上林彪同志的讲话》，载于《人民日报》1966年11月4日。
③ 曾峻：《"大民主"心态下的民主实践：过去的教训与未来的选择》，载于《浙江学刊》2003年第4期。

（五）体制内的政策"罅隙"

《关于建国以来党的若干历史问题的决议》指出："'文化大革命'是一场由领导者错误发动，被反革命集团利用，给党、国家和各族人民带来严重灾难的内乱。"决议同时指出，在各方面抗争下，"党、人民政权、人民军队和整个社会的性质都没有改变。"①特别是邓小平等一大批革命家得到保全，他们熟悉党和国家制度的优良传统和思想精髓同时又对"文革"有切肤之痛，这使得1978年后中国的改革开放和政治体制改革得以开启并顺利推进。

还需注意的是，改革开放以前中国与苏联虽然同属计划经济体制，政治体制都具有高度集中的色彩，但二者仍有一定差异。1979年11月26日，邓小平在会见外宾时指出："中国的社会主义道路与苏联不完全一样，一开始就有区别，中国建国以来就有自己的特点。"②这些特点概括起来就是中国对经济社会控制的严密度并不像苏联那么高。有论者指出，从管理体制看，苏联东欧等国采取的是职能化、专业化的U型体制，中央部门对地方各级政府实行严格的"条条管理"；中国从1958年开始就采取的是M型体制，不同层级政府拥有一定的自主权（"块块管理"）。这为改革开放后非国有企业的发展创造了条件，也成为中国经济增长的动因之一。③不过，严格说来，中国的管理体制属于"条块结合型"。中国不是没有"条条管理"，而是在此之外还存在"块块管理"；中国也不是单纯地以"条条管理"或以"块块管理"为主，而是"条条"管得多就反"条条专政"，"块块"管

---

① 中共中央文献研究室：《三中全会以来重要文献选编》（下），中央文献出版社2011年版，第144、148页。
② 《邓小平文选》第2卷，人民出版社1994年版，第235页。
③ 钱颖一、许成钢：《中国的经济改革为什么与众不同：M型的层级制和非国有部门的进入与扩张》，载于《经济社会体制比较》1993年第1期。

得多就反"分散主义"。

即使在"文革"期间,"资本主义尾巴"尾大不掉,集体所有制的存在,"三级所有、队为基础"下基层生产单位安排生产、分配等方面的自主权,以及地域原因造成的"鞭长莫及",这些都表明,无论"文革"前还是"文革"中,中国的制度和政策都不是"铁板一块",而是存在一定弹性或政策缝隙。更为重要的是,1949 年后建立的"庞大的制度性结构"被"大跃进""文革"这样的政治运动所冲击,破坏了这些结构的完整性。[①]由此带来的混乱、无序,也从一个侧面表明社会控制力下降,这是"文革"后期通过整顿强化秩序的原因。同时,无序状态又从反面证明什么政策是合理的、什么政策是错误的,从而酝酿出新思路以及代表这种思路的新力量。

---

① [美]李侃如:《治理中国:从革命到改革》,胡国成、赵梅译,中国社会科学出版社 2010 年版,第 132 页。

第二章

新时期政治体制改革的开启与推进

1978年12月,中共十一届三中全会召开,中国进入改革开放新时期。由于受到"左"的理论影响,"文革"期间中国政治制度变得越来越"单一化""纯粹化"并暴露出严重弊端。政治体制改革就是要兴利除弊,为"四个现代化"和经济建设保驾护航。在邓小平、江泽民和胡锦涛为代表的中国共产党人领导下,新时期政治体制改革接续推进,"合金型"政治制度在新的历史条件下得以发扬光大。

一、政治体制改革的起步与设计

粉碎"四人帮"后,中国政治制度初步恢复到1954年至1956年的状态,为政治体制改革奠定了制度基础。随着社会主义现代化建设及其经济体制改革的推进,政治体制改革被提上日程。以《党和国家领导制度的改革》为标志,政治体制改革的总体思路不断完善并进行了积极探索。

(一)政治制度上的拨乱反正

1976年10月,"四人帮"问题得到果断解决,十年"文大革命"结束，受到冲击和破坏的各项政治制度进入拨乱反正阶段。拨乱，就是批判和澄清被"四人帮"搞乱的制度及相应的理论；反正，就是逐步把政治制度恢复到"文革"之前正确的状态。

一是恢复党的民主集中制传统。1977年7月，再次复出的邓小平在中共十届三中全会上提出，"毛泽东同志建立的这个党，既能够充分发扬民主，充分发挥下面遵守纪律的自觉性，又能够在这样的基础上建立高度的集中。"① 8月12日至18日召开的中共十一大批判了"老干部是'民主派'，'民主派'就是'走资派'"的错误政治纲领，会议强调当前和今后"一定要发扬民主，健全民主集中制"。邓小平在会议闭幕时再次强调："我们一定要恢复和发扬毛主席为我们党树立的民主集中制的优良传统和作风，在全党、全军、全国努力造成一个又有集中又有民主，又有纪律又有自由，又有统一意志又有个人心情舒畅、生动活泼，那样一种政治局面。"② 党的优良传统和民主作风的恢复，为其他方面制度的恢复营造了相对宽松的环境。

二是恢复"五四宪法"的主要规定。1978年2月至3月，经过正式选举产生的第五届全国人大举行第一次会议，并通过《中华人民共和国宪法》。这部宪法拨1975年宪法之"乱"，而反1954年宪法之"正"。"七五宪法"中"全国人民代表大会是在中国共产党领导下的最高国家权力机关"重新表述为"全国人民代表大会是最高国家权力机关"；"七五宪法"取消的全国人大职权如监督宪法实施、选举最高人民法院院长、最高人民检察院检察长以及对"一府两院"的质询权得到重新恢复；"五四宪法"有关公民权利和义务的内容重新得到恢复，公民权利重新安排在公民义务之前，改变"七五宪法"与之相反的做法。

---

① 《邓小平文选》第2卷，人民出版社1994年版，第45页。
② 《邓小平年谱（1975～1997）》，中央文献出版社2004年版，第182页。

三是恢复政协和人民团体的活动。五届全国人大一次会议召开的同期，政协第五届全国委员会举行第一次会议，人民政协恢复停止长达13年的活动。这次会议通过新的人民政协章程，重新确立人民政协是中国共产党领导下的革命统一战线的组织，人民政协的任务是加强全国各族人民的大团结，发展工人阶级领导的、以工农联盟为基础的、团结广大知识分子和其他劳动群众，团结爱国民主党派、爱国人士、台湾同胞、港澳同胞和国外侨胞的革命统一战线，把一切可以团结的力量都团结起来，把一切积极因素都调动起来，并且尽量地把消极因素转化为积极因素，为在本世纪内把我国建设成为社会主义现代化强国而奋斗。此后，妇联、工会、共青团先后召开全国代表大会，人民团体的活动渐次恢复。

粉碎"四人帮"后各方面的恢复工作，虽通常称为"恢复"，但实际上是一种"回复"或"回归"，即回到"文革"前的正确道路和制度上来。对于饱受十年"文革"之祸的中国而言，这无疑具有正本清源的意义。不过，恢复工作并不彻底，带有很强的"过渡"色彩。中共十一大政治报告，仍然认为中共十大的政治路线和组织路线都是正确的；要继续坚持无产阶级专政下的继续革命，继续进行上层建筑领域的革命，巩固和加强无产阶级在上层建筑其中包括在各个文化领域的专政。中共十一大甚至提出，"文化大革命"这种性质的政治大革命今后还要进行多次。政治制度方面，"五四宪法"规定的公民在法律面前一律平等、国家主席制度、人民法院独立审判制度等内容也未恢复，革命委员会、人民公社体制尚未改变。

（二）政治体制改革问题的提出

政治制度恢复的不彻底，根本原因在于政治路线存在错误，而错误的政治路线又与错误的思想路线联系在一起。邓小平恢复工作后，反复强调要用"准确的完整的毛泽东思想"来指导工作，批评"两个凡是"、支持真理标准问题讨论，积极澄清被搞乱了的重大思想理论问题。思想解放为政治路线调整开辟道路，进而为政治体制改革创造了条件。

1978年9月，邓小平在视察东北时指出，我们国家的体制，包括机构体制等，基本上是从苏联来的，人浮于事，机构重叠，官僚主义发展。"总的说来，我们的体制不适应现代化，上层建筑不适应新的要求。"① "现在我们的上层建筑非改不行。"② 10月11日，邓小平在中国工会第九次全国代表大会开幕式上进一步指出：实现四个现代化是一场根本改变我国经济和技术落后面貌的伟大革命。这场革命既要大幅度地改变目前落后的生产力，就必然要多方面地改变生产关系，改变上层建筑，改变工农业企业的管理方式和国家对工农业企业的管理方式，使之适应于现代化大经济的需要。各个经济战线不仅需要进行技术上的重大改革，而且需要进行制度上、组织上的重大改革。③ 尽管这里还是从经济和管理角度讲改革，但邓小平已经开始把改革重点聚焦到制度、体制，政治体制改革的思想呼之欲出。

对于共产党人来说，"改革"并不是首次使用，在革命和建设时期大量使用过"土地改革""社会改革""技术改革"，这些使用"改革"的地方多指向生产关系、社会关系，而且带有根本变革即革命的含义。此外，讲政治制度或政治体制的改革也有先例。1957年8月，周恩来在少数民族工作座谈会上就曾指出：民族地区的社会改革"不仅是经济制度的改革，也会影响到别的方面。因为经济基础变动了，上层建筑也要受影响，就是说，政治上、思想上也要受影响。政治上的制度要适合社会主义的经济

---

① 《邓小平年谱（1975~1997）》，中央文献出版社2004年版，第376页。
② 《邓小平文选》第2卷，人民出版社1994年版，第131页。
③ 《邓小平文选》第2卷，人民出版社1994年版，第135~136页。

基础，也要改革，要改革成为民主集中制。"① "文革"爆发后，在"左"的错误氛围中，考虑到"改革"不够激烈，"革命"占据上风，并且把革命的主要领域集中在思想文化和政治领域。邓小平对于以往"改革""政治革命"等提法和做法自然十分清楚。1977年11月，在一次谈话中他就指出："四人帮"是不讲生产力的，他们甚至连生产关系也不多讲，只强调上层建筑。他们讲上层建筑也是只强调"专政"的一面，只讲"专政"问题，但人民内部存在的极大量问题不是专政，例如管理就不是专政。② 与此对照，邓小平讲的政治体制改革是在大力发展生产力、以经济建设为中心的前提下的改革，这种改革不仅要进一步巩固无产阶级专政，而且要进一步发展社会主义民主。

邓小平关于推动上层建筑领域改革的想法，在中央工作会议及其后的十一届三中全会上得到充分体现。在中央工作会议闭幕会上，邓小平分析了思想解放与民主的关系。他指出，民主集中制受到破坏、人们鸦雀无声造成思想"僵化或半僵化"，而思想一僵化，条条框框就多起来了，反过来进一步制约民主。要打破这种恶性循环，要从发扬民主入手，"当前这个时期，特别需要强调民主"。为了保障人民民主，必须加强法制，"使民主制度化、法律化，使这种制度和法律不因领导人的变动而改变，不因领导人的看法和注意力的改变而改变。"③ 十一届三中全会公报提出：实现四个现代化，要求大幅度地提高生产力，也就必然要求多方面地改变同生产力发展不适应的生产关系和上层建筑，改变一切不适应的管理方式、活动方式和思想方式，因而是一场广泛、深刻的革命。④ 全会着重部署了三方面政治体制改革任务：

---

① 中共中央文献研究室：《建国以来重要文献选编》第10册，中央文献出版社2011年版，第456页。
② 《邓小平年谱（1975～1997）》，中央文献出版社2004年版，第243页。
③ 《邓小平文选》第2卷，人民出版社1994年版，第146页。
④ 中共中央文献研究室：《三中全会以来重要文献选编》（上），中央文献出版社2011年版，第4页。

第二章 新时期政治体制改革的开启与推进

着力改变经济管理体制上权力过于集中问题，着力解决党和国家政治生活中民主不够的问题，着力解决法制不健全问题。这表明，中国的改革开放从一开始就包括政治体制改革，中国的改革开放从一开始就是全面的、有机的整体。

1979年9月29日，叶剑英在庆祝中华人民共和国成立三十周年大会上发表讲话，对社会主义制度作出客观分析。他指出，社会主义制度是人类历史上崭新的社会制度，但社会主义制度还处在"幼年时期"；社会主义制度已经开始显示出它的生命力和发展前途，但它还"不成熟""不完善"。四个现代化是现代化的主要方面，但不是所有方面。"我们要在改革和完善社会主义经济制度的同时，改革和完善社会主义政治制度，发展高度的社会主义民主和完备的社会主义法制。"① 叶剑英的讲话更加明确地提出了改革政治制度的任务，第一次把高度民主、完备法制视为现代化追求的目标。

要做到既改革政治制度，又避免出现否定政治制度的倾向，就需要概念创新。1980年1月16日，邓小平在出席中共中央召集的干部会议时指出："社会主义制度并不等于建设社会主义的具体做法。"② 4月8日，会见马来西亚文化代表团时，他又指出："现在我们真正的问题是体制问题。"③ 8月18日，邓小平在中央政治局扩大会议上发表题为《党和国家领导制度的改革》的讲话，系统阐发政治体制改革的思想。讲话虽然还主要使用"制度"一词，但列举的弊端及改革的领域则明确界定在"具体制度"方面。④ 三个月后，邓小平正式使用"政治体制改革"一词。11月7日，他在接受外国记者采访时提出："不进行政治体

---

① 中共中央文献研究室：《三中全会以来重要文献选编》（上），中央文献出版社2011年版，第204页。
② 《邓小平文选》第2卷，人民出版社1994年版，第250页。
③ 《邓小平年谱（1975~1997）》，中央文献出版社2004年版，第617页。
④ 《邓小平文选》第2卷，人民出版社1994年版，第327页。

制改革，不可能顺利进行四个现代化建设。"① 由于这个观点很长时期里没有公开披露，1983年出版的《邓小平文选》也没有出现"政治体制改革"这个完整提法，所以不少人以为，邓小平直到1986年才正式使用这个概念。

把基本制度和具体制度、具体做法区分开来，把政治制度与政治体制区分开来，把改革定位于具体制度、政治体制层面，具有深刻背景和实际考虑。当时，包括政治领域在内的改革受到来自"左"和右的双重干扰，前者教条化对待马克思主义和苏联体制，而且掺杂着许多被扭曲的内容，后者则以民主、人权为名企图否定党的领导和社会主义制度。因此，邓小平在批判"左"的做法的同时，对来自右的错误同样给予高度重视。中共十一届三中全会前，邓小平会见美国专栏作家罗伯特·诺瓦克。在回答中国现在是否也正在考虑对政治制度进行某些改革，比如采用西方那种竞选制度、干部通过选举产生等问题时，邓小平明确表示：我们的整个制度同西方不一样，你们叫议会制，我们是人民代表大会制，这个制度不会改变。我们现在制度中存在的上层建筑不适应生产力发展的状况要改变。我们要研究别国的经验，但是不能简单地吸收别人的经验，要根据自己的条件来决定。② 针对攻击毛泽东、党的领导的行为，邓小平在1979年3月理论务虚会上提出"四项基本原则"。5月16日，在回答日本时事通讯社代表团提出的考不考虑在中国实行"自由化"问题时，他又强调：我们从来不提"自由化"。我们从来都提民主集中制，现在这样提，以后也是这样提。③ 由此看来，邓小平在决定进行政治体制改革的时候就有前置条件，这就是中国的基本制度不能改，而且改革不能影响安定团结的局面。提出"政治体制改革"

---

① 《邓小平年谱（1975～1997）》，中央文献出版社2004年版，第688页。
② 《邓小平年谱（1975～1997）》，中央文献出版社2004年版，第438页。
③ 《邓小平年谱（1975～1997）》，中央文献出版社2004年版，第515页。

概念，有利于克服"左"、防止右，确保政治体制改革方向正确、平稳有序。

（三）政治体制改革的初步探索

十一届三中全会实现党的工作重心转移，确立新时期党的思想路线、政治路线，以及邓小平一系列重要论述的提出，推动政治体制进入大调整时期。

改革党的领导制度。1980年2月，中共十一届五中全会决定增加中央政治局常委的人数，并重设中央书记处。全会还讨论和一致通过《关于党内政治生活的若干准则》，着重强调"坚持集体领导，反对个人专断"和"发扬党内民主，正确对待不同意见"。在高层人事安排上，为解决权力高度集中问题，党的主席、军委主席和国务院总理由一人兼任的格局逐步被改变。1980年9月，五届全国人大三次会议同意华国锋辞去国务院总理并选举新的总理。1981年6月，中共十一届六中全会同意华国锋辞去党中央主席和中央军委主席职务，选举胡耀邦为党中央主席、邓小平为中央军委主席，党的主席、军委主席和国务院总理分别由不同人担任。在推进新老交替方面，中共中央印发《关于建立老干部退休制度的决定》，建立老干部离退休和退居二线制度，着手改变实际存在的领导职务终身制。

完善国家政权制度。全国人大充实了一批年富力强的副委员长、常委，建立民族、预算、法案等专门委员会，人大会期、职权行使步入常态。1979年7月，五届全国人大二次会议通过修改宪法部分条文、地方各级人大和人民政府组织法、全国人大和地方各级人大选举法、人民法院组织法、人民检察院组织法等法律，对政治体制作出若干重大调整：（1）县以上地方各级人大设立常委会，地方各级革命委员会改为人民政府，人民政府的组成人员由同级人大选举或任免，人民政府对人大负责并报告工作。（2）省级人大及其常委会根据本行政区域的具体情况和实际需要，在和国家宪法、法律、政策、法令、政令不抵触的情况下，可以制定和颁布地方性法规。（3）直接选举人大代表的范围扩大到县一级。（4）地方各级人大代表有向人大及其常委会反映群众意见和要求的权利、义务，人大会议期间有权向本级人民政府或其所属部门提出质询。县级以上人大代表非经本级人大常委会同意，不受逮捕或者审判。

推进法制建设。1979年2月，五届全国人大常委会第六次会议决定设立法制委员会。7月，五届全国人大二次会议通过新中国第一部刑法、刑事诉讼法。8月，中共中央发出《关于坚决保证刑法、刑事诉讼法切实实施的指示》，指示提出：党对司法工作的领导，主要是方针、政策的领导。各级党委要坚决改变过去那种以党代政、以言代法，不按法律规定办事，包揽司法行政事务的习惯和做法。9月，五届全国人大常委会第十一次会议决定设立中华人民共和国司法部，这个被取消长达20年的机构得以恢复。1980年1月，中央成立中央政法委员会，加强对政法工作领导。8月至9月，五届全国人大三次会议决定取消宪法第四十五条中"有运用'大鸣、大放、大辩论、大字报'的权利"的条文，同时决定成立宪法修改委员会，修改宪法工作自此转由全国人大负责。

加强多党合作与政治协商。1979年6月，中国人民政治协商会议第五届全国委员会第二次会议召开。邓小平在开幕词中提出新时期统一战线的性质和任务。10月19日，邓小平出席全国政协、中共中央统战部举行的招待出席各民主党派和全国工商联的代表大会代表的宴会。针对新时期要不要民主党派的疑问，邓小平指出，在中国共产党领导下，实行多党派合作，是我国政治制度的一个特点和优点，中国共产党与民主党派"长期共存、互相监督"的方针不会改变。[①] 8月15日至9月3日，中共中央

---

① 《邓小平文选》第2卷，人民出版社1994年版，第205页。

统战部召开第十四次全国统战工作会议,就新时期统一战线重大问题提出意见:在名称上,把"社会主义统一战线"改为"革命的爱国统一战线";在性质和政治基础上,统一战线的性质是劳动者和爱国者的联盟,政治基础是社会主义和爱国主义,包括两个联盟:大陆范围内以爱国主义和社会主义为政治基础的团结全体劳动者和爱国者的联盟,大陆范围以外的以爱国和拥护祖国统一为政治基础的团结台湾同胞、港澳同胞和国外侨胞的联盟。在任务上,巩固和发展统一战线是为了更好地为维护安定团结、健全社会主义民主和法制、推进社会主义现代化建设服务,为和平统一祖国服务。

1981年12月至1982年1月,第二次全国统战工作会议举行。会上,胡耀邦在"长期共存,互相监督"方针后增加"肝胆相照,荣辱与共",形成新时期中国共产党与民主党派合作的十六字方针。第二次全国统战工作会议指出,关门主义、孤家寡人、"清一色"、包打天下这些"左"的思想都是错误的。要注意维护各民主党派的政治自由、组织独立和法律上平等地位。针对各级人大、政协中中共党员比例偏高问题,会议要求规定适当的党内、党外比例,各级人大代表,党内可略高于党外;各级政协委员,党外必须高于党内。要执行好国务院各部委和省级的厅局正副职中安排一定数量党外人士的规定,此外,县和县一级单位也都应安排一名党外的副县长。①

十一届三中全会之后政治体制改革成果在中共十二大报告和五届全国人大五次会议通过的新宪法中得到集成和进一步发展。邓小平在十二大开幕式上指出:"把马克思主义的普遍真理同我国的具体实际结合起来,走自己的道路,建设有中国特色的社会

---

① 中共中央文献研究室:《三中全会以来重要文献选编》(下),中央文献出版社2011年版,第447~448页。

主义，这就是我们总结长期历史经验得出的基本结论。"[①] 这一结论实际上提出了立足实际、走中国特色社会主义政治发展道路的重要任务。党的十二大报告提出，建设高度的社会主义民主是我们的根本目标和根本任务之一，从而把民主政治建设提高到党和国家事业的战略高度。十二大修改的党章在强调党的领导地位的同时，明确"党的领导主要是政治、思想和组织的领导"，"党必须在宪法和法律的范围内活动"。在中共自身体制方面，从十二大开始不再设立党中央主席、副主席，而实行总书记制。在中央和省设立顾问委员会，作为解决干部新老交替的过渡性办法。十二大要求地方各级党组织都应设立纪律检查委员会并赋予更大职权。

1982年12月10日，五届全国人大五次会议通过新宪法。"八二宪法"不仅使基本政治制度方面进一步恢复到"五四宪法"的水平，而且根据新情况作出重大改革，增加一些新制度规定：重新使用"人民民主专政"和"公民在法律面前一律平等"等提法；恢复设立国家主席和副主席，国家设立中央军事委员会，行政系统实行行政首长负责制、增设审计机关，规定国家领导职务连续任职不得超过两届，改人民公社为乡；民族区域自治制度、居民委员会与村民委员会等基层群众自治制度以及"一国两制"构想均写入宪法。1982年后，宪法虽经多次修改，但"八二宪法"确定的基本政治原则、基本政治制度、基本政治关系一直没有改变，反映出中国政治制度进入相对稳定时期，这也说明"八二宪法"是一部适应社会主义建设新形势、经得住实践考验的宪法。

党的十二大召开和新宪法通过后，政治体制改革继续推进。一是选举制度进一步完善。1982年五届全国人大五次会议修改《全国人民代表大会和地方各级人民代表大会选举法》《地方各

[①] 《邓小平文选》第3卷，人民出版社1994年版，第3页。

级人民代表大会和地方各级人民政府组织法》，规定经省级人大常委会决定，农村每一代表所代表的人口数，同镇或企事业组织职工每一代表所代表的人口数之比，可以少于四比一直至一比一；将"另行选举"的当选票数同样需过半数改为不得少于选票的三分之一；选举委员会或其他推荐候选人的党派、团体、选民可以一定方式向选民介绍被推荐人情况，间接选举中大会主席团要向代表介绍候选人情况。

1986年12月，六届全国人大常委会第十八次会议再次修改选举法和地方组织法，规定：经登记确认的选民资格长期有效；将选民或代表一人提出、三人附议推荐代表候选人改为选民或代表须有十人以上联名方可推荐代表候选人；直接选举中正式候选人应多于应选代表的差额，由"二分之一至一倍"改为"三分之一至一倍"；适当减少各级人大代表的名额，乡级人大代表的名额一般减少五分之一左右，省级人大代表也有不同程度的减少，全国人大代表名额改为不超过三千人；规定每一选民接受代为投票的委托不得超过三人；直接选举时，选区全体选民过半数参加投票，选举有效。将直接选举中代表候选人获得全体选民过半数的选票始得当选，改为获得参加选举的选民的过半数的选票，始得当选。

二是民主协商制度进一步发展。第六届全国政协委员的组成单位增加"中华全国台湾同胞联谊会"和"港澳同胞"两个方面；新委员中中共党员的比重从60%下降为40%，文化知识界委员上升到40%。全体委员会会议恢复大会发言制度，向中外媒体开放。政协六届全国委员会第三次会议明确提出了对委员提案实行"三不限"原则，即内容不限、人数不限、时间不限。在参政议政方面，各民主党派成员中有5 000多人被选为各级人大代表，有1.4万人担任各级政协委员，全国政协副主席和全国人民代表大会常务委员会副委员长中民主党派占三分之一。

三是行政体制进一步优化。推行市领导县体制，到1983年底，全国已撤销 35 个地区行署，368 个县划归市领导，22 个县同市合并，40 个县改为省辖县级市或地级市。① 实行政社分开，建立乡政府。到 1984 年底，这项工作基本完成，人民公社退出历史舞台。

四是干部人事制度进一步加强。新老交替在更大范围实施。中国共产党全国代表会议同意一部分老同志辞去担任的领导职务的请求，并以无记名投票方式增选中央委员 56 人、候补委员 35 人、中顾委员 56 人、中纪委委员 31 人。中共十二届五中全会按照进一步实现中央领导成员新老交替和年轻化的原则，对政治局和中央书记处成员进行局部调整。就全国而言，共有 100 多万新中国成立以前参加革命工作的老干部离职休养，仅 1984 年就有 18 万中青年干部担任县级以上领导职务。与此同时，中央改革干部管理制度，由下管两级干部改为下管一级主要领导干部，实行分级管理、层层负责。在干部选拔任用过程中，将党委常委由委任制改为经全委会选举产生、报上级党委批准。

（四）勾画政治体制改革蓝图

虽然政治体制改革在不断推进，但邓小平还不十分满意。从 1986 年 6 月开始，他多次发表谈话，就政治体制改革提出新要求。邓小平之所以在这个时候决心加大政治体制改革力度，出于多种因素的考虑。

首先，政治体制改革步伐跟不上经济体制改革进程。1984 年 10 月，中共十二届三中全会提出建立以公有制为基础的有计划的商品经济，预示着经济基础发生重大变化。然而，整个上层建筑还停留于计划经济时代并带有很深的革命战争时期的烙印。正因为如此，邓小平指出："政治体制改革同经济体制改革应该

---

① 陈瑞生等主编：《中国改革全书·政治体制改革卷》，大连出版社 1992 年版，第 575 页。

相互依赖、相互配合。只搞经济体制改革，不搞政治体制改革，经济体制改革也搞不通，因为首先遇到人的障碍。……从这个角度来讲，我们所有的改革最终能不能成功，还是决定于政治体制的改革。"①

其次，政治体制改革本身还有相当大的提升空间。如前所述，十一届三中全会开始的改革从一开始就包括政治领域的改革，特别是邓小平发表《党和国家领导制度的改革》的讲话后，政治体制改革的力度明显加大。但实事求是讲，这段时间的改革更多带有恢复性质，就是恢复"五四宪法"和中共八大确立的正确路线和制度。换个角度看，《党和国家领导制度的改革》指出的政治体制关键症结尚未触及，也缺乏整体设计。所以，邓小平才说尽管"一九八〇年就提出政治体制改革，但没有具体化，现在应该提到日程上来"②。

最后，政治体制改革具备较为良好的条件。到1986年的时候，经过高层领导调整和干部新老交替，自上而下一大批支持改革开放、年富力强的干部走上领导岗位，这为改革提供了有力的组织保障。就邓小平个人而言，此时已近83岁高龄。尽管知道政治体制改革牵扯面广、敏感复杂，他还是有信心解决这个难题。

1986年邓小平的系列讲话，回答和解决了政治体制改革的目标、内容和原则等问题。政治体制改革的目标是，实现干部队伍年轻化，始终保持党和国家的活力；克服官僚主义，提高工作效率；调动基层和工人、农民、知识分子的积极性。很明显，这三条是就政治体制改革要达到的直接目的而言的，改革还有三方面更高的目标：发展社会主义民主、解放社会主义生产力、巩固社会主义制度。政治体制改革的内容是，实现党政分开、权力下

---

① 《邓小平文选》第3卷，人民出版社1994年版，第164页。
② 《邓小平文选》第3卷，人民出版社1994年版，第160页。

放、精简机构。关于政治体制改革的原则,邓小平讲了三条:第一,要审慎从事。因为政治体制"每项改革涉及的人和事都很广泛,很深刻,触及许多人的利益,会遇到很多的障碍",所以要认真研究论证。① 第二,坚持从中国实际出发。"不能照搬西方的,不能搞自由化",如果过分强调搞互相制约的体制,可能也有问题。② 第三,要有长期作战准备。邓小平在会见墨西哥客人时指出,政治体制改革可能引起的波动不是经济体制改革可以相比的,波动更大。就我个人来说,我在有生之年要搞,我们这一代要搞,年轻一点的同志要搞,我们的娃娃将来也要搞。只有这样搞,才能扫除实现现代化的障碍。③

在邓小平所列政治体制改革任务中,党政分开被放在第一位。强调党政分开,也是这一阶段政治体制改革最突出的特点。1987年10月,中共十二届七中全会专门研究党政分开问题。会议认为,之所以要把党政分开作为政治体制改革的首要任务,是因为政治体制改革,首先是领导体制改革。党政不分、以党代政问题不解决,整个政治体制改革都无从展开。④ 之所以要解决党政不分问题、实现党政分开,原因有四:党政不分不是提高或加强了党的领导,而是降低、削弱了党的领导,党政分开才能真正提高并加强党的领导,才能真正提高党的政治领导的水平;党政不分使党顾不上抓党的建设,党政分开才能真正做到"党要管党";党政不分使党委处于行政工作第一线,甚至成为矛盾的一个方面,党政分开,可以使党处在超脱的、驾驭矛盾和总揽全局的地位,从而发挥"协调各方"的领导作用;党政不分使党委

---

① 《邓小平文选》第3卷,人民出版社1994年版,第176页。
② 《邓小平文选》第3卷,人民出版社1994年版,第178页。
③ 《邓小平年谱(1975~1997)》,中央文献出版社2004年版,第1156~1157页。
④ 中共中央文献研究室:《十二大以来重要文献选编》(下),中央文献出版社2011年版,第378页。

自己成了执行者,党政分开才能使党委真正具有监督的职能。①

不久之后,中共十三大提出较为完备的政治体制改革方案。根据十三大的部署,政治体制改革在各个领域都进行了更加积极的探索,并引发整个学术界乃至全社会的政治体制改革热情。但其中也存在一些偏差,比如,在理顺党政关系方面,撤销中央政法委员会,改设中央政法领导小组,不再拥有指导政法系统各部门工作、处置重大疑难案件等职权。国务院各部门党组要求逐步撤销。在基层和企事业单位,党组织的地位也有所下降,领导作用被削弱。这些举措在实践中带来了许多负面影响。

二、积极稳妥推进政治体制改革

1989年政治风波平息后,各方面都十分关心中国改革尤其是政治体制改革的走向。在邓小平、江泽民领导下,中国确立既稳妥又积极的政治体制改革方针,在继续推进政治体制改革过程中,提出建设社会主义民主政治,建设社会主义法治国家,实现党的领导、人民当家作主与依法治国有机统一等重要论断,进一步丰富和发展中国特色社会主义政治制度。

(一) 政治体制改革的反思与调整

1989年政治风波过后,中国实现了高层人事更迭,形成以江泽民为核心的领导集体。1989年6月24日,中共十三届四中全会决定撤销赵紫阳党内一切领导职务,选举江泽民为中央委员会总书记。6月30日,第七届全国人民代表大会常务委员会第八次会议决定撤销赵紫阳的中华人民共和国中央军事委员会副主

---

① 中共中央文献研究室:《十二大以来重要文献选编》(下),中央文献出版社2011年版,第380~382页。

席职务。11月6日至9日，中共十三届五中全会同意邓小平辞去中共中央军事委员会主席、选举江泽民接任。1990年3至4月，七届全国人大三次会议接受邓小平辞去中华人民共和国中央军委主席、选举江泽民接任。党的总书记、国家主席、军委主席由一人兼任，有利于强化权威、稳定大局，但也并非权宜之计。2004年9月20日，江泽民在卸任中共中央军事委员会主席后的一次讲话中回顾说：党中央和小平同志当年决定我当党的总书记、国家主席、军委主席，是从大局考虑的。"党的总书记、国家主席、军委主席三位一体这样的领导体制和领导形式，对我们这样一个大党、大国来说，不仅是必要的，而且是最妥当的办法。"① 正因为如此，这一做法一直延续至今。

在重新调整高层人事安排的同时，中央开始具体政策的调整。一方面，坚持改革开放后确立的基本理论和路线方针政策不变，另一方面，"很冷静地考虑一下过去，也考虑一下未来"，"失误的要纠正，不足的要加点劲"。② 由于过去一个时期对"党政分工"存在理解和执行上的偏差，更有极少数人以此否定党的领导，因此具体政策的调整首先围绕这个问题展开，即调整的侧重点放在加强党的领导和党的建设上。

1989年8月，江泽民在全国组织部长会议上指出，政治体制改革的目的，是为了加强和改善党的领导，决不是削弱和淡化党的领导。党的领导要体现为一管党员、二管干部。③ 9月22日，他在全国先进基层党组织和优秀党务工作者表彰大会上更加明确地强调，实行党政职能分开，其根本目的，既是为了"建立强有力的政府工作系统"，也是为了加强和改善党的领导。那种认为"党政分开"是"党政分家"；或者认为是为了加强政府职

---

① 《江泽民文选》第3卷，人民出版社2006年版，第603页。
② 《邓小平文选》第3卷，人民出版社1994年版，第304、308页。
③ 中共中央文献研究室：《十三大以来重要文献选编》（中），中央文献出版社2011年版，第37页。

能，削弱党的领导和基层党组织政治核心作用的思想，都是错误的。① 年底，江泽民在党建理论研究班上对加强党的领导问题作了进一步阐发。他指出，党的政治领导和思想领导、组织领导是统一的、不可分的。思想领导是政治领导、组织领导的重要前提和基础，组织领导是政治领导、思想领导的重要保证。江泽民还指出，要认真改善党的领导方式和活动方式，政治体制改革要坚定地继续进行下去。但是应当明确，这种改革不是要削弱、更不是要取消党的领导，而是要加强和改善党的领导。② 江泽民的这次讲话明确了党的领导的内容和途径，澄清了党政关系问题上的错误理解和做法。按照上述意见和要求，调整党政关系、加强党的领导的工作在各个领域体现出来。

加强党对国家机关的领导。江泽民指出，我们党是执政的党，党的执政地位，是通过党对国家政权机关的领导来实现的。各级政权机关，包括人大、政府、法院、检察院和军队，都必须接受党的领导，任何削弱、淡化党的领导的想法和做法，都是错误的。党的政治领导、思想领导、组织领导，要通过政治原则、政治方向、重大决策的领导和思想政治工作、向政权机关推荐重要干部等来实现。要善于把党的有关国家重大事务的主张，经过法定程序变成国家意志。③

加强党对统一战线的领导。动乱中有人说，中国的八个民主党派可以成为"准反对党"，说各民主党派同共产党的关系可以是"小骂大帮忙"的关系，甚至说，如果民主党派的"尖锐意见比方励之还方励之，方励之就不起作用了"。李先念在七届全国政协二十二次主席扩大会议上指出，这些说法都是完全错误的。这是对各民主党派的诬蔑，也是对共产党领导的多党合作和

---

① 中共中央文献研究室：《新时期党的建设文献选编》，人民出版社1991年版，第473页。
② 《江泽民文选》第1卷，人民出版社2006年版，第92～93页。
③ 《江泽民文选》第1卷，人民出版社2006年版，第112页。

政治协商制度的严重歪曲。① 1989年12月,中共中央发布的《关于坚持和改善中国共产党领导的多党合作和政治协商制度的意见》,首次规范中国政党制度的名称,即"中国共产党领导的多党合作和政治协商制度"。这个表述取消原来表述中"中国共产党领导下"的"下"字,更加体现政党的平等地位和合作关系,同时继续保留"领导"一词,以体现中共的领导地位。

加强党对群众组织的领导。《中共中央关于加强和改善党对工会、共青团、妇联工作领导的通知》提出,工会、共青团、妇联受同级党委和它们上级组织的双重领导,以同级党委领导为主。通知还特别强调:各级党组织要引导工会、共青团、妇联组织自觉维护党的统一领导,自觉维护社会的安定团结。警惕和防止任何企图摆脱或削弱党的领导的倾向,警惕和防止某些别有用心的人破坏安定团结。决不允许任何组织提出同党对立的政治主张。决不允许存在反对四项基本原则、危害国家政权的政治组织,一经发现,必须依法取缔。

加强党对基层组织的领导。《中共中央关于加强党的建设的通知》提出,要切实加强党的基层组织建设,实行厂长(经理)负责制,不能淡化基层党组织的作用,削弱党的领导;高等院校实行党委领导下的校长负责制,试行校长负责制的范围不再扩大。

加强党对军队的领导。1990年2月,中共中央转发总政治部《关于新形势下加强和改进军队政治工作的若干问题》。该文件指出,资产阶级自由化分子宣扬所谓军队非党化、非政治化,鼓吹"党军分家",妄图使我军摆脱党的领导。对这种错误言论和倾向,必须坚决抵制和反对。要把军队置于党的绝对领导之下,必须坚持一系列根本制度,特别是要坚持军队的最高领导权

---

① 中共中央文献研究室:《十三大以来重要文献选编》(中),人民出版社2011年版,第87~88页。

和指挥权集中于党中央和中央军委。绝不允许其他党派在军队中建立组织和进行活动。未经相应政治机关批准,军队成员不得参加民主党派和宗教组织,不得擅自参加地方的群众团体,不得成立条令条例规定之外的团体和组织。一旦发现非法组织,必须坚决予以取缔。①

加强对政法工作的领导。1990年4月,中央决定恢复中央政法委员会,适当调整其职责任务,各地党委政法领导机构的名称统一为政法委员会,同时规定各级政法委员会都要有同级人民政府负责人中的一位副职参加,政法委员会书记要由同级党委中的一位常委或副书记担任。1991年2月,中共中央、国务院印发《关于加强社会治安综合治理的决定》,决定成立社会治安综合治理委员会,下设办公室。各地从省、自治区、直辖市到地市、县区,都要建立健全社会治安综合治理领导机构,以党委一名领导同志为首,政府一名副职协助,各有关部门负责同志参加。

加强党对经济工作的领导。1989年,中央先后出台《关于近期做几件群众关心的事的决定》《关于进一步清理整顿公司的决定》《关于进一步治理整顿和深化改革的决定》。江泽民在中共十三届五中全会上发表讲话指出,当前,中央必须集中适当的权力,集中适当的财力、物力,必须强调国家计划的严肃性,这样才能稳定经济的全局。党中央和国务院定下来的事情,各地方、各部门一定要尽力做好。不能打折扣,不能"各取所需",不能各行其是,不能借口自己的"特殊性"作出同中央决定相抵触的某些规定,更不能阳奉阴违、另搞一套。②

1989年至1990年各个领域的调整,扭转了前期政治体制改

---

① 中共中央文献研究室:《十三大以来重要文献选编》(中),中央文献出版社2011年版,第316~317页。
② 中共中央文献研究室:《十三大以来重要文献选编》(中),中央文献出版社2011年版,第152页。

革方面特别是党政分开方面的偏差,确立了后来政治体制改革的"稳妥"基调,即如何在保证党的领导、坚持社会主义制度的前提下,有领导有秩序地推进政治体制改革,使之在正确道路上继续前进。

(二)更加积极推进政治体制改革

在批判资产阶级自由化过程中,"左"的思潮重新抬头,人们一度对政治体制改革噤若寒蝉。1992年1月至2月,邓小平在武昌、深圳、珠海、上海等地发表谈话,平息姓"资"姓"社"之争,加速各方面改革进程。6月9日,江泽民明确表态:在加快经济发展和经济体制改革的同时,要继续推进政治体制改革,使其同经济发展和经济体制改革相适应,并做到互相促进。[①] 中共十四大报告提出,要积极推进政治体制改革,使社会主义民主和法制建设有一个较大的发展。也就是说,政治体制改革不仅要"继续"推进,而且要"积极"推进,主动进取的姿态表现得更加鲜明。

中共十四大后的政治体制改革首先从行政体制改革入手,而行政体制改革又首先抓的是机构改革。因为当时党政机关机构臃肿、层次重叠、人浮于事、效率低下,已达到相当严重的地步,庞大的行政管理费使各级财政也不堪其负。[②] 1993年3月,新一轮党政机构改革正式启动。行政体制改革的另一项工作是全面实行国家公务员制度,推动干部分类管理。到1997年8月《国家公务员暂行条例》颁布四周年时,已经形成一个以条例为龙头,以36个单行法规、规章和实施细则配套的公务员管理法规体系。第三方面的行政体制改革是财政、金融体制改革。为提高中央财

---

① 中共中央文献研究室:《十三大以来重要文献选编》(下),中央文献出版社2011年版,第545页。
② 中共中央文献研究室:《十三大以来重要文献选编》(下),中央文献出版社2011年版,第546页。

政收入的比重，适当增加中央财力，增强中央政府的宏观调控能力，1993年12月开始实行分税制，结束了15年之久的财政包干体制。为建立统一开放、有序竞争、严格管理的金融市场体系，中国人民银行转型成为中央银行。

20世纪90年代的机构改革、公务员制度等改革普遍受到关注，以致造成"政治体制改革＝行政体制改革＝机构改革"的印象，因而当时和后来学界对这个时期政治体制改革的评价没有80年代那么高。实际上，这是一种错觉。造成错觉很重要的原因在于人们对政治体制改革的理解主要以党政是否分开、是否有竞争性选举、媒体是否独立发声，甚至以西方政治制度和民主模式为标准。另一个原因在于，这个时期政治体制改革的调门降低、更趋务实，注意多做少说或只做不说，特别是在执政党自身建设方面更是如此，或者说出现了政治体制改革"党内化"现象。

1994年9月，中共十四届四中全会通过的《中共中央关于加强党的建设几个重大问题的决定》提出，要把发扬党内民主作为推进人民民主一条重要的也是相对可控和稳妥的途径，发扬党内民主则体现为扩大选拔任用领导干部工作中的民主。文件要求，无论选任还是委任、聘任领导干部，都要走群众路线，通过民主推荐、民意测验或民主评议，让群众更多地参与。同时，认真进行组织考察，由党委集体讨论决定。多数群众不拥护的，不应提拔。对一些地方在一定范围试行的委任干部任期制、聘任制、试用制以及公开推荐与考试考核相结合选拔领导干部等，要认真研究和总结，使其不断完善。12月，江泽民在全国组织工作会议上提出推进干部制度改革的总体目标，即从我国的国情出发，通过深化改革，逐步创造一个公开、平等、竞争、择优的用人环境，建立一套干部能上能下、能进能出、充满活力的管理机制，形成一套法制完备、纪律严明的监督体系。阶段性的任务首先在于改革党政领导干部选拔任用制度，在扩大民主、完善考核、推进交流、加强监督等四个方面努力取得实质性进展。① 民主和原本神秘的干部人事工作结合起来后,一些地方探索进行公开选拔、竞争上岗试点,激活干部人事制度。

即使在政治体制改革的原有领域,也并非乏善可陈。如:"中国共产党领导的多党合作和政治协商制度将长期存在和发展"写入宪法序言。全国人大常委会和全国人大专门委员会对全国人大及其常委会制定的法律和有关法律问题的决议、决定贯彻实施的情况,进行检查监督。《中国人民政治协商会议章程(修正案)》,把参政议政列入政协的主要职能,形成政治协商、民主监督、参政议政更加完整的表述。1996年2月,江泽民在中共中央举办的法制讲座上首次提出"依法治国"概念,实现了从"法制"到"法治"的历史性跨越。

(三) 走中国特色政治发展道路

既要坚持党的领导,又要发展社会主义民主、保障人民当家作主,还要建设社会主义法治国家,经过近20年积累,1997年9月,中共十五大提出"坚持党的领导、发扬人民民主和严格依法办事统一起来"的新要求,指明政治体制改革的方向、确定中国特色政治发展道路的科学内涵。十五大报告还提出了政治体制改革的五项主要任务:发展民主,加强法制,实行政企分开、精简机构,完善民主监督制度,维护安定团结。在纪念十一届三中全会召开二十周年之际,江泽民进一步解释了党的领导、人民当家作主、依法治国各自的内涵、地位及其相互关系。他指出,共产党执政,就是领导和支持人民掌握和行使管理国家的权力,实行民主选举、民主决策、民主管理、民主监督,保证人民依法享有广泛的权利和自由,尊重和保护人权。依法治国,建设社会主

---

① 《江泽民论有中国特色社会主义(专题摘编)》,中央文献出版社2002年版,第673~674页。

义法治国家,是党领导人民治理国家的基本方略。党通过国家权力机关制定宪法和法律,并自觉在宪法和法律范围内活动,以实现党对国家的领导同依法治国的统一,保证党始终发挥总揽全局、协调各方的领导核心作用。① 中共十五大到十六大这五年时间,政治体制改革的亮点集中在三个方面:

一是提出中国特色的人权观。为了回应以美国为首的西方国家对中国人权问题的攻击,也为了促进国际人权领域里的合作,中国政府签署《经济、社会和文化权利国际公约》。在这个过程中,中共领导人提出中国特色人权理论。在主权与人权关系上,强调国家主权是一国人民充分享受人权的前提和保障,主权和人权不是相互对立的,而是相辅相成的。在人权的内容上,强调集体人权与个人人权,经济、社会、文化权利与公民、政治权利是不可分割的。在人权发展水平上,指出人权是历史的产物,它的充分实现是同每个国家经济文化水平相联系的逐渐发展的过程。

二是强化对权力的监督制约。十五届中纪委二次全会提出,要建立健全依法行使权力的制约机制,把党内监督、法律监督、群众监督结合起来,发挥舆论监督的作用,有效预防和及时揭露腐败。强化党内监督,首先是加强党委内部的监督和纪委的监督。② 为从制度上预防领导干部的配偶、子女及其配偶凭借领导干部的权力和影响谋取私利,对《中国共产党党员领导干部廉洁从政若干准则(试行)》第五条第二款作出补充规定。此后,中办国办发出通知,要求党政机关领导干部不兼任社会团体领导职务。中共中央决定,军队武警部队政法机关不再从事经商活动,中央党政机关与所办经济实体和管理的直属企业脱钩。

---

① 《江泽民文选》第 2 卷,人民出版社 2006 年版,第 257~258 页。
② 中共中央文献研究室:《十五大以来重要文献选编》(上),中央文献出版社 2011 年版,第 158 页。

三是扩大基层民主。中共十五大指出，扩大基层民主，保证人民群众直接行使民主权利，依法管理自己的事情，创造自己的幸福生活，是社会主义民主最广泛的实践。此后，中央决定在农村普遍实行村务公开和民主管理制度，做到民主选举、民主决策、民主管理和民主监督。村级民主制度建设重点抓三项制度：村民委员会的直接选举制度，让农民群众选举自己满意的人管理村务；村民议事制度，村里的大事，尤其是与家家户户切身利益密切相关的事情，都要经村民大会或村民选出的代表讨论，不能由少数人说了算；村务公开制度，凡是群众关注的问题，都要定期向村民公开，接受群众监督。① 以农村为代表的"草根民主"实践，引起国内外广泛关注，成为中国特色社会主义民主政治的伟大创造。

从江泽民正式担任总书记算起，到2000年已整整十年。2000年1月20日，江泽民代表中央政治局常委通报"三讲"情况，对十年来常委会的工作进行系统回顾和总结。内容之一就是继续推进政治体制改革，扩大社会主义民主，提出依法治国、建设社会主义法治国家的重要方略。通过十年探索和实践，政治体制改革方面形成五点共识：第一，改革党和国家的领导制度，总的目的是要有利于巩固社会主义制度和党的领导，有利于在党的领导和社会主义制度下发展生产力，有利于贯彻执行党的十一届三中全会以来所制定的路线方针政策，有利于维护国家统一、民族团结和社会稳定。第二，坚持政治体制改革要与经济体制改革相适应。通过政治体制改革始终保持党和国家的活力，克服官僚主义，提高工作效率，调动基层和工人、农民、知识分子的积极性。第三，必须坚持人民民主专政和人民代表大会的根本政治制度，绝不能照搬西方政治制度的模式。第四，政治体制改革必须

---

① 中共中央文献研究室：《十五大以来重要文献选编》（上），中央文献出版社2011年版，第470页。

在党的领导下有计划、有步骤、有秩序地进行,既要坚定,又要审慎,循序渐进。第五,发展民主必须同健全法制紧密结合。①江泽民的讲话,系统回顾了政治体制改革的历程,总结了取得的成效、形成的原则,为继续推进政治体制改革奠定了理论基础。

三、政治建设与政治体制改革并举

中共十六大后,以胡锦涛为总书记的党中央提出科学发展观、建设社会主义和谐社会、提高党的执政能力等战略思想,中国的政治体制改革明确以建设社会主义政治文明为目标,坚持走中国特色社会主义政治发展道路,社会主义民主政治和法治国家建设取得新进展。

(一)建设社会主义政治文明

"政治建设"和"政治文明"是中共十六大报告使用的两个新概念,它们均首次出现于2001年1月10日江泽民在全国宣传部长会议上的讲话中。谈及德治与法治关系时,江泽民指出:"法治属于政治建设、属于政治文明,德治属于思想建设、属于精神文明",二者范畴不同,但地位和功能都非常重要。② 在此之前,"政治建设"主要用于党建领域,与思想建设、组织建设、作风建设属于同一层面的内容。2002年7月16日,江泽民在中国社会科学院建院二十五周年座谈会上进一步提出,中国特色社会主义是物质文明、政治文明、精神文明全面建设的进程。把政治建设与经济建设、文化建设并列,把政治文明与物质文明、精神文明并列,意味着政治建设的地位更高,成为中国特色

---

① 《江泽民文选》第2卷,人民出版社2006年版,第535~536页。
② 《江泽民文选》第3卷,人民出版社2006年版,第200页。

社会主义事业总体布局的重要组成部分。

在"政治体制改革"之外提出"政治建设"概念，意味着中国政治制度转入"破立并举"的阶段，换言之，在继续改革不合理体制机制和方式方法的同时，积极建构具有中国特色的政治制度体系和社会主义政治文明。2003年2月，胡锦涛在中共十六届二中全会上指出，提出建设社会主义政治文明是我们党对自己一贯坚持和实行的发展人民民主的方针的新总结新概括。政治文明建设涉及政治思想、政治制度、行政管理、法制建设等方面，需要有领导有步骤全面加以推进。要大力加强政治制度建设，不断完善社会主义民主政治各项制度。① 在这个讲话中，胡锦涛指明了政治文明建设的重点在于制度，即巩固和发展中国政治的制度特色和制度优势。

中共十六大后，党把政治建设和政治体制改革、发展社会主义民主、建设社会主义政治文明逐步纳入科学发展观的理论体系和工作格局中进行谋划。科学发展观的第一要务是发展，核心是以人为本，基本要求是全面协调可持续发展，根本方法是统筹兼顾。进一步解放生产力、实现又好又快发展，必须破除上层建筑领域的顽瘴痼疾。做到以人为本，就是要维护好广大人民的根本利益，而人民的利益包括经济利益、文化利益，也包括政治利益。切实保障人民当家作主，充分体现主人翁地位，才能确保权力来自于人民、服务于人民，并调动人民群众的积极性、创造性。全面发展包括政治发展，促进社会全面进步。统筹兼顾，不光要统筹兼顾城乡、区域、经济社会、人与自然、国内发展和对外开放，也包括统筹兼顾生产力和生产关系、经济基础和上层建筑，推进经济、政治、文化建设的各个环节、各个方面相协调，防止片面性和单打一，防止出现因发展不平衡而制约发展的局面。

构建社会主义和谐社会是科学发展观的重要内容。这里的

---

① 《胡锦涛文选》第2卷，人民出版社2016年版，第32~34页。

"社会"可以从广义、狭义来理解，但无论立足于何种角度，政治建设都是有机组成部分。从广义角度看，社会主义和谐社会是民主法治、公平正义、诚信友爱、充满活力、安定有序、人与自然和谐相处的社会。发展社会主义民主政治，保证人民依法行使民主权利，促进党和人民群众以及执政党和参政党、中央和地方、各阶层之间、各民族之间等方面关系的和谐，是构建社会主义和谐社会的重要保证。① 从狭义角度看，构建社会主义和谐社会以解决人民最关心最直接最现实的利益问题为重点，着力发展社会事业、促进社会公平正义、建设和谐文化、完善社会管理、增强社会创造活力，走共同富裕道路，推动社会建设与经济建设、政治建设、文化建设协调发展。② 政治建设同样是重要构成，也是促进社会和谐的关键因素。2006年10月，中共十六届六中全会通过的《中共中央关于构建社会主义和谐社会若干重大问题的决议》提出加强制度建设、保障社会公平正义的主要措施，其中包括完善民主权利保障制度，巩固人民当家作主的政治地位；完善法律制度，夯实社会和谐的法治基础；完善司法体制机制，加强社会和谐的司法保障；完善公共财政制度，逐步实现基本公共服务均等化等内容。

发展社会主义民主，建设社会主义政治文明，还被提高到党的执政能力的高度。科学执政、民主执政、依法执政都包含有政治建设和政治体制改革的要求。做到科学执政，就必须大力推进决策科学化、民主化，使党的决策特别是关系国计民生的重大决策符合客观规律和科学规律，符合人民群众愿望。做到民主执政，首先，必须推进社会主义民主政治的制度化、规范化、程序化，以民主的制度、民主的形式、民主的手段支持人民当家作主，保证人民依法实行民主选举、民主决策、民主管理、民主监

---

① 《胡锦涛文选》第2卷，人民出版社2016年版，第285~286页。
② 《胡锦涛文选》第2卷，人民出版社2016年版，第523页。

督。其次，要不断完善和扩大党内民主，通过发展党内民主带动人民民主。最后，要建立结构合理、配置科学、程序严密、制约有效的权力运行机制，加强对权力的监督，保证把人民赋予的权力真正用来为人民谋利益。做到依法执政，就必须坚持依法治国、建设社会主义法治国家，不断推进国家经济、政治、文化、社会生活的法制化、规范化，以法治的理念、法治的体制、法治的程序保证党领导人民有效治理国家。[①] 基于以上考虑，《中共中央关于加强党的执政能力建设的决定》提出了不断提高发展社会主义民主政治能力的要求及五方面的具体任务。

到中共十七大前后，中央关于深化政治体制改革、建设社会主义政治文明的战略思想不断完整、明晰起来。2008年2月27日，胡锦涛在中共十七届二中全会上概括为三条：第一，发展社会主义民主政治是党始终不渝的奋斗目标，必须更高举起人民民主旗帜。一方面，我国社会主义政治制度完全符合我国国情，另一方面，社会主义民主法制建设与扩大人民民主和经济社会发展的要求还不完全适应，社会主义民主政治的体制、机制、程序、规范以及具体运行上还存在不完善的地方，在保障人民民主权利、发挥人民创造精神方面也还存在一些不足，必须继续加以完善。第二，中国特色社会主义政治发展道路是我国发展社会主义民主政治的正确道路，必须更加坚定不移走中国特色社会主义政治发展道路，关键是要坚定不移坚持党的领导、人民当家作主、依法治国有机统一。第三，政治体制改革是社会主义政治制度的自我完善和发展，必须深化政治体制改革。政治体制改革既要坚定不移，又要积极稳妥，特别是要坚持正确政治方向。[②]

政治体制改革要坚持和完善的政治制度包括哪些内容呢？2008年3月，吴邦国在十一届全国人大一次会议上概括为四类

---

① 《胡锦涛文选》第2卷，人民出版社2016年版，第462～463页。
② 《胡锦涛文选》第3卷，人民出版社2016年版，第72～75页。

制度：在政权制度上，实行人民代表大会制度；在政党制度上，实行中国共产党领导的多党合作和政治协商制度；在少数民族聚居地区，实行民族区域自治制度；在城乡社区，实行基层群众自治制度。① 2011 年 7 月，在庆祝中国共产党成立九十周年大会上的讲话中，胡锦涛进一步区分了根本政治制度和基本政治制度，前者是指人民代表大会制度，后者是指中国共产党领导的多党合作和政治协商制度、民族区域自治制度以及基层群众自治制度，建立在这些制度基础上的各项具体制度则是政治体制的范畴。② 这样，经过改革开放 30 多年的探索实践，中国共产党对政治体制改革的原则、目标与任务的认识都日趋成熟。

（二）建设社会主义民主政治

按照提高发展社会主义民主政治能力的要求，中共十六大后，中央在人民代表大会制度、中国共产党领导的多党合作与政治协商制度、基层民主和党内民主等方面出台一系列文件，推出一系列措施。

在人大制度建设方面，确立人大制度的地位与基本内容，其地位表述为当代中国的"政体"、"全国各族人民管理国家的基本组织形式"、"根本政治制度"③ 以及"中国人民当家作主的重要途径和最高实现形式"、"中国社会主义政治文明的重要制度载体"④。人大制度的基本内容概括为五个方面：一是各级人大都由民主选举产生，对人民负责，受人民监督；二是各级人大及其常委会实行民主集中制，集体行使权力、集体决定问题，以求真正集中人民的共同意志、代表人民的根本利益；三是国家行政

---

① 中共中央文献研究室：《十七大以来重要文献选编》（上），中央文献出版社 2009 年版，第 347 页。
② 《胡锦涛文选》第 3 卷，人民出版社 2016 年版，第 527 页。
③ 中共中央文献研究室：《十六大以来重要文献选编》（上），中央文献出版社 2011 年版，第 229 页。
④ 《胡锦涛文选》第 2 卷，人民出版社 2016 年版，第 231 页。

机关、审判机关、检察机关都由人大产生，对它负责，受它监督；四是遵循在中央统一领导下，充分发挥地方的主动性、积极性的原则，划分中央和地方的国家机构的职权；五是各少数民族聚居的地方实行区域自治，设立自治机关，自治机关除行使一般地方国家机关的职权外，同时依法行使自治权。① 这个时期人大制度建设的具体措施有：2005年5月，中共全国人大常委会党组提出关于进一步发挥全国人大代表作用，加强全国人大常委会制度建设的若干意见。2010年6月，十一届全国人大常委会第十五次会议结合审议中央决算报告，首次开展专题询问。全国人大再次修改选举法，决定实行城乡按相同人口比例选举人大代表；在基层选举中，选举委员会根据选民的要求，应当组织代表候选人与选民见面，由代表候选人介绍本人情况，回答选民问题；增设"选举机构"专章，对选举委员会的产生、回避、职责和工作要求等作出具体规定。

在多党合作与政治协商制度建设方面，2005年2月，中共中央印发《关于进一步加强中国共产党领导的多党合作和政治协商制度建设的意见》，提出人民政协是中国人民爱国统一战线的组织，是中国共产党领导的多党合作和政治协商的重要机构，是我国政治生活中发扬社会主义民主的重要形式。2006年2月，中共中央印发《关于加强人民政协工作的意见》，意见提出：人民通过选举、投票行使权利和人民内部各方面在重大决策之前进行充分协商，尽可能就共同性问题取得一致意见，是我国社会主义民主的两种重要形式。② 这一提法首次把协商民主与选举民主并列，凸显了协商民主的地位与价值。7月，中共中央出台的《关于巩固和壮大新世纪新阶段统一战线的意见》指出，新世纪

---

① 中共中央文献研究室：《十六大以来重要文献选编》（上），中央文献出版社2011年版，第229页。

② 中共中央文献研究室：《十六大以来重要文献选编》（下），中央文献出版社2011年版，第915页。

新阶段的统一战线是全体社会主义劳动者、社会主义事业的建设者、拥护社会主义的爱国者和拥护祖国统一的爱国者的最广泛的联盟,具有空前的广泛性、巨大的包容性、鲜明的多样性、显著的社会性等重要特征,内容包括中国共产党和民主党派的关系,各民族特别是汉族和少数民族的关系,信教群众和不信教群众、信仰不同宗教群众的关系,社会各阶层的关系,大陆同胞和港澳同胞、台湾同胞、海外侨胞的关系。① 2010年9月、2012年2月,中共中央还先后印发《关于加强和改进新形势下工商联工作的意见》《关于加强新形势下党外代表人士队伍建设的意见》,分别就工商联工作、党外代表人士队伍建设提出新要求。

在基层民主制度建设,针对基层民主实践中存在的问题,中共中央办公厅、国务院办公厅印发《关于健全和完善村务公开和民主管理制度的意见》《关于加强和改进村民委员会选举的通知》《关于加强和改进城市社区居民委员会建设工作的意见》,不断建立健全村委会、居委会运行的体制机制,规范相关行为。2006年11月30日,十六届中央政治局第三十六次集体专门就基层民主制度建设进行集体学习。胡锦涛提出,人民通过自己选出的代表组成全国人大和地方各级人大,行使管理国家事务、管理经济和文化事业、管理社会事务的权力,同时在基层实行群众自治等形式的直接民主,是我国社会主义民主政治的一大创造,是我国人民民主制度优越性的重要体现。这就把直接民主视为与间接民主同等重要的民主形式。胡锦涛强调,发展社会主义基层民主政治,最根本的是要依法保证人民群众在基层政权机关、基层自治组织、企事业单位中依法直接行使民主权利,管理基层公共事务和公益事业,对干部实行民主监督。做好新形势下的基层民主政治建设,要体现"三个结合":把中央的方针政策同本地的

---

① 中共中央文献研究室:《十六大以来重要文献选编》(下),中央文献出版社2011年版,第566~568页。

具体实际紧密结合起来,把发展基层民主政治同加强基层党组织建设、基层政权建设、基层干部队伍建设紧密结合起来,同在基层形成有效的利益协调机制、诉求表达机制、矛盾调处机制、权益保障机制紧密结合起来。①

在党内民主制度建设方面,提高干部工作科学化、民主化和制度化水平,加强对领导干部特别是主要领导干部的监督,切实保障党员民主权利,健全党内民主的各项制度。中共十六届四中全会通过的《中共中央关于加强党的执政能力建设的决定》对此作出全面部署。第一,深化干部人事制度改革。继续推行和完善民主推荐、民主测评、差额考察、任前公示、公开选拔、竞争上岗、全委会投票表决、党政领导干部辞职等制度;进一步落实和完善领导干部任职回避制度,实行党政领导干部职务任期制度;完善党内选举制度,改进候选人提名方式,适当扩大差额推荐和差额选举的范围和比例;严格控制选任制领导干部任期内的职务变动;减少地方党委副书记职数,逐步加大党委、人大、政府、政协之间的干部交流,优化人大、政协领导班子结构,逐步减少人大、政协领导职数。第二,建立健全党内民主制度。认真贯彻党员权利保障条例,建立和完善党内情况通报制度、情况反映制度、重大决策征求意见制度,逐步推进党务公开;建立健全常委会向全委会负责、报告工作和接受监督的制度;建立党的代表大会代表提案制度;积极探索党的代表大会闭会期间发挥代表作用的途径和形式,建立代表提议的处理和回复机制。加强代表同选举单位党员的联系,听取和反映党员的意见和建议。党的各级全委会召开会议时,可根据议题事先征求同级党代会代表意见或邀请部分代表列席会议;扩大在市、县实行党代会常任制的试

---

① 《胡锦涛在中共中央政治局第三十六次集体学习时强调 提高社会主义基层民主政治建设水平 保证基层人民群众直接行使民主权利》,载于《人民日报》2006年12月2日。

点,逐步扩大基层党组织领导班子成员直接选举的范围。[①] 2009年9月,中共十七届四中全会通过《中共中央关于加强和改进新形势下党的建设若干重大问题的决定》提出"党内民主是党的生命"重要命题,要求以保障党员民主权利为根本,以加强党内基层民主建设为基础,切实推进党内民主。

在扩大党内民主的同时,强化权力监督与制约。先后出台《中国共产党党内监督条例(试行)》《中国共产党纪律处分条例》《建立健全教育、制度、监督并重的惩治和预防腐败体系实施纲要》《关于实行党政领导干部问责的暂行规定》《中国共产党巡视工作条例(试行)》《党政领导干部选拔任用工作责任追究办法(试行)》《关于对配偶子女均已移居国(境)外的国家工作人员加强管理的暂行规定》《关于领导干部报告个人有关事项的规定》《中国共产党党员领导干部廉洁从政若干准则》《党政主要领导干部和国有企业领导人员经济责任审计规定》《关于实行党风廉政建设责任制的规定》等文件,积极构建干部监督和权力制约的体制机制。

(三) 建设社会主义法治国家

围绕建设社会主义法治国家的目标,积极实施依法治国基本方略,从立法、执法、司法等方面加大工作力度。

提高立法质量,形成社会主义法律体系。2003年12月17日,吴邦国在全国人大常委会立法工作会议上指出,经过多年努力,以宪法为核心的中国特色社会主义法律体系已经初步形成,今后应把提高立法质量作为努力方向。一是要坚持党的领导。一切法律法规都要有利于加强和改善党的领导,有利于巩固和完善党的执政地位,有利于社会主义优越性的发挥。二是坚持以"三

[①] 中共中央文献研究室:《十六大以来重要文献选编》(中),中央文献出版社2011年版,第292~295页。

个代表"重要思想为指导。保证立法正确的政治方向，使制定的法律符合先进生产力的发展要求，符合先进文化的前进方向，符合最广大人民的根本利益。三是坚持从我国社会主义初级阶段的国情出发。不能从愿望和想当然出发，不能从本本和概念出发，也不能照搬照抄西方发达国家的东西。四是坚持法制的统一。中国特色社会主义法律体系是以宪法为统帅，法律为主干，包括行政法规、地方性法规、自治条例和单行条例等规范性文件在内的，由七个法律部门、三个层次的法律规范组成的协调统一整体。五是坚持充分发扬民主，严格依法办事，坚持正确处理数量与质量、权利与权力、稳定性与变动性等关系。① 其后，全国人大及其常委会审议通过《中华人民共和国各级人民代表大会常务委员会监督法》《中华人民共和国行政强制法》《中华人民共和国行政许可法》等法律，修改了宪法、行政诉讼法等法律，社会主义法律体系更加完备。2011年3月，吴邦国在十一届全国人大四次会议上宣布中国特色社会主义法律体系形成。到2010年底，我国已制定宪法和现行有效法律共237件、行政法规690多件、地方性法规8 600多件，形成了以宪法为统帅、法律为主干，包括法律、行政法规、地方性法规等多个层次的法律规范在内，由宪法相关法、民法商法、行政法、经济法、社会法、刑法、诉讼与非诉讼程序法等多个法律部门组成的有机统一整体。中国特色社会主义法律体系的形成，是我国社会主义民主法制建设史上的重要里程碑，是中国特色社会主义法律制度走向成熟的重要标志。

　　推进依法行政，建设法治政府。2004年国务院发布《全面推进依法行政实施纲要》，成为法治政府建设的纲领性文件。此后的工作主要围绕五个方面展开：一是建立健全工作规则。国务院两次修订工作规则，2003年提出"实行科学民主决策、坚持

---

① 中共中央文献研究室：《十六大以来重要文献选编》（上），中央文献出版社2011年版，第558~563页。

依法行政、加强行政监督"三项准则;2008年增加"推进政务公开、加强廉政建设"两项准则。二是加快推进法制建设。国务院向全国人大及其常委会提出法律议案47件,制定行政法规167件,各部门和地方政府制定规章5 208件。注重加强政府自身建设的立法,提交全国人大常委会审议通过行政许可法、公务员法,制定政府信息公开条例、行政机关公务员处分条例等。三是加强科学民主决策。各级政府不断完善重大事项调查研究和集体决策制度,重大决策专家咨询制度、公示制度、公开征求意见和社情民意反映制度,决策跟踪反馈和责任追究制度,进一步健全科学民主决策程序。四是切实规范行政行为。以贯彻实施行政许可法为契机,大力推进行政审批制度改革,推动政府职能转变,解决权力过于集中又得不到有效监督的问题。中央一级取消和调整审批项目2 176项,地方各级政府取消和调整77 629项。在行政执法方面,改进执法方式,推行综合执法,要求向社会公开特别是向当事人告知执法依据、执法程序和执法结果。五是进一步加强行政监督。国务院除一年一度向全国人民代表大会报告政府工作外,还选择若干事关改革发展稳定大局、群众切身利益和社会普遍关心的热点问题,向全国人大常委会专题报告,每年将上年度财政预算执行情况和其他财政收支情况的审计报告提请全国人大常委会审议,接受询问和监督。在政府内部,加强层级监督和监察、审计等专门监督。加大行政问责制度的实施力度,加强了对滥用职权、失职渎职、决策失误、行政违法等问题的责任追究。大力推进政务公开,2007年国务院公布《中华人民共和国政府信息公开条例》,要求所有政府信息,除受法律保护的国家秘密、商业秘密和个人隐私外,都要向社会和人民群众公开。[①]

优化司法职权配置,推进司法体制改革。按照中共十六大关

---

① 温家宝:《在全国依法行政工作会议上的讲话》,载于《人民日报》2010年9月20日。

于"推进司法体制改革"的要求,2004年12月,中共中央转发《中央司法体制改革领导小组关于司法体制和工作机制改革的初步意见》,提出改革和完善诉讼制度、诉讼收费制度、检察监督体制等30多项改革任务。2007年10月,中共十七大进一步提出"深化司法体制改革"重大决策。2008年12月,中共中央转发《中央政法委员会关于深化司法体制和工作机制改革若干问题的意见》,启动新一轮司法体制改革。意见提出,在继续抓好2004年中央确定的司法体制和工作机制改革事项的基础上,从人民群众的司法需求出发,以维护人民利益为根本,以促进社会和谐为主线,以加强权力监督制约为重点,紧紧抓住影响司法公正、制约司法能力的关键环节,进一步解决体制性、机制性、保障性障碍,优化司法职权配置,规范司法行为,建设公正高效权威的社会主义司法制度。在优化司法职权配置方面,要完善侦查手段和措施,完善职务犯罪侦查监督,完善诉讼法律制度,完善民事执行体制,完善人民参与监督司法的法律制度,健全维护司法权威的相关制度,以进一步保障审判机关、检察机关依法独立行使审判权和检察权,维护社会公平正义,维护人民群众合法权益。[①] 2012年10月,国务院新闻办公室发表《中国的司法改革》白皮书。白皮书指出,近些年来,中国积极、稳妥、务实地推进司法体制和工作机制改革,以维护司法公正为目标,以优化司法职权配置、加强人权保障、提高司法能力、践行司法为民为重点,进一步完善中国特色社会主义司法制度,扩大司法民主,推行司法公开,保证司法公正,为中国经济发展和社会和谐稳定提供了有力的司法保障。[②]

[①]《司法体制改革三问》,载于《人民日报》2009年3月18日。
[②] 国务院新闻办公室:《中国的司法改革》,载于《人民日报》2012年10月10日。

第三章

新时代政治体制改革的拓展与深化

2012年11月,中共十八大召开,中国特色社会主义进入新时代,政治体制改革也进入新阶段。从十八大开始,中国的政治体制改革更加自觉地建构以社会主义为主体,同时吸收借鉴中国传统和人类治国理政有益经验的"合金型"政治文明,政治建设和政治体制改革在力度上得到加强,在广度上得到拓展,在程度上得到提高。

一、政治体制改革的新目标新格局

经过30多年持续努力,中共十八大召开之际,政治体制改革在各个方面取得积极成效,但政治领域仍然存在一些突出问题。十八大后,政治体制改革成为新时代战略部署的重要组成,成为统筹推进"五位一体"总体布局和协调推进"四个全面"战略布局的重要内容。

(一)"两个全面建成"的目标引领

根据中共十六大提出的战略设想,到中国共产党成立一百周年时要全面建设小康社会。中共十八大把"建设"改为"建成",表达了决胜小康社会的决心和信心。"全面"包括覆盖人群和领域的完整性,就后一方面来说,则包括经济、政治、文化、社会和生态文明等各个领域。十八大报告提出,政治体制改革是我国全面改革的重要组成部分,全面建成小康社会必须继续积极稳妥推进政治体制改革。十八大不仅从总体上阐明了政治体制改革的道路、原则、目标和重点,而且提出了七方面具体任务:加强人大制度建设;健全社会主义协商民主制度;完善基层民主制度;全面推进依法治国;深化行政体制改革;建立健全权力运行制约和监督体系;巩固和发展最广泛的爱国统一战线。

中共十八大后,习近平着眼于中国长远发展提出"中国梦"概念,把"两个一百年"奋斗目标联系起来,具体说,就是到中国共产党成立一百年时全面建成小康社会,到新中国成立一百年时建成富强民主文明和谐的社会主义现代化国家,实现中华民族伟大复兴的梦想。① 这一表述,把近期目标与远期目标贯通起来,具有目标导航和激励作用。实现中国梦,必须凝聚人民力量。根据这一要求,中共十八届五中全会提出,如期实现全面建成小康社会奋斗目标,必须坚持人民主体地位,坚持以人民为中心的发展思想,把增进人民福祉、促进人的全面发展作为发展的出发点和落脚点,发展人民民主,维护社会公平正义,保障人民平等参与、平等发展权利,充分调动人民积极性、主动性、创造性。

五年之后,也就是到中共十九大召开的时候,中国距离全面建成小康社会的时间节点更加接近,而且从十九大到二十大的五年是"两个一百年"奋斗目标的历史交汇期,既要全面建成小康社会、实现第一个百年奋斗目标,又要乘势而上向第二个百年奋斗目标进军。基于这种考虑,十九大提出了新的战略安排:第

---

① 《习近平在参观〈复兴之路〉展览时强调 承前启后 继往开来 继续朝着中华民族伟大复兴目标奋勇前进》,载于《人民日报》2012年11月30日。

一步，经过三年努力，全面建成小康社会；第二步，从2021年到2035年，基本实现社会主义现代化；第三步，再经过15年奋斗，到2050年把我国建成富强民主文明和谐美丽的社会主义现代化强国。

就第一步而言，十九大报告强调"健全人民当家作主制度体系"，突出制度体系建设在政治体制改革中的重要地位。在具体内容上，十九大报告提出六项任务并实现了理论上的新发展。首次把坚持党的领导、人民当家作主、依法治国有机统一作为政治体制改革的首要任务。首次把人民代表大会制度界定为实现党的领导、人民当家作主和依法治国有机统一的根本政治制度安排。首次决定成立中央全面依法治国领导小组，加强对法治中国建设的统一领导，推动依法治国进一步从理念层面向实践层面转化。首次提出统筹考虑各类机构设置，统筹使用各类编制资源，统筹中央和地方改革。此外，全面贯彻党的民族政策，全面贯彻党的宗教工作基本方针，加强党外知识分子工作，构建亲清新型政商关系等思想均写入十九大报告。

就第二、第三步而言，十九大报告也都提出了政治方面的目标和指标要求。2035年，人民平等参与、平等发展权利得到充分保障，法治国家、法治政府、法治社会基本建成，各方面制度更加完善，国家治理体系和治理能力现代化基本实现。到2050年，物质文明、政治文明、精神文明、社会文明、生态文明将全面提升，实现国家治理体系和治理能力现代化，成为综合国力和国际影响力领先的国家，全体人民共同富裕基本实现，我国人民将享有更加幸福安康的生活，中华民族将以更加昂扬的姿态屹立于世界民族之林。

（二）"两个布局"下的一体谋划

"两个布局"中的第一个布局是指"五位一体"总体布局，即中国特色社会主义事业包括经济、政治、文化、社会、生态文明等五个建设。"五位一体"总体布局是在改革开放后逐步形成的，反映出中国共产党对社会主义建设规律的不断深化，其中政治建设和政治体制改革始终是重要组成部分。

中共十八大后，"五位一体"总体布局不仅得到进一步强化，而且特别强调"统筹推进"，换言之，不仅重视五大建设的全面性，而且重视它们的有机性，防止"五位"成为五个"本位"，进而导致五大建设相互割裂。确保五大建设"一体"推进，首先需要发挥党的领导、党的基本路线、基本理论、基本方略、发展理念、战略目标的统领作用，使之成为各个领域工作的共同遵循。其次，还需要在体制机制和具体政策上保持五大领域建设的互联互通互融。从政治体制改革角度看，一方面，经济、文化、社会和生态文明建设会对政治上层建筑领域提出改革需求，另一方面，政治上层建筑领域的改革又要有利于促进其他四个方面的改革和建设。这种"一体"意识，更加鲜明地体现在十九大报告中。

贯彻新发展理念、实现高质量发展，需要建立健全相应的政策体系、指标体系和评价体系，改变简单以 GDP 论英雄的做法，充分发挥对地方和各级领导考核评价的指挥棒作用。实施乡村振兴战略，需要建立健全城乡融合发展体制机制和政策体系，深化农村集体产权制度改革，健全自治、法治、德治相结合的乡村治理体系。让市场在配置资源中发挥决定性作用，必须改进政府治理，全面实施市场准入负面清单制度，深化商事制度改革，完善市场监管体制，加快建立现代财政制度，建立权责清晰、财力协调、区域均衡的中央和地方财政关系。建设网络强国，需要建立网络综合治理体系。弘扬社会主义核心价值观，需要得到法律、政策的支持，强化全社会的责任意识、规则意识、奉献意识。加强社会治理，更需要优化体制机制，实现政府治理和社会调节、居民自治良性互动。建设美丽中国，解决突出的环境问题，必须加强对生态文明建设的总体设计和组织领导，设立国有自然资源资产管理和自然生态监管机构，完善生态环境管理制度，统一行使全民所有自然资源资产所有者职责，统一行使所有国土空间用途管制和生态保护修复职责，统一行使监管城乡各类污染排放和行政执法职责。总之，推进经济建设、文化建设、社会建设和生态文明建设，要求加大政治建设和政治体制改革力度，提供制度、政策、法律和组织保障，在服务改革发展事业中实现政治上层建筑的不断调整和完善。

"两个布局"中的第二个布局是"四个全面"战略布局——全面建成小康社会、全面深化改革、全面依法治国、全面从严治党，这四个方面集中反映了新的中央领导集体治国理政的主攻方向、重点领域。正如"五位一体"总体布局一样，"四个全面"战略布局自提出之日起就是一个有机整体。"四个全面"战略布局包括战略目标和战略举措两个方面，战略举措中又包括全面深化改革、全面依法治国和全面从严治党三个方面，但这四个方面不是孤立地存在，而是"相辅相成、相互促进、相得益彰"的关系①。如前所述，全面建成小康社会、进而全面建成社会主义现代化强国，需要团结一切积极因素，需要调动人民群众的创造活力，就必须发展民主，继续推进政治体制改革。推进政治体制改革更是全面深化改革、全面依法治国的必然要求。全面从严治党为政治体制改革提供政治保障，而执政党自身建设、党内法规制度的完善、党内民主的发展又为政治体制改革创造了有利条件。

"四个全面"战略布局的内在联系不光体现在构成要素的关系上，而且体现在系统思维和整体导向上，即在更高层次上体现了治标与治本、制度与法治、治国与治党、中国与世界的逻辑贯

---

① 《习近平在省部级主要领导干部学习贯彻十八届四中全会精神全面推进依法治国专题研讨班上强调　领导干部要做尊法学法守法用法的模范　带动全党全国共同全面推进依法治国》，载于《人民日报》2015年2月3日。

通。① "四个全面"战略布局的四个贯通，实际上也揭示出新时代政治体制改革的总体特征。也就是说，政治体制改革在治标的同时更加着眼于治本，治本之策则在于建立健全并严格执行各项法律和制度，这种改革思路贯彻到治国、治党和治军各个重要领域，既反映人类治理的共同规律又彰显中国特色。

二、全面加强民主政治制度建设

中共十八大以来，在中国共产党的统一领导和部署下，社会主义民主不断发展，人民代表大会制度进一步加强，协商民主全面开展，政府职能得到进一步优化，党和国家机构改革深入推进，政治体制改革迈出新步伐。

（一）与时俱进完善人民代表大会制度

按照毫不动摇坚持、与时俱进完善人民代表大会制度的要求，人大的立法权、监督权和任免权全面加强，自身建设取得新成效。②

一是完善以宪法为中心的法律体系。十二届全国人大及其常委会制定法律25件，修改法律127件次，通过有关法律问题和重大问题的决定46件次，作出法律解释9件。十二届全国人大五次会议通过民法总则，民法典编撰迈出重要一步。十三届全国人大三次会议审议通过新中国第一部《中华人民共和国民法典》。健全保障宪法实施制度，确立每年12月4日为国家宪法

---

① 曾峻：《治国理政新思想新实践的逻辑贯通》，载于《解放日报》2016年1月26日。
② 以下相关数据参见张德江：《全国人民代表大会常务委员会工作报告——2018年3月11日在第十三届全国人民代表大会第一次会议上》，载于《人民日报》2018年3月19日。

日。建立宪法宣誓制度，全国人大常委会、国务院、国家主席先后举行宪法宣誓仪式。扩大地方人大立法权限，依法赋予设区的市地方立法权，240个设区的市、30个自治州和4个未设区的地级市被赋予立法权。

二是完善对宪法法律实施和"一府两院"工作的监督。2015年3月，全国人大常委会委员长首次带队赴地方开展执法检查。此后，全国人大委员长会议组成人员带队进行执法检查，常委会、专门委员会组成人员和全国人大代表参加。在预算监督方面，修改预算法，充实人大预算决算审查监督的法律规定，明确人大预算审查监督重点向支出预算和政策拓展；连续多年听取审议国务院有关审计查出突出问题整改情况报告；建立国务院向全国人大常委会报告国有资产管理情况制度，增加国有资产管理公开透明度，强化全国人大对国有资产的监督；推进人大预算联网监督，实现对预算决算的全口径审查和对预算执行全过程的实时在线监督。

三是完善人大自身各项体制机制。为维护人大权威，严厉查处违反人大选举制度行为。2016年9月13日，十二届全国人大常委会第二十三次会议通过关于辽宁省人大选举产生的部分十二届全国人大代表当选无效的报告、关于成立辽宁省十二届人大七次会议筹备组的决定，依法确定45名拉票贿选的全国人大代表当选无效。为密切同人大代表、人民群众的联系，建立并落实全国人大委员长会议组成人员、常委会委员联系全国人大代表制度；拓宽代表参与常委会、专门委员会工作渠道，实现基层全国人大代表任期内至少列席一次常委会会议的目标；完善常委会、专门委员会重要工作情况向代表通报制度，制定代表密切联系人民群众的实施意见，畅通社情民意表达和反映渠道。为了加强县乡人大工作和建设，中共全国人大常委会党组发布《关于加强县乡人大工作和建设的若干意见》，要求按照总结、继承、完善、提高的原则，保证县乡人大依法行使职权，健全县乡人大组织制度和工作机制,提高县乡人大工作水平。

(二) 发展广泛多层制度化的协商民主

2015年1月,中共中央印发《关于加强社会主义协商民主建设的意见》,对新时代协商民主建设作出全面部署。意见提出,协商民主是在中国共产党领导下,人民内部各方面围绕改革发展稳定重大问题和涉及群众切身利益的实际问题,在决策之前和决策实施之中开展广泛协商,努力形成共识的重要民主形式。民主协商的一般程序包括制定协商计划、明确协商议题和内容、确定协商人员、开展协商活动、注重协商成果运用反馈。意见分别对政党协商、政府协商、政协协商、人大协商、人民团体协商、基层协商、社会组织协商的主要原则和内容作出明确规定。① 围绕《关于加强社会主义协商民主建设的意见》确立的重点领域协商民主工作,中共中央办公厅先后印发关于加强人民政协协商民主、城乡社区协商、政党协商的实施意见,提出相应的具体要求。

人民政协是社会主义协商民主的重要渠道和专门协商机构,是集协商、监督、参与、合作于一体,各党派团体和各族各界人士发扬民主、参与国是、团结合作的重要平台。《关于加强人民政协协商民主建设的实施意见》提出,政协协商的主要内容是,国家大政方针和地方的重要举措以及政治、经济、文化和社会生活中的重要问题,各党派参加人民政协工作的共同性事务,政协内部的重要事务,以及有关爱国统一战线的其他重要问题。政协协商的制度形式有全体会议协商制度、专题议政性常务委员会会议制度、专题协商会、双周协商座谈会制度、对口协商和界别协商、提案办理协商制度。此外,还要在实践中不断丰富政协协商

---

① 《中共中央印发〈关于加强社会主义协商民主建设的意见〉》,载于《人民日报》2015年2月10日。

的形式,在党委和政府重大决策形成过程中及时召开专题座谈会,有关方面负责同志到会听取意见建议;在视察、考察、专题调研等活动中开展协商;通过视察报告、调研报告、提案、建议案等形式开展协商;整合现有网络资源,探索网络议政、远程协商等新形式。①

城乡社区协商是基层群众自治的生动实践,是社会主义协商民主建设的重要组成部分和有效实现形式。《关于加强城乡社区协商的意见》指出,城乡社区协商要按照协商于民、协商为民的要求,以健全基层党组织领导的充满活力的基层群众自治机制为目标,以扩大有序参与、推进信息公开、加强议事协商、强化权力监督为重点,到2020年,基本形成协商主体广泛、内容丰富、形式多样、程序科学、制度健全、成效显著的城乡社区协商新局面。城乡社区协商主要包括:城乡经济社会发展中涉及当地居民切身利益的公共事务、公益事业;当地居民反应强烈、迫切要求解决的实际困难问题和矛盾纠纷;党和政府的方针政策、重点工作部署在城乡社区的落实;法律法规和政策明确要求协商的事项;各类协商主体提出协商需求的事项。基层政府及其派出机关、村(社区)党组织、村(居)民委员会、村(居)务监督委员会、村(居)民小组、驻村(社区)单位、社区社会组织、业主委员会、农村集体经济组织、农民合作组织、物业服务企业和当地户籍居民、非户籍居民代表以及其他利益相关方可以作为协商主体。涉及行政村、社区公共事务和居民切身利益的事项,由村(社区)党组织、村(居)民委员会牵头,组织利益相关方进行协商。涉及两个以上行政村、社区的重要事项,单靠某一村(社区)无法开展协商时,由乡镇、街道党委(党工委)牵头组织开展协商。人口较多的自然村、村民小组,在村党组织的

---

① 《中办印发〈关于加强人民政协协商民主建设的实施意见〉》,载于《人民日报》2015年6月26日。

领导下组织居民进行协商。专业性、技术性较强的事项，可以邀请相关专家学者、专业技术人员、第三方机构等进行论证评估。协商中应当重视吸纳威望高、办事公道的老党员、老干部、群众代表，党代表、人大代表、政协委员，以及基层群团组织负责人、社会工作者参与。①

《关于加强政党协商的实施意见》指出，政党协商是中国共产党领导的多党合作和政治协商制度的重要内容，是社会主义协商民主体系的重要组成部分，是中国共产党提高执政能力的重要途径。除各民主党派外，无党派人士、工商联也参与政党协商。政党协商的形式分为三类：一是会议协商，包括专题协商座谈会、人事协商座谈会、调研协商座谈会以及其他协商座谈会；二是约谈协商；三是书面协商。为保障政党协商顺利进行，《关于加强政党协商的实施意见》还要求建立健全知情明政、考察调研、工作联系、协商反馈等四项工作机制。②

（三）巩固最广泛的爱国统一战线

完成新时代历史使命，实现中华民族伟大复兴中国梦，必须发挥统一战线优良传统，必须画出最大同心圆，寻求最大公约数，团结一切可以团结的力量、调动一切可以调动的积极因素。

为了进一步做好统一战线工作，2015 年 5 月 18 日至 20 日，中共中央举行中央统战工作会议。会后，中共中央印发《中国共产党统一战线工作条例（试行）》。③ 7 月，中共中央政治局召开会议，决定设立中央统一战线工作领导小组，负责对统一战线贯彻落实中央重大决策部署和中央关于统一战线重大方针、政策、

---

① 《中办国办印发〈关于加强城乡社区协商的意见〉》，载于《人民日报》2015 年 7 月 23 日。

② 《中办印发〈关于加强政党协商的实施意见〉》，载于《人民日报》2015 年 12 月 11 日。

③ 中共中央文献研究室：《十八大以来重要文献选编》（中），中央文献出版社 2016 年版，第 539~555 页。

法律法规情况进行研究,指导各地区各部门各单位党委(党组)贯彻落实中央关于统一战线的方针政策、法律法规,督促检查中央关于统一战线的重大方针、政策、法律法规的贯彻落实。[①]《中国共产党统一战线工作条例(试行)》是新时代统一战线工作的基本遵循,在许多方面实现了新发展:

一是将"致力于中华民族伟大复兴"写入统一战线性质,完整表述为"全体社会主义劳动者、社会主义事业建设者、拥护社会主义爱国者、拥护祖国统一和致力于中华民族伟大复兴爱国者的联盟";把正确处理一致性和多样性关系上升为统战工作方针之一。

二是将"私营企业、外资企业的管理人员和技术人员""中介组织从业人员""自由职业人员"合并为"新的社会阶层人士",其中包括"新媒体从业人员"及今后可能出现的新群体。

三是在现有政策基础上,提出民主党派和无党派人士工作、党外知识分子工作、民族工作、宗教工作、非公有制经济领域统战工作、港澳台海外统战工作的基本要求、方针政策、主要任务、体制机制和方式方法。条例用专门条文对党外代表人士队伍培养、使用、管理作出规定,突出党外人士队伍的重要地位。

四是加强基层统战和宗教工作。条例规定:建立健全县(市、区、旗)、乡(镇、街道)、村(社区)三级宗教工作网络和乡(镇、街道)、村(社区)两级责任制;宗教工作任务重的乡(镇、街道),党委和政府应当有领导干部分管宗教工作,并明确专人负责。

五是明确统战工作的责任主体。条例第一次对各级党委(党组)做好统战工作的职责作出全面规定,明确党委(党组)主要负责人是统战工作的第一责任人,党委(党组)领导班子成

[①] 《中共中央政治局召开会议 分析研究当前经济形势和经济工作 研究进一步推进西藏经济社会发展和长治久安工作》,载于《人民日报》2015年7月31日。

员要带头学习宣传和贯彻落实党的统一战线理论、方针、政策和法律法规，带头参加统一战线重要活动，带头广交深交党外朋友。条例规定，统战部是党委主管统战工作的职能部门，将"增进共识、加强团结"写入统战部门职能，同时进一步明确了统战工作的机构设置、干部配备等事项。

在对新时代统一战线工作作出全面部署的同时，十八大以来习近平和中共中央还对三个方面工作给予特别重视：

一是构建新型政商关系。2016年3月4日，习近平看望参加全国政协十二届四次会议的民建、工商联委员并参加联组会时指出，领导干部与非公有制经济人士的交往，不能搞成封建官僚和"红顶商人"之间的那种关系，也不能搞成西方国家大财团和政界之间的那种关系，更不能搞成吃吃喝喝、酒肉朋友的那种关系。建立新型政商关系关键在于"亲""清"两个字。① 2018年11月1日，习近平主持召开民营企业座谈会，强调非公有制经济在我国经济社会发展中的地位和作用没有变，我们毫不动摇鼓励、支持、引导非公有制经济发展的方针政策没有变，我们致力于为非公有制经济发展营造良好环境和提供更多机会的方针政策没有变。② 习近平的有关讲话，重申了"两个毫不动摇"的基本经济制度和政策，为更好发挥非公经济人士作用提供了"定心丸"。

二是全面贯彻民族和宗教政策。针对民族宗教领域的新情况，中央先后召开第二次新疆工作座谈会、中央民族工作会议、第六次西藏工作座谈会、全国宗教工作会议，中共中央、国务院出台《关于加强和改进新形势下民族工作的意见》等文件。在民族关系上，重视在各民族中培育国家意识、公民意识、中华民

---

① 习近平：《毫不动摇坚持我国基本经济制度 推动各种所有制经济健康发展》，载于《人民日报》2016年3月9日。
② 习近平：《在民营企业座谈会上的讲话》，载于《人民日报》2018年11月2日。

族共同体意识,通过建立相互嵌入式社会结构和社区环境、全面推广国家通用语言文字等方式,促进各民族像石榴籽一样紧紧抱在一起。在宗教关系上,坚持我国宗教的中国化方向,引导宗教与社会主义相适应,必须牢牢把握坚持党的领导、巩固党的执政地位、强化党的执政基础这个根本,必须坚持政教分离,坚持宗教不得干预行政、司法、教育等国家职能实施,坚持政府依法对涉及国家利益和社会公共利益的宗教事务进行管理。[①]

三是全面准确贯彻"一国两制"方针。针对"港独""台独"等危害"一国两制"、祖国统一的现象,十八大以来中央特别强调要正确理解和把握"一国"与"两制"的关系,"一国"是前提和基础,"两制"从属和派生于"一国";要把维护中央全面管制权和保障香港、澳门特别行政区高度自治权有机结合起来,绝不允许以"高度自治"名义对抗中央的权力。根据这些要求,2014年8月,十二届全国人大常委会第十次会议通过《关于香港特别行政区行政长官普选问题和2016年立法会产生办法的决定》。2016年11月,十二届全国人大常委会第二十四次会议通过《关于〈中华人民共和国香港特别行政区基本法〉第一百零四条的解释》。2017年11月,十二届全国人大常委会第三十次会议通过决定,在《中华人民共和国香港特别行政区基本法》附件三和《中华人民共和国澳门特别行政区基本法》附件三中增加全国性法律《中华人民共和国国歌法》。2020年5月,全国人大表决通过《全国人民代表大会关于建立健全香港特别行政区维护国家安全的法律制度和执行机制的决定》,为制定相关法律提供宪制依据。6月30日,十三届全国人大常务委员会第二十次会议通过《中华人民共和国香港特别行政区维护国家安全法》。全国人大的上述立法活动,为遏制分裂势力、保证"一国

---

① 《习近平在全国宗教工作会议上强调 发展中国特色社会主义宗教理论 全面提高新形势下宗教工作水平》,载于《人民日报》2016年4月24日。

两制"健康发展提供了坚强的法律依据。

三、全面推进职能转变与组织体系变革

政府职能转变和组织体系改革是国家治理体系和治理能力的重要组成部分,是全面深化政治体制改革的必然要求。新时代的政府职能转变,坚持简政放权、放管结合、优化服务相结合。新时代的组织体系改革突破传统的以行政机构改革为主的做法,扩大到军事、群团等领域,实现了党政军群等领域的协同变革。

(一)"放管服"与政府职能转变

政府职能转变是行政体制改革的先导性工作,关键是处理好政府与市场、社会关系,有效解决政府越位、缺位和错位问题。按照发挥市场在资源配置中起决定性作用、改进政府治理的要求,逐步明确政府职能转变总体思路。2013年,国务院提出把简政放权、放管结合作为职能转变的"当头炮"和"先手棋"。2015年,把优化服务纳入其中,形成"放管服"三管齐下、全面推进的格局。

在简政放权上,大力推进行政审批制度改革,集中取消职业资格许可和认定事项,削减工商登记前置审批事项,实行市场准入负面清单制度,调整工业产品生产许可证管理目录和试行简化审批程序,压减中央定价目录,发布政府核准的投资项目目录。2013年至2018年,国务院部门行政审批事项削减44%,非行政许可审批彻底终结,中央政府层面核准的企业投资项目减少90%,行政审批中介服务事项压减74%,职业资格许可和认定大幅减少。中央政府定价项目缩减80%,地方政府定价项目缩

减50%以上。①

在放管结合上，着力加强对金融运行、食品安全、生态环境等方面的监管，设立国务院金融稳定发展委员会，建立生态文明绩效考评和责任追究制度，组织环境保护督察，创新和加强事中事后监管，实行"双随机、一公开"。

在优化服务上，制定注册资本登记制度改革方案，实施"三证合一、一照一码"登记制度改革，推行"多证合一"改革，建立不动产统一登记制度，清理和规范涉企收费，建立健全基本公共服务标准体系，实行"互联网＋政务服务"改革。通过这些改革举措，营商环境持续改善，市场活力明显增强，群众办事更加便利。企业开办时间缩短三分之一以上，各类市场主体达到9 800多万户，五年增加70%以上。营改增改革累计减税超过2万亿元，加上采取小微企业税收优惠、清理各种收费等措施，共减轻市场主体负担3万多亿元。②

政府职能转变为行政体制优化打下坚实基础。一是围绕建立现代财政制度，深化财政体制改革。2014年6月，中共中央政治局审议通过《深化财税体制改革总体方案》。方案指出，财政是国家治理的基础和重要支柱，财税体制在治国安邦中始终发挥着基础性、制度性、保障性作用。新一轮财税体制改革是一场关系国家治理体系和治理能力现代化的深刻变革，是立足全局、着眼长远的制度创新。深化财税体制改革的目标是建立统一完整、法治规范、公开透明、运行高效，有利于优化资源配置、维护市场统一、促进社会公平、实现国家长治久安的可持续的现代财政制度。重点推进三个方面的改革：改进预算管理制度，强化预算约束、规范政府行为、实现有效监督，加快建立全面规范、公开透明的现代预算制度；深化税收制度改革，优化税制结构、完善

---

①② 李克强：《政府工作报告——2018年3月5日在第十三届全国人民代表大会第一次会议上》，载于《人民日报》2018年3月23日。

税收功能、稳定宏观税负、推进依法治税，建立有利于科学发展、社会公平、市场统一的税收制度体系，充分发挥税收筹集财政收入、调节分配、促进结构优化的职能作用；调整中央和地方政府间财政关系，在保持中央和地方收入格局大体稳定的前提下，进一步理顺中央和地方收入划分，合理划分政府间事权和支出责任，促进权力和责任、办事和花钱相统一，建立事权和支出责任相适应的制度。①

《深化财税体制改革总体方案》颁布后，2014年8月，全国人大修订预算法。国务院先后制定《关于推进中央与地方财政事权和支出责任划分改革的指导意见》《基本公共服务领域中央与地方共同财政事权和支出责任划分改革方案》，财政体制改革的重点转移到支出侧改革。到2018年，中央对地方一般性转移支付规模大幅增加、专项转移支付项目减少三分之二。加强地方政府债务管理，实施地方政府存量债务置换，降低利息负担1.2万亿元。② 2018年7月，中共中央办公厅、国务院办公厅公布《国税地税征管体制改革方案》，合并省级和省级以下国税地税机构，划转社会保险费和非税收入征管职责，构建优化高效统一的税收征管体系。

行政体制改革的另一大亮点是行政执法体制改革。2015年12月，中共中央、国务院印发《关于深入推进城市执法体制改革　改进城市管理工作的指导意见》。③ 在界定城市管理职责和主管部门的基础上，意见要求各地推进市县两级政府城市管理领域大部门制改革，整合市政公用、市容环卫、园林绿化、城市管

---

① 《中共中央政治局召开会议审议〈深化财税体制改革总体方案〉〈关于进一步推进户籍制度改革的意见〉〈党的纪律检查体制改革实施方案〉》，载于《人民日报》2014年7月1日。
② 李克强：《政府工作报告——2018年3月5日在第十三届全国人民代表大会第一次会议上》，载于《人民日报》2018年3月23日。
③ 《中共中央、国务院关于深入推进城市执法体制改革　改进城市管理工作的指导意见》，载于《人民日报》2015年12月31日。

理执法等城市管理相关职能，实现管理执法机构综合设置。同时，在与群众生产生活密切相关、执法频率高、多头执法扰民问题突出、专业技术要求适宜、与城市管理密切相关且需要集中行使行政处罚权的领域推行综合执法。意见还提出，要按照属地管理、权责一致的原则，合理确定设区的市和市辖区城市管理部门的职责分工，推动执法力量向基层下移。行政执法体制改革的第二个重点领域是环保执法。中共中央办公厅、国务院办公厅专门出台指导意见，推进省以下环保机构监测监察执法垂直管理制度改革试点，减少地方政府干扰环境执法、推动跨区域环境问题解决。

（二）重塑人民军队领导与指挥体系

实现新时代强军目标，建设世界一流军队，必须深化军事领导体制、军事组织架构和力量体系改革。在这一背景下，国防和军队改革成为政治体制改革的一个全新领域。

军事体制改革的首要任务是建立健全党中央对武装力量的绝对领导。一是强化军委主席负责制。2014年4月，中央军委印发《关于贯彻落实军委主席负责制建立和完善相关工作机制的意见》。中共十九大首次把"中央军事委员会实行主席负责制"写进党章。2017年11月，中央军委印发《关于全面深入贯彻军委主席负责制的意见》。意见指出，中央军委实行主席负责制，是党和国家军事领导制度长期发展的重大成果，凝结着我们党建军治军的宝贵经验和优良传统。要通过全面深入贯彻军委主席负责制，确保全军绝对忠诚、绝对纯洁、绝对可靠，坚决听习主席指挥、对习主席负责、让习主席放心。① 二是调整中国人民武装警察部队领导指挥体制。中共十九大闭幕后，中共中央作出关于调

---

① 《中央军委印发〈关于全面深入贯彻军委主席负责制的意见〉》，载于《人民日报》2017年11月6日。

整中国人民武装警察部队领导指挥体制的决定,自 2018 年 1 月 1 日零时起,武警部队归中央军委建制,不再列国务院序列。武警部队由党中央、中央军委集中统一领导,实行中央军委—武警部队—部队领导指挥体制。2018 年 1 月 10 日,中央军委举行向武警部队授旗仪式,习近平在致训词时指出,武警体制改革是党中央从全面落实党对全国武装力量的绝对领导、坚持和发展中国特色社会主义军事制度出发作出的重大政治决定,对实现党在新时代的强军目标、推进国家治理体系和治理能力现代化、实现党和国家长治久安具有重大而深远的意义。① 根据《中共中央关于调整预备役部队领导体制的决定》,自 2020 年 7 月 1 日零时起,预备役部队全面纳入军队领导指挥体系,由现行军地双重领导调整为党中央、中央军委集中统一领导。②

军事体制改革的重心在于领导指挥体制改革。2015 年 11 月,中央军委印发《领导指挥体制改革实施方案》和《关于深化国防和军队改革的意见》,提出要牢牢把握"军委管总、战区主战、军种主建"原则,以领导管理体制、联合作战指挥体制改革为重点,协调推进规模结构、政策制度和军民融合深度发展改革。此后,习近平先后签发中央军委命令,调整组建军委机关各部门,组建各战区机关、陆军机关、各战区陆军机关、战略支援部队机关,调整组建战区海军、战区空军机关,组建中央军委纪律检查委员会派驻纪检组,组织实施海军、空军、火箭军、武警部队机关整编,组建武汉联勤保障基地及 5 个联勤保障中心,调整组建 13 个集团军、海军陆战队,调整组建新的军事科学院、国防大学、国防科技大学和其他军队院校、科研机构、训练机构。2016 年 12 月 2 日至 3 日,中央军委举行军队规模结构和力

---

① 《中央军委向武警部队授旗仪式在北京举行 习近平向武警部队授旗并致训词》,载于《人民日报》2018 年 1 月 11 日。

② 《中共中央印发关于调整预备役部队领导体制的决定》,载于《人民日报》2020 年 6 月 29 日。

量编成改革工作会议,推动人民军队由数量规模型向质量效能型、由人力密集型向科技密集型转变,部队编成向充实、合成、多能、灵活方向发展,构建能够打赢信息化战争、有效履行使命任务的中国特色现代军事力量体系。2017年8月1日,在庆祝中国人民解放军建军90周年之际,人民军队在整体性、革命性变革后全新亮相。

为推动经济建设和国防建设融合发展,2017年1月,中共中央政治局会议决定设立中央军民融合发展委员会,习近平兼任主任。中央军民融合发展委员会是中央层面军民融合发展重大问题的决策和议事协调机构,统一领导军民融合深度发展,向中央政治局、中央政治局常务委员会负责。6月20日,习近平主持召开中央军民融合发展委员会第一次全体会议并讲话,强调要加强集中统一领导,加快形成全要素、多领域、高效益的军民融合深度发展格局。

(三) 改进群团工作与群团体制

群团事业是党的事业的重要组成部分,党的群团工作是党治国理政的一项经常性、基础性工作,是党组织动员广大人民群众为完成党的中心任务而奋斗的重要法宝。为进一步加强群团工作,更好发挥群团组织作用,2015年1月,中共中央印发《关于加强和改进党的群团工作的意见》。[①] 意见提出,深化群团改革,要坚持走中国特色社会主义群团发展道路,其基本特征是各群团自觉接受党的领导、团结服务所联系群众、依法依章程开展工作相统一,具体原则包括坚持党对群团工作的统一领导,坚持发挥桥梁和纽带作用,坚持围绕中心、服务大局,坚持服务群众的工作生命线,坚持与时俱进、改革创新,坚持依法依章程独立

[①] 《中共中央关于加强和改进党的群团工作的意见》,载于《人民日报》2015年7月10日。

自主开展工作，确保群团工作始终与党和国家事业同步前进。意见强调，各级党委要推动群团组织勇于改革创新，通过创造性工作增强发展活力、赢得群众信任。

一是健全组织体系特别是基层组织。工会、共青团、妇联等群团组织要以提高吸引力、凝聚力、战斗力和扩大有效覆盖面为目标，在巩固按行政区划、依托基层单位建立组织、开展工作的同时，创新基层组织设置、成员发展、联系群众、开展活动的方式。立体化、多层面扩大组织覆盖，重点向非公有制经济组织、社会组织、城乡社区等领域和农民工、自由职业者等群体延伸组织体系。

二是健全依靠所联系群众推进工作制度。以群众喜闻乐见、便于参加的形式和方法开展工作，组织活动请群众一起设计，部署任务请群众一起参与，表彰先进请群众一起评议。完善群团组织代表大会制度和委员会制度，建立重大事项报告制度，代表和委员履职述职制度和直接联系群众、接受群众评议制度。完善群团组织事务公开制度，主动接受群众和社会监督。

三是打造网上网下相互促进、有机融合的群团工作新格局。群团组织要提高网上群众工作水平，实施上网工程，建设各具特色的群团网站，推进互联互通及与主流媒体、门户网站的合作。加强网宣队伍建设，综合运用维权热线和网络论坛、手机报、微博、微信等新媒体平台进行网上引导和动员。逐步建立统一的群团组织基础信息统计制度。

2015年7月，中央党的群团工作会议举行。由中共中央召开党的群团工作会议，在党的历史上还是第一次。会议确立了新时代群团改革的目标、原则和任务要求。在肯定群团工作成绩的同时，习近平指出群团工作存在的问题，即一些群团组织不同程度存在"机关化、行政化、贵族化、娱乐化"现象。这些问题的存在，影响了群团组织履行职责，降低了群团组织对群众的动员力、号召力、影响力，导致群团组织在群众心目中分量下降，制约了党的群团工作健康发展,必须下决心进行纠正。① 习近平要求,加强和改进群团工作,必须坚持政治性、先进性和群众性,推进群团体制改革必须改革和改进机关机构设置、管理模式、运行机制,必须加强群团干部培养管理,选好配强群团领导班子,提高群团干部队伍整体素质。群团机关不能成为安排养老的场所,不能成为养尊处优、混天度日的地方,更不能成为投机取巧、升官晋爵的跳板。②

按照《中共中央关于加强和改进党的群团工作的意见》和习近平的要求,中共中央办公厅相继印发《全国总工会改革试点方案》《共青团中央改革方案》《全国妇联改革方案》等,部署相关群团的改革工作。此外,还印发《中国文联深化改革方案》《中国记协深化改革方案》《中国作协深化改革方案》,进一步拓展改革对象和范围。以共青团改革为例,《共青团中央改革方案》从四大方面、十二个领域提出了改革措施,具体内容包括改革团中央机构人员构成、机构设置和运行机制,改革团中央机关干部选拔、使用和管理,改革创新团的工作、活动和基层组织建设,加大党委和政府对共青团工作的支持保障力度。③

从改革的具体内容可以看出,党的十八大后的群团体制改革不仅是改革开放以来力度最大,而且是新中国成立以来力度最大的,长期一成不变的群团组织进入全面改革的新阶段。

(四) 党和国家机构的协同改革

改革开放以来特别是中共十八大以来,党的机构、政府机构、人大机构、群团组织和军事体系,都进行过部分改革调整,

---

① 中共中央文献研究室:《习近平关于社会主义政治建设论述摘编》,中央文献出版社2017年版,第189页。
② 中共中央文献研究室:《习近平关于社会主义政治建设论述摘编》,中央文献出版社2017年版,第206页。
③ 《中办印发〈共青团中央改革方案〉》,载于《人民日报》2016年8月3日。

在一些重要领域和关键环节取得重大进展，但仍然存在着"两个不适应"：党和国家机构设置和职能配置同统筹推进"五位一体"总体布局、协调推进"四个全面"战略布局的要求还不完全适应，同实现国家治理体系和治理能力现代化的要求还不完全适应。具体表现为十大问题：一些领域党的机构设置和职能配置还不够健全有力，保障党的全面领导、推进全面从严治党的体制机制有待完善；一些领域党政机构重叠、职责交叉、权责脱节问题比较突出；一些政府机构设置和职责划分不够科学，职责缺位和效能不高问题凸显，政府职能转变还不到位；一些领域中央和地方机构职能上下一般粗，权责划分不尽合理；基层机构设置和权力配置有待完善，组织群众、服务群众能力需要进一步提高；军民融合发展水平有待提高；群团组织政治性、先进性、群众性需要增强；事业单位定位不准、职能不清、效率不高等问题依然存在；一些领域权力运行制约和监督机制不够完善，滥用职权、以权谋私等问题仍然存在；机构编制科学化、规范化、法定化相对滞后，机构编制管理方式有待改进。[①] 适应新时代中国特色社会主义发展要求，不仅要继续推进党和国家机构改革，而且要在更大范围和更高水平进行深化改革。2018年2月26日至28日，中共中央打破惯例，提前举行十九届三中全会，审议通过《中共中央关于深化党和国家机构改革的决定》和《深化党和国家机构改革方案》。与以往的机构改革相比，本次党和国家机构改革具有四个突出特点：

政治性。充分体现党的领导地位，通过优化党的组织机构，确保党的领导全覆盖。一是建立健全党对重大工作的领导体制机制。加强和优化党对深化改革、依法治国、经济、农业农村、纪检监察、组织、宣传思想文化、国家安全、政法、统战、民族宗

---

① 《中共中央关于深化党和国家机构改革的决定》，载于《人民日报》2018年3月5日。

教、教育、科技、网信、外交、审计等工作的领导。二是强化党的组织在同级组织中的领导地位。在国家机关、事业单位、群团组织、社会组织、企业和其他组织中设立的党委（党组），接受批准其成立的党委统一领导，定期汇报工作，确保党的方针政策和决策部署在同级组织中得到贯彻落实。加快在新型经济组织和社会组织中建立健全党的组织机构，做到党的工作进展到哪里，党的组织就覆盖到哪里。三是更好发挥党的职能部门作用。优化党的组织、宣传、统战、政法、机关党建、教育培训等部门职责配置，加强归口协调职能，统筹本系统本领域工作。优化设置各类党委办事机构，可以由职能部门承担的事项归由职能部门承担。优化规范设置党的派出机关，加强对相关领域、行业、系统工作的领导。按照精干高效原则设置各级党委直属事业单位。四是统筹设置党政机构。党的有关机构可以同职能相近、联系紧密的其他部门统筹设置，实行合并设立或合署办公。

统筹性。《中共中央关于深化党和国家机构改革的决定》提出，深化党和国家机构改革，目标是构建系统完备、科学规范、运行高效的党和国家机构职能体系。这个体系由四个方面构成，即总揽全局、协调各方的党的领导体系，职责明确、依法行政的政府治理体系，中国特色、世界一流的武装力量体系，联系广泛、服务群众的群团工作体系。通过改革，推动各类机构在党的统一领导下协调行动、增强合力，全面提高国家治理能力和治理水平。从改革具体内容看，首次实现执政党、人大、政府、政协、监察机关、审判机关、检察机关、人民团体、企事业单位、社会组织、跨军地等改革的全面联动，实现从中央到地方各级党政机构改革的全面联动，是改革开放40年间范围最大、力度最强的一次改革。

深刻性。一是体现优化协同高效。优化就是要科学合理、权责一致，协同就是要有统有分、有主有次，高效就是要履职到位、流程通畅。坚持问题导向，聚焦发展所需、基层所盼、民心所向，优化党和国家机构设置和职能配置，坚持一类事项原则上由一个部门统筹、一件事情原则上由一个部门负责，加强相关机构配合联动，避免政出多门、责任不明、推诿扯皮，下决心破除制约改革发展的体制机制弊端。二是体现依法治国要求。坚持改革和法治相统一、相促进，依法依规完善党和国家机构职能，依法履行职责，依法管理机构和编制，既发挥法治规范和保障改革的作用，在法治下推进改革，做到重大改革于法有据，又通过改革加强法治工作，做到在改革中完善和强化法治。三是体现职能优先导向。《中共中央关于深化党和国家机构改革的决定》指出，要围绕推动高质量发展，建设现代化经济体系，加强和完善政府经济调节、市场监管、社会管理、公共服务、生态环境保护职能，调整优化政府机构职能，全面提高政府效能，建设人民满意的服务型政府。

严谨性。尽管外界评价本轮党和国家机构改革出乎意料、前所未有，但改革方案则是多年酝酿、反复论证的结果。2013年11月，中共十八届三中全会通过的《中共中央关于全面深化改革若干重大问题的决定》提出，统筹党政群机构改革，理顺部门职责关系。2015年，习近平就要求中央全面深化改革领导小组对深化机构改革进行调研。2017年10月，党的十九大报告进一步强调，深化机构和行政体制改革，统筹考虑各类机构设置，科学配置党政部门及内设机构权力、明确职责。中央改革办和中央编办组成10个调研组，分赴31个省区市、71个中央和国家机关部门。调研组还向657个市县的1 197位党委和政府主要负责同志个人发放了问卷，收集了31个省份的深化地方机构改革调研报告。各地各部门和党外人士提出的550条意见，文件起草组力求能吸收的尽量吸收，最终对决定稿修改171处。①

---

① 《又踏层峰望眼开——〈中共中央关于深化党和国家机构改革的决定〉和〈深化党和国家机构改革方案〉诞生记》，载于《人民日报》2018年3月23日。

四、全面深化司法体制改革

在推进全面依法治国背景下，司法体制改革受到前所未有的重视。中共十八届三中全会通过的《关于全面深化改革若干重大问题的决定》把"推进法治中国建设"单列为一个部分，突出了法治的特殊地位。中共十八届四中全会系统提出司法体制改革的具体任务，进一步凸显了司法体制在全面依法治国中的重要地位。

（一）保障依法独立公正行使司法权

防止其他组织、领导干部、地方政府干预司法活动，确保司法机关依法独立公正行使审判权和检察权，是司法体制改革需要解决的基础性问题。

2014年12月2日，中共中央全面深化改革领导小组第七次会议审议通过《最高人民法院设立巡回法庭试点方案》《设立跨行政区划人民法院、人民检察院试点方案》。12月28日，全国第一家跨行政区划司法机构——上海市第三中级人民法院、上海市人民检察院第三分院正式成立。2015年1月28日，最高人民法院第一巡回法庭在深圳成立。此后，又陆续在沈阳、南京、郑州、重庆、西安设立巡回法庭。与此同时，积极推进省以下地方法院检察院人财物统一管理试点。试点设立跨行政区划的人民法院和人民检察院、试点省以下地方法院检察院人财物统一管理，有利于排除对审判和检察工作的干扰、保障法院和检察院依法独立公正行使审判权和检察权。

2015年2月，中央全面深化改革领导小组第十次会议审议通过《领导干部干预司法活动、插手具体案件处理的记录、通报和责任追究规定》，为领导干部干预司法划出"红线"，建立防止司法干预的"防火墙"和"隔离带"，为司法机关依法独立公正行使职权提供制度保障。3月，中央政法委制定《司法机关内部人员过问案件的记录和责任追究规定》，要求司法机关内部人员不得违反规定过问和干预其他人员正在办理的案件，不得违反规定为案件当事人转递涉案材料或者打探案情，不得以任何方式为案件当事人说情打招呼。11月，中央政法委首次公开通报5起干预司法活动、插手具体案件处理典型案件，通报同时提出，要使不能过问案件、不敢干预司法成为一项必须遵守的政治规矩、政治纪律，成为各级党政领导干部和司法机关内部人员的行动自觉。①

2015年9月，中央全面深化改革领导小组第十六次会议审议通过《法官、检察官单独职务序列改革试点方案》，将法院工作人员分为法官、审判辅助人员和司法行政人员进行管理，对法官实行员额制，严格限定法官员额比例。这一举措有利于把司法人员与一般公务员区分开来，在职业身份上保障法官、检察官依法独立开展审判和检察活动。

（二）优化司法权力运行机制

优化司法运行机制，关键在于优化司法职权配置，形成司法权力相对分工又相互制约的格局，为建立公正高效权威的司法制度创造有利条件。

建立以审判为中心的诉讼制度。与之对应的是长期存在的"侦查中心主义"，一旦侦查机关不当获取证据，就会导致量刑出现偏差，进而造成冤假错案。建立以审判为中心的诉讼制度，有利于审判机关独立公正审判，贯彻疑罪从无原则，减少误判错判概率。2016年10月，最高人民法院、最高人民检察院、公安部、国家安全部、司法部联合发布《关于推进以审判为中心的刑

---

① 《中央政法委首次通报五起干预司法典型案例》，载于《人民日报》2015年11月7日。

事诉讼制度改革的意见》。2017年2月，最高人民法院出台《关于全面推进以审判为中心的刑事诉讼制度改革的实施意见》。此外，最高人民法院还配套了《人民法院办理刑事案件庭前会议规程（试行）》《人民法院办理刑事案件排除非法证据规程（试行）》和《人民法院办理刑事案件第一审普通程序法庭调查规程（试行）》等三个规程。"一个意见""三个规程"确立了以审判为中心诉讼制度的基本框架。

完善法院检察院司法责任制。2015年8月，中央全面深化改革领导小组第十六次会议审议通过《关于完善人民法院司法责任制的若干意见》《关于完善人民检察院司法责任制的若干意见》。完善人民法院司法责任制，就是要做到让审理者裁判、由裁判者负责，确保人民法院依法独立公正行使审判权。同时落实法官在职责范围内对办案质量终身负责，严格依纪依法追究法官违法审判责任。完善人民检察院司法责任制，目标是构建公正高效的检察权运行机制和公平合理的司法责任认定、追究机制，做到谁办案谁负责、谁决定谁负责。同时健全司法办案组织和运行机制、健全检察委员会运行机制、明晰各类检察人员职权、健全检察管理和监督机制、严格责任认定和追究等举措，形成对检察人员司法办案工作的全方位、全过程规范监督制约体系，检察人员应该对其履行检察职责的行为承担司法责任，在职责范围内对办案质量终身负责。①

探索建立检察机关提起公益诉讼制度。2015年5月，中央全面深化改革领导小组第十二次会议审议通过《检察机关提起公益诉讼改革试点方案》。7月，十二届全国人大常委会第十五次会议作出授权，最高人民检察院印发试点方案，在北京、内蒙古、

---

① 《习近平主持召开中央全面深化改革领导小组第十五次会议强调 增强改革定力保持改革韧劲 扎扎实实把改革举措落到实处》，载于《人民日报》2015年8月19日。

江苏、云南等 13 个省市区的检察机关中开展为期 2 年的试点工作。2016 年 1 月 6 日，最高人民检察院发布《人民检察院提起公益诉讼试点工作实施办法》，对试点方案规定作出进一步解释。检察机关提起公益诉讼制度试点，对于国家和社会保护公共利益具有十分深远的意义。

改革人民陪审员、人民监督员制度。2015 年 2 月、4 月，中央全面深化改革领导小组先后审议通过《深化人民监督员制度改革方案》和《人民陪审员制度改革试点方案》。《人民陪审员制度改革试点方案》调整人民陪审员选任条件，扩大人民陪审员参审的范围。《深化人民监督员制度改革方案》完善人民监督员选任管理方式、监督范围、监督程序、知情权保障，拓展人民监督员的监督案件范围。该方案规定人民监督员由司法行政机关负责选任，拟任人选中机关、团体、事业单位工作人员一般不超过选任总数的 50%，从制度上防止"检察机关自己选人监督自己"的问题，进一步加强对检察权的外部制约。

积极推动司法公开。中共十八届四中全会通过的关于全面推进依法治国若干重大问题的决定提出，在司法调解、司法听证、涉诉信访等司法活动中保障人民群众参与。构建开放、动态、透明、便民的阳光司法机制，推进审判公开、检务公开、警务公开、狱务公开，依法及时公开执法司法依据、程序、流程、结果和生效法律文书，杜绝暗箱操作。[①] 加强法律文书释法说理，建立生效法律文书统一上网和公开查询制度。根据这些要求，中国审判流程信息公开网、中国裁判文书网、中国执行信息网先后开通。检察机关也开通了人民检察院案件信息公开系统，各级检察院都在该系统中公开办案流程、办案结果、办案文书。司法公开，不仅是便民利民之举，更是提高司法透明度、方便外部监督

---

① 《中共中央关于全面推进依法治国若干重大问题的决定》，载于《人民日报》2014 年 10 月 29 日。

的重要渠道。

(三) 健全人权司法保障制度

关于人权司法保障,中共十八届四中全会提出七项制度要求:诉讼过程中当事人和其他诉讼参与人的知情权、陈述权、辩护辩论权、申请权、申诉权的制度;健全落实罪刑法定、疑罪从无、非法证据排除等法律原则的法律制度;制定强制执行法,规范查封、扣押、冻结、处理涉案财物的司法程序;加快建立失信被执行人信用监督、威慑和惩戒法律制度;落实终审和诉讼终结制度,实行诉访分离,保障当事人依法行使申诉权利;对不服司法机关生效裁判、决定的申诉,逐步实行由律师代理制度;对聘不起律师的申诉人,纳入法律援助范围。① 按照这些要求,我国的人权司法保障制度建设有序推进。

十八届四中全会前,中央政法委已经出台《关于切实防止冤假错案的规定》,最高人民法院也出台了《关于建立健全防范刑事冤假错案工作机制的意见》。十八届四中全会后,最高人民检察院印发《关于对检察机关办案部门和办案人员违法行使职权行为纠正、记录、通报及责任追究的规定》。经过司法机关重新审理,聂树斌案、呼格吉勒图案、念斌案、张氏叔侄案等重大刑事冤假错案得到纠正。2013年至2017年,我国各级法院纠正重大冤假错案37件61人,依法宣告4 032名被告人无罪。②

2014年12月,中央全面深化改革领导小组第八次会议审议通过《关于进一步规范刑事诉讼涉案财物处置工作的意见》。③

---

① 《中共中央关于全面推进依法治国若干重大问题的决定》,载于《人民日报》2014年10月29日。
② 国务院新闻办公室:《中国人权法治化保障的新进展》,载于《人民日报》2017年12月16日。
③ 《习近平主持召开中央全面深化改革领导小组第八次会议强调 巩固良好势头再接再厉乘势而上 推动全面深化改革不断取得新成效》,载于《人民日报》2014年12月31日。

会议指出，规范刑事诉讼涉案财物处置工作，是一件事关正确惩治犯罪、保障人权的大事，是一项促进司法公正、提高司法公信力的重要举措。司法不公、贪赃枉法的一个突出问题就发生在刑事诉讼涉案财物处置的过程中。各地区各部门要牢固树立大局意识，加强协作配合，尽快探索建立涉案财物集中管理信息平台，完善涉案财物处置信息公开机制。各级党政部门要率先尊法守法，不得干预涉案财物处置过程。要加强境外追赃追逃工作，抓紧健全境外追赃追逃工作体制机制，运用法治思维和法治方式开展追赃追逃工作。有关部门要对涉案财物的定义、认定标准和范围等进行明确，增强各地和各司法机关执行政策的统一性。

2015年9月，中央全面深化改革领导小组通过《关于深化律师制度改革的意见》。意见提出，要健全完善侦查、起诉、审判各环节重视律师辩护代理意见的工作机制，落实听取律师意见制度，完善律师收集证据制度；完善便利律师参与诉讼机制，有条件的人民法院应当建立律师参与诉讼专门通道；完善律师执业权利救济机制，切实维护律师执业权利和人身权利，必要时对律师采取保护措施，最高人民法院、最高人民检察院、公安部、国家安全部、司法部联合出台相关规定。[1]

五、全面从严治党背景下的权力监督

中共十八大后，中国探索走出一条权力制约和监督的新路，即通过全面从严治党带动全面从严治权。由治党而治权的基本思路是，首先全面加强党的领导，强化习近平总书记核心地位和党

---

[1] 《习近平主持召开中央全面深化改革领导小组第十六次会议强调 坚持以扩大开放促进深化改革 坚定不移提高开放型经济水平》，载于《人民日报》2015年9月16日。

第三章　新时代政治体制改革的拓展与深化

中央权威,进而使管党治党的各项举措得到有效执行,同时完善法规制度和监督体系,最终达到把权力关进制度笼子的目标。

(一) 坚持和加强党的全面领导

党的十八大召开之时,中国共产党面临着一系列突出问题和挑战,特别是高级干部中极少数人政治野心膨胀、权欲熏心,搞阳奉阴违、结党营私、团团伙伙、拉帮结派、谋取权位等政治阴谋活动。[①] 这些问题侵蚀党的执政基础,损害党的形象,严重影响党的团结统一。产生这些问题的原因是多方面的,但根本原因在于管党治党失之于宽、失之于松、失之于软,管党治党宽松软则是因为实际存在着党的领导被虚化、弱化、淡化现象。因此,要解决执政党自身问题,必须全面从严治党;全面从严治党要取得预期效果,则必须强化党的权威、加强党对一切工作的领导。正是在这个意义上,全面从严治党,核心是加强党的领导。[②]

坚持党的领导,必须坚持党中央的集中统一领导。十八大以来,中央先后成立全面深化改革领导小组、中央国家安全委员会、网络安全和信息化领导小组、中央外事工作委员会、中央审计委员会、中央全面依法治国委员会[③],负责相关领域工作的议事决策、统筹协调。习近平不仅同时担任中共中央总书记、中央军委主席、国家主席,而且兼任这些机构的组长、主席、主任。从2014年6月起,习近平还以中央财经领导小组组长身份主持召开中央财经领导小组会议。坚持党中央的集中统一领导第二项重要措施是严格执行请示报告制度。从2015年1月开始,全国人大常委会、国务院、全国政协、最高人民法院、最高人民检察

---

① 习近平:《关于〈关于新形势下党内政治生活的若干准则〉和〈中国共产党党内监督条例〉的说明》,载于《人民日报》2016年11月3日。
② 习近平:《在第十八届中央纪律检查委员会第六次全体会议上的讲话》,载于《人民日报》2016年5月3日。
③ 中共十九届三中全会后,全面深化改革领导小组、网络安全和信息化领导小组分别改为全面深化改革委员会、网络安全和信息化委员会。

院党组每年均向中央政治局常委会、中央政治局汇报工作，以体现"事在四方，要在中央"①的原则以及增强政治意识、大局意识、核心意识、看齐意识等"四个意识"的要求。

强化党的权威、保持党的集中统一领导，还需要明确并维护总书记的核心地位。2016年10月，中共十八届六中全会正式明确习近平是党中央的核心、全党的核心。这是中国共产党时隔14年后重新把党的总书记称为"核心"。2018年3月11日，十三届全国人民代表大会一次会议通过《中华人民共和国宪法修正案》，取消国家主席、副主席"连续任职不得超过两届"的规定。作出这样的修改是保证中国共产党、中华人民共和国、中国人民解放军领导人"三位一体"的制度安排，有利于坚持和加强党的全面领导，有利于完善党和国家领导制度，有利于坚持和维护党中央权威和集中统一领导，是中国特色社会主义政治优势和制度优势的重要体现。②

坚持党的领导，必须在各个领域、各项工作中体现党的领导地位和作用。③党的十八大以来，中央对军队、群团、国企、事业单位、基层组织都提出加强党的领导的要求，意识形态、经济、外交、全面深化改革、全面依法治国等重点领域的工作都强调党的领导的重要性。在党的系统内部，修订或制定一系列党内法规，健全党委、党组、党的基层组织，一方面保证这些组织忠实接受党中央的统一领导，另一方面保证这些组织在自身所在地区和单位把党中央的决策部署贯彻落实下去。

中共十九大在过去五年理论与实践的基础上，明确提出"坚持和加强党的全面领导"，"坚持党领导一切"，"中国特色社会

---

① 《中共中央政治局常务委员会召开会议　听取全国人大常委会、国务院、全国政协、最高人民法院、最高人民检察院党组工作汇报　听取中央书记处工作报告》，载于《人民日报》2018年1月16日。

② 轩理：《保证党和国家长治久安的重大制度安排》，载于《人民日报》2018年3月1日。

③ 参见曾峻等：《坚持和加强党的全面领导研究》，人民出版社2019年版。

主义最本质的特征是中国共产党领导,中国特色社会主义制度的最大优势是中国共产党领导","党是最高政治领导力量"等重大论断。相关表述也写入十九大修订的党章和十三届全国人大一次会议通过的宪法修正案。

(二) 用铁的纪律管党治权

强化党的权威、加强党的领导,为解决执政党自身突出问题提供了必要的前提和保障。党要管党、从严治党,靠什么管,凭什么治? 答案在于严明纪律。[①] 在党的所有纪律中,政治纪律是最根本、最重要的纪律。而政治纪律的首要内容是维护习近平总书记核心地位、维护党中央权威和集中统一领导,在政治上思想上行动上与党中央保持高度一致。这样,加强党的领导与党的建设便连接起来。

党的十八大以来,中国共产党不仅强调纪律,而且强调规矩,统称为"纪律和规矩"。党内规矩有广义、狭义之分。广义的规矩包括党章、党的纪律、国家法律和党在长期实践中形成的优良传统和工作惯例,这些传统和惯例虽未成文,但同样具有约束力。[②] 狭义的规矩专指党在长期实践中形成的优良传统和工作惯例,正是在这个意义上,规矩与纪律可以并列。在党的纪律与国家法律关系上,十八大以来则强调二者的界分:纪法分开、纪严于法。这样做的目的在于表明,作为共产党员首先要接受党纪约束,并且这种约束更多更严格。正是出于这种考虑,2015 年,中共中央对《中国共产党纪律处分条例》进行大幅度修订,删除与国家法律重叠的内容,形成政治纪律、组织纪律、廉洁纪律、群众纪律、工作纪律和生活纪律等六大纪律体系,为新形势

[①] 中共中央文献研究室:《十八大以来重要文献选编》(上),中央文献出版社 2014 年版,第 764 页。
[②] 中共中央文献研究室:《十八大以来重要文献选编》(中),中央文献出版社 2016 年版,第 347~348 页。

下从严治党提供了完备的党内法规依据。

严明纪律，要害在于执行纪律，否则再多的规定也会成为一纸空文。在这方面，党的十八大以来也有新举措。一是严管"关键少数"，特别是高级干部和"一把手"。查处周永康、薄熙来、郭伯雄、徐才厚、令计划、孙政才等严重违纪案件，产生极大的震慑效应。二是严格责任落实。出台党内问责条例，层层压实责任，全面发挥各级党组织在执纪监督方面的作用，对于履责不力的党组织和领导干部严肃问责。三是注重抓早抓小抓实。从一张卡、一顿饭等细微处入手，从群众身边的"微腐败"入手，一件一件抓落实抓出成效。同时运用好监督执纪"四种形态"，通过批评教育、谈话函询、纪律轻处分、组织调整等形式防微杜渐，避免"今日好干部、明日阶下囚"现象。四是注重发现和惩处机制。广泛运用巡视、来信来函、网络举报等多种形式及时发现违纪行为，对于查实的违纪行为，无论是什么人、什么单位都实名通报。

从严执纪在短时间内解决了党内一些"疑难杂症"，腐败"增量"迅速减少，公车改革、规范公务接待等许多过去想解决而没解决或没完全解决的难题得到解决。从严治党带动了公权力治理，因为各级领导干部和公职人员中百分之八十以上都是中共党员，管住党员就管住了绝大多数领导干部，为规范权力运行营造了健康的政治生态。最后，在中国共产党强力领导和要求下，政府、司法、军队等系统也都加大权力防控力度，从严治党取得倍增效应。

（三）党和国家监督制度的重大调整

用铁的纪律管党治权，用雷霆之势惩治腐败，还要解决"常"和"长"问题，这又需要解决制度化监督问题。党的十八大闭幕后不久，习近平就代表新一届党中央提出"把权力关进制度的笼子"，不敢腐、不能腐、不易腐一体推进等工作要求。尤其是阶段性"治标"任务取得初步成效后,"治本"之策受到更多重视。总体看来,完善权力监督体系同样经历了一个由党内监督再到国家监督的过程。

中国共产党的执政和领导地位,决定了党内监督在党和国家各种监督形式中是最基本、第一位的,党内监督失效,其他监督必然失灵。所以,加强党内监督是健全权力监督体系的关键。

首先,加强和完善巡视制度。由中央和省市自治区党委组织巡视组,代表中央和省级党委开展巡视。十八大后,完成对省区市、中央和国家机关、中管企事业单位和金融机构、中管高校等的巡视,在党的历史上首次实现一届任期内巡视全覆盖。[①] 在此基础上,逐步在省级以下建立巡察组,推动巡视工作向基层单位延伸。完善巡视制度的另一重大措施是实现纪委派驻机构全覆盖。2015年3月,中共中央纪委首次向中央办公厅、中央组织部、中央宣传部、中央统战部、全国人大机关、国务院办公厅、全国政协机关派驻纪检组。2015年11月,中共中央办公厅印发《关于全面落实中央纪委向中央一级党和国家机关派驻纪检机构的方案》,实现对139家中央一级党和国家机关派驻纪检机构全覆盖。

其次,改革纪检监察体制,提高纪检监察机构的独立性和权威性。具体措施是,推动党的纪律检查工作双重领导体制具体化、程序化、制度化,强化上级纪委对下级纪委的领导;查办腐败案件以上级纪委领导为主,线索处置和案件查办在向同级党委报告的同时必须向上级纪委报告;各级纪委书记、副书记的提名和考察以上级纪委会同组织部门为主。

最后,以中共十八届六中全会通过《中国共产党党内监督条例》为标志,由党中央统一领导,由党委(党组)全面监督、

---

① 《十八届中央纪律检查委员会向中国共产党第十九次全国代表大会的工作报告》,载于《人民日报》2017年10月30日。

纪律检查机关专责监督、党的工作部门职能监督、党的基层组织日常监督、党员民主监督构成的党内监督体系正式形成。

在完成党内监督系统集成的同时，中共十八届六中全会还提出要加强党外监督体系建设，这个体系包括人大、政府、监察机关、司法机关等对国家机关及公职人员的监督，人民政协的民主监督，审计机关的审计监督，民主党派的党派监督和社会监督。党内监督与党外监督相互呼应，形成权力监督的全方位、立体化格局。在党外监督体系中，国家监察体制改革是最大的亮点。2016年11月，中共中央决定在北京市、山西省、浙江省开展国家监察体制改革试点。2017年10月，中共中央办公厅印发《关于在全国各地推开国家监察体制改革试点方案》，部署在全国范围内深化国家监察体制改革的探索实践，完成省、市、县三级监察委员会组建工作。2018年3月，十三届全国人大一次会议通过宪法修正案和《中华人民共和国监察法》，国家监察体制改革得到宪法法律保障。

国家监察体制改革，是全面强化权力监督的重大举措，也是政治体制改革的重大举措。从强化权力监督方面看，新组建的监察委员会整合了原来分散的反腐败力量，形成党中央统一领导、高效权威的国家监察体系；把所有行使公权力人员纳入统一监督的范围，实现对公权力监督和反腐败的全覆盖、无死角；统一规范纪检监察的标准和程序，提高了监督工作的专业化和制度化水平。从政治体制改革方面看，各级监察委员会的建立改变了宪法规定的制度格局，形成新的"一府一委两院"架构，这是改革开放以后第一次对中国政治制度架构的调整，对于有效监督各级各类公共机构和公职人员具有重大意义和深远影响。

第四章

理论与实践的三重来源及其整合

中国政治体制改革的理论与实践基础来自三个方面：马克思主义国家理论及社会主义政治实践、人类政治文明有益经验及相关理论、中华传统治理中积极因素及其所包含的优秀传统文化。对于这些资源，中国共产党都没有简单承袭或移植，而是立足实践进行综合创新，形成以社会主义为主体、吸纳与整合本土和域外资源的复合型理论体系，这就是中国特色社会主义。

一、马克思主义国家理论

马克思主义是中国共产党立党立国之本。历史唯物主义关于社会运动的规律以及马克思恩格斯、列宁关于国家问题的论述是政治体制改革的理论支撑。中国共产党从实际出发，积极探索实现社会主义政治理想和原则的现实路径，在坚持中发展马克思主义政治学说。

（一）辩证法蕴含的改革空间

马克思主义是当代中国处于主导地位的意识形态，但这种理论并非封闭的体系。自诞生之日起，它就吸收了黑格尔代表的辩证思维和方法，使自身具备开放性，也为后续理论发展提供了可能性。

众所周知，马克思主义经典作家分析社会结构、社会关系最重要的两组范畴是生产力和生产关系、经济基础和上层建筑，他们强调生产力和经济基础的决定性作用，但同时也不否认生产关系和上层建筑的反作用。对于上层建筑重要组成部分的政治制度，这种作用与反作用原理同样适用。这就使得改革开放以后，中国共产党的领导人反复引用马克思恩格斯的有关论述，一方面致力于发展经济、发展生产力，另一方面不断推动政治上层建筑的变革，使之适应变化了的经济、社会状况。既然经济基础决定上层建筑，那么当经济基础没有发生变化的时候，政治体制就会保持相对的稳定性。但是，一旦随着生产力发展，相应生产关系、社会关系发生变化，那么上层建筑变革就要跟进，否则就会成为经济社会发展的桎梏。政治制度的这种发展性，提出了主动进行自我调整的要求，而且也使不同时期政治制度呈现出阶段性特征。

专就政治上层建筑而言，马克思恩格斯以及后来列宁的论述也充满了辩证法。第一，国家性质和功能的双重性。马克思主义认为，国家是阶级斗争发展的结果，因而具有鲜明的阶级性，是一个阶级压迫另一个阶级的有组织的暴力机器。但马克思恩格斯并没有否认国家的公共属性。恩格斯指出："以往国家的特征是什么呢？社会为了维护共同的利益，最初通过简单的分工建立了一些特殊的机关。但是，随着时间的推移，这些机关——为首的是国家政权——为了追求自己的特殊利益，从社会的公仆变成了社会的主人。"① 很明显，国家最初是作为公共管理机构出现的，但在阶级社会条件下，国家被处于统治地位的阶级通过其代理人所操纵。无产阶级革命的目的之一就是把这种被窃取的权力夺回

---

① 《马克思恩格斯文集》第3卷，人民出版社2009年版，第110页。

来，恢复其本来面目。马克思恩格斯同时承认，即使在阶级社会，国家的统治职能也必须通过社会职能体现出来，没有公共管理职能或者这类职能没有得到有效履行，政治统治职能就缺乏合法性基础。马克思主义关于国家性质与职能二重性的论述，有助于中国共产党在执政的和平环境下走出"阶级斗争为纲"等"左"的错误，全面发展并履行国家职能，推动社会进步。

第二，政治制度的普遍性与特殊性。在政治形式方面，根据马克思恩格斯的看法，形式是由内容决定的，相似的经济发展水平、所有制结构以及社会结构决定不同国家的政治制度会有相似性。决定政治制度的这些因素，是从一般规律和总体情况来说的。不过，马克思主义也承认，除了这些共同因素外，政治形式还受到其他因素的影响，如地理环境、历史、文化传统、宗教，等等。因为人们自己创造自己的历史，但是他们并不是随心所欲地创造，而是"在直接碰到的、既定的、从过去承继下来的条件下"的活动①。列宁在分析资产阶级和无产阶级国家的性质和形式时指出，资产阶级国家虽然形式极其繁杂，但本质上都是资产阶级专政；无产阶级国家也会产生"非常丰富和多样的政治形式"，但本质上都是无产阶级专政。② 这表明，国家性质的一致性并不排斥具体实现形式的多样性，这为中国探索具有自身特点的政治制度提供了理论依据。

第三，民主与集中的结合。民主是马克思主义始终不渝的追求，人的解放必然包含着人在政治上的主体地位的确立和捍卫。对此，人们是没有异议的。马克思主义者不同之处在于，他们认为政治解放建立在社会解放之上，政治民主建立在社会民主之上，没有一定经济社会条件，民主就会是虚假的形式。在实际民主实践过程中，马克思恩格斯提出，自由并不意味着否定权威，

---

① 《马克思恩格斯文集》第2卷，人民出版社2009年版，第470~471页。
② 《列宁选集》第3卷，人民出版社2012年版，第140页。

民主必须与集中相结合。因而，他们对极端个人主义、无政府主义进行了无情的批判。列宁则根据俄国革命的需要，在无产阶级政党和国家建设中提出并系统阐发了民主集中制原则。中国共产党进一步把这个原则上升为党和国家的根本组织原则，在实践中得到广泛运用。民主与集中的结合，使得中国共产党能够根据不同阶段存在的突出问题，对政策和制度作出动态调适，在保证基本制度稳定性的同时有序推进具体制度的变革。

（二）"改造"到"改革"的转换

马克思恩格斯关于未来社会的理想立足于后资本主义阶段，即共产主义、社会主义是作为资本主义的替代物而提出来的，因此在物质、文化、政治等各个方面都超越资本主义。然而，历史的逻辑却是社会主义革命首先在经济社会落后国家完成，苏联、中国无一不是社会生产力落后、民主法治很不发达的社会。理论逻辑与历史逻辑错位造成的结果是，社会主义各系统及相关制度间缺少高度的自洽性。通过暴力革命，借助人为的努力，可以按照马克思恩格斯的理论建立社会主义上层建筑和生产关系，但政治革命却无法迅速改变生产力的落后状态，也无法彻底根除长期积累下来的专制主义、文化蒙昧主义。

面对这样的错位，社会主义国家先后采取了两种不同的策略。一种是"改造"策略。传统的计划经济时期的社会主义就是这样。具体来说，不是着眼于怎样改变落后的生产力，从而为先进的生产关系和上层建筑创造条件，而是着眼于生产关系和上层建筑，以为只要有了先进的生产关系和上层建筑，一切难题就可以迎刃而解。于是各种非公有制被消灭，各种非无产阶级思想被清除。另一种是"改革"策略。即在坚持社会主义基本取向的同时，通过发展生产力，为社会主义制度创造物质基础；通过各个领域的自觉调整，使社会主义的经济、政治等制度不断完善。乍看起来，后一种策略似乎偏离了马克思主义理想，似乎在向资本主义看齐，但实际上这种策略是"以退为进"。它承认社会主义生产力不发达和各种制度不完善的事实，因而是一种历史唯物主义的态度。"改造"策略和"改革"策略分歧的关键在于，建设社会主义是应该从本本出发，还是从实际出发。中国特色社会主义实践证明，只有从实际出发，不断解放和发展生产力，社会主义制度才能重新焕发生机和活力，才能真正赢得群众。这正是改革开放后中国共产党反复强调坚定不移地推进改革开放的深层次意义。

尊重现实，还必须正视现实本身的变化。无产阶级夺取政权后，从革命状态转变为执政状态，残酷的军事斗争转变为相对和平的建设任务，相应地政治领域的工作也发生重大变化。一是政权的中心任务是发展社会生产力，不断满足民众日益增长的各项需求，因而公共管理和服务职能上升为主要职能。二是加强政治本身的建设和改革力度，克服"完备论"和"顶峰论"。"完备论"和"顶峰论"均把马克思主义创始人关于未来社会的理论构想直接等同于现实状态，以为实际政治体制和运行机制、方式方法已十分完备，进而忽视政治体制的改革与完善。三是破除对马克思主义教条化理解，清除附着在马克思主义上面的错误认识。比如，不考虑社会阶级阶层结构的实际情况，搞"清一色"而忽视各种积极因素作用的发挥；不考虑经济发展水平和民众素质等因素，搞"大民主"而忽视民主的实际效果；把巴黎公社等特定情形下的某些具体做法绝对化，过分强调权力归一而忽视权力分工和相互制约。

现实本身的变化，不光体现在执政后尤其是社会主义改造完成后带来的政治理念、政治功能和政治体制的变化，而且表现在即使是改革开放以后，经济、社会与政治的相互强化、相互促进的态势并未停止。政治体制改革是为了保障改革开放、促进现代化事业，而改革开放进一步带来所有制结构、资源配置方式、利益分配格局、社会组织方式、社会阶层关系等一系列新变化，所有这些变化又反过来要求政治上层建筑不断作出调整。1978年后，中国经济社会始终处于急剧而广泛的变革之中，这使得政治体制改革以及相关理论创新成为必要。

（三）社会主义性质与前进方向

立足国情和时代发展马克思主义，为政治体制改革提供了理论依据，这一表述本身包含着一个前提，发展的是马克思主义而不是其他什么主义，更准确地说，政治体制改革是马克思主义基本原理和方法的具体运用，是在坚持中的发展、发展中的坚持。与之相应，在坚持马克思主义原理和方法的前提下发展马克思主义，又为政治体制改革设置了"约束条件"：体现马克思主义和社会主义原则的基本政治制度不能改。提出这样的要求，不仅仅是为了避免理论与制度中断而导致的混乱，更是为了保持政治体制改革的基本性质和正确方向。

首先，马克思主义国家理论提供了政治体制改革的远大理想。马克思主义认为，人民群众是历史的创造者，人类社会的发展方向是实现人自由而全面的发展。前社会主义社会的国家制度之所以不合理、之所以需要超越，就是因为它们只是少数人掌握并为少数人服务的制度，社会主义就是要改变这种状态，把人从"异化"和各种屈辱、禁锢中解放出来。对人的主体性和创造力的极端重视，使马克思主义成为人类历史上的真正"人学"。通过政治体制改革，在政治上不断保障人的各种权益、体现人的主体地位，使社会主义政治建设占据了人类道义的制高点，并激发出不断前进的强大动力。

其次，马克思主义国家理论提供了政治体制改革的核心价值。民主、法治、自由、平等、公平、正义始终写在马克思主义的旗帜之上，因此也是政治体制改革要追求的价值。换言之，政治体制改革无论怎么改，都要有利于实现这些价值，并在体制机制等各个方面充分体现这些价值。

最后，马克思主义国家理论提供了政治体制改革的主要原则。马克思恩格斯把无产阶级政权称作"红色共和国""社会共和国"或"人民政府"，强调国家权力的终极归属在于人民。要把人民主权贯彻到底，就必须实行平等、普遍的选举。由人民代表组成的代议机关在各类国家机构中处于最高地位，其他国家机关的权力来自于它、受它监督、对它负责。为了防止人民的公仆变成主人，应该对全体公职人员加强监督。为了减轻人民的负担，政府既要"廉洁"还要"廉价"，严格控制各类行政开支，不断降低行政管理成本。

总之，马克思主义国家理论提出了社会主义政治建设的理想、价值和原则等基本问题。政治体制改革，在一定意义上就是从中国实际出发不断实现这些理想、价值和原则的过程。崇高理想的实现需要考虑现实的可行性，但绝不能因此"告别理想"。推进政治体制改革也决不意味着不需要马克思主义，恰恰相反，改革只是手段，超越资本主义、实现马克思主义远大理想是最终目的。那种放弃马克思主义理论、共产党领导、社会主义道路、共产主义理想的做法已不在社会主义制度自我完善的范畴之内。对于理想和现实，或许应采取这样一种态度：心怀理想而脚踏实地。脚踏实地是为了找到通往理想之境的可行途径，心怀理想是为了保证努力方向的正确性，更重要的是，因为有理想，才能感受到努力的价值和意义，才能内在地产生克服艰难险阻的决心和勇气。

二、人类政治文明的有益成果

政治体制改革是中国改革开放的一部分，改革开放也为政治体制改革创造了中外思想理论相互交流、借鉴的机会。改革开放后，中外交流范围之广、影响之深，乃中国近代以来所罕见。由于西方发达资本主义国家处于强势地位,这个时期的"外"主要指这类国家;由于社会主义国家已经作为一种客观力量而存在,所以近代中国的"中西"之辩现在更多表现为"资社"之辩。

(一) 跨越"卡夫丁峡谷"后的选择

马克思主义经典作家在说明实现社会主义必须具备足够的条件的同时,并没有完全否定落后国家可以跨越资本主义"卡夫丁峡谷"而直接进入社会主义阶段的可能。但他们特别强调,通过这样的方式建立的社会主义必须运用"资本主义制度所创造的一切积极的成果"①。苏联建立后,列宁反复强调要广泛吸收借鉴资本主义有益经验,他指出,社会主义就是"苏维埃政权+普鲁士的铁路秩序+美国的技术和托拉斯组织+美国的国民教育"等一切好的因素相加的结果。② 新中国成立后,毛泽东主张"洋为中用",学习一些国家和民族的科学、技术和文化,发展与它们的关系,汲取它们的长处。一些社会主义国家后来之所以走向僵化,很重要的原因就是走向了封闭。在激烈的意识形态和军事对立情况下,很难公允对待和学习资本主义经验。

中国的政治体制改革能够而且也需要从西方政治理论与实践中吸收有益的养分,主要理由有三:

第一,马克思主义与近代西方民主有着不解之缘。马克思恩格斯经历过一个从民主主义者到马克思主义者的转变过程。然而,持这种观点的人自觉不自觉地暗含了这样一种看法:转变为马克思主义者的马克思恩格斯从此不再看重民主。其实,从民主主义者到马克思主义者的转变并非"否定"意义上的转变,准确地讲属于"扬弃"意义上的转变,即马克思恩格斯没有放弃对专制政治的批判,没有放弃对民主政治的追求。与早年思想不

---

① 《马克思恩格斯选集》第 3 卷,人民出版社 1995 年版,第 769 页。
② 《列宁全集》第 34 卷,人民出版社 1990 年版,第 520 页。

同之处仅仅在于,他们找到了实现真正民主制度的可行的也是彻底的方案。正如前文所述,人民共和国始终是马克思恩格斯对无产阶级政权的基本要求。晚年马克思还指出过:"一切美妙的玩意儿都建立在承认所谓人民自主权的基础上,所以它们只有在民主共和国内才是适宜的。"①

第二,中国共产党人是中国近代民主革命的继承者。中共第一代领导人基本上都出生于西学东渐的时代,深受严复、梁启超、孙中山等人传播的近代西方政治思想影响。中共创立者中李大钊、陈独秀等人还是新文化运动和五四运动的旗手,他们都是后来才转向马克思主义,选择社会主义作为解决中华民族问题的新出路。对于孙中山代表的政治主张,中国共产党没有完全否定;对于孙中山,历届中共领导人都给予高度评价。孙中山被尊为"伟大的民族英雄、伟大的爱国主义者、中国民主革命的伟大先驱"。孙中山领导的辛亥革命虽然没有完全达到目的,"但开创了完全意义上的近代民族民主革命,打开了中国进步闸门,传播了民主共和理念,极大推动了中华民族思想解放,以巨大的震撼力和影响力推动了中国社会变革"。中国共产党人是孙中山先生革命事业最坚定的支持者、最忠诚的合作者、最忠实的继承者。② 建立社会主义制度,推进政治体制改革,发展社会主义民主,需要学习孙中山借鉴人类政治文明成果的方法,并致力于提出符合中国国情的政治理论主张。

第三,完善社会主义政治制度的现实需要。社会主义仍然并将长期处于初级阶段,不光反映在社会生产力发展水平上,也反映在政治体制和运行机制上。民主法治的制度体系还不稳定、不成熟,国家治理体系还需健全,国家治理能力还需要提高。解决

---

① 《马克思恩格斯选集》第3卷,人民出版社1995年版,第314页。
② 习近平:《在纪念孙中山先生诞辰150周年大会上的讲话》,载于《人民日报》2016年11月12日。

这些问题，需要我们独立探索，也需要以开放的心态，认真研究各国治理经验，有辨别地加以改造、吸收。

（二）体现治国理政的共同规律

政治体制改革要大胆吸收和借鉴人类社会创造的政治文明成果，还因为这些成果在一定程度上反映出现代社会治理的一些共同规律，了解、学习、借鉴可以帮助我们扩大视野，少走弯路，避免失误。正如我们曾经试图在经济上跳过市场经济一样，我们曾经试图在政治上跳过民主法治，结果都给社会主义带来不可估量的损失。

比如，在权力监督和制约问题上，由于没有考虑社会发展实际水平，想当然地假定社会主义国家的公职人员就是"人民公仆"，因此在相当长时期里，教育和管理官员主要诉诸思想道德和公职人员自律。主张自律控权、教育反腐的一个重要原因在于，一个理论问题长期未被突破：权力制约是西方政治的专利。改革开放后，面对大量腐败现象，我们才逐步认识到，权力导致腐败、绝对权力导致绝对腐败是权力本性使然，是人类社会的铁律，没有社会主义和资本主义之分。在社会主义条件下，由于各级政府和官员掌握更多的资源，由于体制转型提供了更多的"空白点"或"灰色地带"，滥用权力的风险可能更大。如果缺乏对权力的有效监督和制约，不可能改变"前腐后继"的状况。

正是在这一背景下，中国逐步走上他律控权、制度反腐的道路。从全国党代会报告来看，中共十四大报告中尚未出现"制约"一词。1997年，十五大则提出要"建立健全依法行使权力的制约机制"，比如要完善司法机关的机构设置、职权划分和管理制度，进一步健全权责明确、相互配合、相互制约、高效运行的司法体制。十六大进一步提出，要"建立结构合理、配置科学、程序严密、制约有效的权力运行机制，从决策和执行等环节加强对权力的监督"，从而明确了完善权力运行机制的努力方向和权力监督的重点环节。十七大在更高的层面上提出了优化权力结构和运行机制的要求，即"建立健全决策权、执行权、监督权既相互制约又相互协调的权力结构和运行机制"，将权力一分为三并使之相互制约又相互协调。2008年1月，胡锦涛在第十七届中央纪律检查委员会第二次全体会议上提出，加强反腐倡廉的制度建设，要从中国实际出发，同时要"借鉴国外有益做法"，把改革的推动力、教育的说服力、制度的约束力、监督的制衡力、惩治的威慑力结合起来，增强反腐倡廉建设的整体性、协调性、系统性、实效性。① 在这个讲话中，出现了"制衡"一词，表明权力制约应该是双向、多维的。"制衡"进入官方话语并予以肯定，表明它不再是"掣肘""低效"的代名词，而成为加强权力监督和制约的重要手段。②

强化权力监督和制约，在制度上就是一个优化治理结构的问题。无论现代企业制度还是现代政府制度，都必须完善治理结构，以明晰各权力主体间关系，保证组织有序运行。透过党章，可以看出也存在相似的治理结构，对党员与代表、代表与党代会、党代会及其产生的党委会和纪委、上下级党组织等关系作出了清晰界定。但在实践中，这些规定没有得到很好的贯彻执行。由于党员权利虚化、权力机关非常任、监督机关独立程度低、党委内部权力分配不当，再加上下级组织不敢也不愿监督上级组织，结果形成一些地方和单位书记独大局面，破坏民主集中制并诱发其他问题，进而损害党的形象和党的领导的权威。改革开放后，发展党内民主、改革党内法规制度，就是要扭转上述情形，回归到党章对党内权力关系的规定上去。③

从基层治理看，同样有一个不断完善治理结构和强化权力制

---

① 《胡锦涛文选》第3卷，人民出版社2016年版，第44~45页。
② 曾峻：《从自律、制约到制衡：反腐败的策略转变与深化》，载于《学习时报》2010年3月29日。
③ 曾峻：《党内治理结构与执政党建设》，载于《探索与争鸣》2008年第5期。

衡的问题。2008年，全国立案侦查的涉农职务犯罪案件犯罪嫌疑人中，"村官"达2 850人。最高人民检察院数据显示，在2008年全国立案侦查的涉农职务犯罪案件犯罪嫌疑人中，农村基层组织人员4 968人，占42.4%。其中，村党支部书记1 739人，村委会主任1 111人。[①] 政治学专家们在为村民自治的成绩"津津乐道"的时候，"村官腐败"现象又让人扼腕叹息。造成"草根腐烂"的一个重要原因，就是非常设的村民代表大会无法对它所产生的村委会进行日常监督，就是说，在村民自治的制度设计中，有决策机构（村民代表大会），有执行机构（村委会），但没有日常监督机构，换言之存在治理结构上的缺失。于是，基层民主变成"半拉子民主"，村民自治变成"村官自治"[②]。为弥补这个缺失，2010年10月28日，十一届全国人大常委会第十七次会议修订通过《中华人民共和国村民委员会组织法》，增设村务监督机构。新修订村委会组织法规定，村务监督机构负责村民民主理财和村务公开等制度的落实，其成员由村民选举产生；村务监督机构成员列席村民委员会会议，向村民会议和村民代表会议负责并报告工作。这一修订是总结各地实践的结果。2004年6月，浙江省武义县后陈村建立全国第一个村级民主监督组织——村务监督委员会。2006年4月，诞生在贵州省锦屏县平秋镇圭叶村的"五瓣公章"，同样体现了权力分解与相互制约的理念。

基层治理结构完善，从一个侧面再次说明，处于社会主义初级阶段的中国，需要遵循人类治理的许多共同法则。政治体制改革不能另起炉灶，但这并不是说一些具体制度设计和政策要"从头开始"。主动借鉴各国成熟做法，可以帮助我们缩短"探索"的周期。

---

① 《加快修订村委会组织法 遏止"村官腐败"》，载于《人民日报》2009年5月13日。
② 《浙江：村村都有"监委会"》，载于《人民日报》2010年1月27日。

（三）对西方政治模式的超越

保持开放包容态度，积极学习借鉴包括西方在内的人类政治文明的有益成果，但要反对照搬照抄西方政治模式。道理很简单，西方政治运作尽管比较精致，却没有改变马克思所说的少数人统治的事实。政治体制改革是社会主义政治制度的自我完善和发展，因而对于性质截然不同的资产阶级政治制度只能保持有条件的借鉴态度。更为重要的是，即使是有条件的引入，还有一个主体性问题，即这种学习借鉴必须以"我"为主，目的是吸收合理因素以壮大自己，不是按照"他者"形象来塑造自己，把自己变成另外一个人。人们经常用一个比喻生动地揭示这个道理：吃牛肉的目的在于使自己强壮，而不是把自己变成牛。

学习借鉴但不全盘移植，是总结近代以来中国政治实践正反两方面经验教训得出的必然结论。民国初期议会政治、多党政治的乱象是教训。新中国成立后，一度照搬苏联模式也是教训。正是出于对历史经验教训的总结，邓小平指出：无论是革命还是建设，都要注意学习和借鉴外国经验。但是，照抄照搬别国经验、别国模式，从来不能得到成功。[①] 习近平也指出：对丰富多彩的世界，我们应该秉持兼容并蓄的态度，虚心学习他人的好东西，在独立自主的立场上把他人的好东西加以消化吸收，化成我们自己的好东西，但决不能囫囵吞枣、决不能邯郸学步。照抄照搬他国的政治制度行不通，会水土不服，会画虎不成反类犬，甚至会把国家前途命运葬送掉。[②] 决不能照搬他国模式，也是许多发展中国家政治留下的深刻教训。罔顾实际情况、照搬西方政治制度，导致国家分裂、政局动荡、人民颠沛流离、经济社会陷入混

[①] 《邓小平文选》第3卷，人民出版社1994年版，第2页。
[②] 习近平：《在庆祝全国人民代表大会成立60周年大会上的讲话》，载于《人民日报》2014年9月6日。

乱的事例，比比皆是。

决不照搬西方政治模式，不是一项空泛的原则性要求，而有着具体指向。在价值目标上，警惕以西方宪政、人权、自由等"普世价值"的名义行"分化""西化"之实。在基本制度上，坚持党的全面领导、不搞多元政治，坚持人民代表大会制度、不搞"三权分立"，坚持中国共产党领导的多党合作与政治协商制度、不搞两党多党制，坚持民族区域自治制度、不搞联邦制，坚持党对军队绝对领导、不搞"军队国家化"，坚持党对意识形态和新闻舆论的领导、不搞"新闻独立""新闻自由"。以上这些内容，集中体现了马克思主义国家理论和社会主义性质，划清了政治体制改革的范围与界限。

之所以反对照搬西方模式，除国情差异外，还在于西方文明、西方政治制度、西方发展道路有其不完整一面。个体主义撕裂人与人之间的温情关系，激发极端思想，激化社会冲突。强调人性恶，因此注重制衡，使用过头则可能导致相互掣肘、效率低下。法律制度有其难以覆盖的领域，需要借助伦理道德强化社会成员的自我约束。民主运行不良则会损害必要的效率，错失发展的良机。扩张性思维产生霸权主义、保护主义，甚至以邻为壑。中国共产党对西方模式的警惕不仅仅来自近代痛苦的记忆，而且来自马克思主义，正是马克思深刻地揭示了资本主义和西方文化的内在缺陷。

三、中华优秀传统治理经验

中国共产党作为"共产党"，始终把马克思主义作为自己的指导思想，把实现共产主义作为自己的奋斗目标；作为"中国"共产党，又始终扎根中国大地，从中华优秀传统文化中汲取养分，提出适合中国国情的政策主张和制度安排。政治体制改革，在一定程度上也是改革开放中创造性运用中国智慧的过程。

(一) 中华优秀传统文化的传承者

在过去相当长时间里,不少人有这样一种印象:中国共产党是新文化运动和五四运动之后诞生的,而且是用社会主义方案来解决当时中国面临的危机。无论是新文化运动和五四运动,还是马克思主义,都是反传统的,因此中国共产党也是中华本土文化的批判人和颠覆者。"文革"导致传统文化空前破坏,更强化了这种印象。由于存在这些看法,所以较少有人探究当代中国政治制度与中华传统文化的关系,遑论政治体制改革体现出来的中华文化精神。

其实,上述印象或看法并不十分准确。在第一章我们指出过,新民主主义共和国是马克思主义与中国实际相结合的结果,这里的"中国实际"就包括中国历史、中国文化等因素,是带有鲜明民族特色的政治设计。新中国成立后,中共领导人多次强调要"古为今用、推陈出新"。1956年8月,毛泽东在谈到音乐艺术的民族性问题时指出:中国人还是要以自己的东西为主。"马列主义的基本原理在实践中的表现形式,各国应有所不同。在中国,马列主义的基本原理要和中国的革命实际相结合。十月革命就是俄国革命的民族形式。社会主义的内容,民族的形式,在政治方面是如此,在艺术方面也是如此。"[1]

改革开放后,党的领导人对中国历史和中华文化同样始终保持着敬畏和尊重,强调不能丧失民族自尊和民族信心。针对20世纪80年代历史虚无主义和文化虚无主义思潮,1990年1月,李瑞环在全国文化艺术工作情况交流座谈会上集中阐述了弘扬民族优秀文化的问题。他指出:"弘扬民族文化是振奋民族精神,提高民族自尊心和自信心,发扬爱国主义精神,顶住一切外来压

---

[1] 《毛泽东文集》第7卷,人民出版社1999年版,第77~78页。

力的一个重要条件。"对待文化遗产既要看到它的阶级性、时代性，又要看到它的继承性和借鉴性。"有些东西一旦赋予新意，便可成为社会主义精神文明的组成部分。"① 2011年10月，中共十七届六中全会通过的《中共中央关于深化文化体制改革推动社会主义文化大发展大繁荣若干重大问题的决定》充分肯定中华优秀传统文化的价值，指出"优秀传统文化凝聚着中华民族自强不息的精神追求和历久弥新的精神财富，是发展社会主义先进文化的深厚基础，是建设中华民族共有精神家园的重要支撑"。这个决定还首次厘清了中国共产党与中华优秀传统文化的关系，指出中国共产党从成立之日起，就既是中华优秀传统文化的忠实传承者和弘扬者，又是中国先进文化的积极倡导者和发展者。②

中共十八大以后，中华优秀传统文化受到前所未有的重视，成为文化自信的重要内容。2016年，在庆祝中国共产党成立95周年大会上，习近平第一次把文化自信与道路自信、理论自信、制度自信并提，把中国特色社会主义"三个自信"发展为"四个自信"，特别强调"文化自信是更基础、更广泛、更深厚的自信"。③ 从构成内容上看，文化自信中"文化"由中华优秀传统文化、革命文化和社会主义先进文化三个部分组成，中华优秀传统文化是基础，因为革命文化和先进文化是在中华优秀传统文化哺育下形成的，具有特定民族内涵和民族表达方式。中华优秀传统文化也是决定道路选择、理论建构、制度设计的重要因素之一。中国共产党之所以能够推进马克思主义与中国实际的结合，形成中国特色的道路、理论和制度，因为运用了中华优秀传统文化提供的独特理念、思维和方法。正如习近平所说：数千年来，

---

① 中共中央文献研究室：《十三大以来重要文献选编》（中），人民出版社2011年版，第271、279~280页。
② 中共中央文献研究室：《十七大以来重要文献选编》（下），中央文献出版社2013年版，第558页。
③ 习近平：《在庆祝中国共产党成立95周年大会上的讲话》，载于《人民日报》2016年7月2日。

中华民族走着一条不同于其他国家和民族的文明发展道路。我们开辟了中国特色社会主义道路不是偶然的，是我国历史传承和文化传统决定的。①

就政治制度而言，它们是"长期发展、渐进改进、内生性演化的结果"。由于每个国家国情不同，这个国家的历史传承、文化传统、经济社会发展的基础不同，因此它们的政治制度都是独特的。习近平指出，"中国特色社会主义政治制度之所以行得通、有生命力、有效率，就是因为它是从中国的社会土壤中生长起来的。中国特色社会主义政治制度过去和现在一直生长在中国的社会土壤之中，未来要继续茁壮成长，也必须深深扎根于中国的社会土壤。"② 推进政治体制改革，推进国家治理体系和治理能力现代化，不能忽视自身的历史传统、文化积淀，只能在中国大地上探寻适合自己的道路和办法。

（二）传统治理经验的当代表达

中华文化绵延数千年，被认为是唯一没有中断的文明形态。数千年间，中华民族创造出无数奇迹，为人类发展作出过巨大贡献。文明延续、文化发展，离不开有效的治理体系和治理方法。中国治理是中华文化的结晶，反过来也成为支撑文化繁荣的重要条件。中华民族独特的发展道路，不仅要求政治体制改革必须坚持走中国特色社会主义政治发展道路，而且要从过往历史中汲取治国理政有益养分，善于运用中国智慧来指导改革。

中国古代的治理给后人留下的最深刻印象是"大一统"。"大一统"在政治制度上表现为，通过以皇权为中心的中央集权

---

① 《习近平在中共中央政治局第十八次集体学习时强调　牢记历史经验历史教训历史警示　为国家治理能力现代化提供有益借鉴》，载于《人民日报》2014年10月14日。

② 习近平：《在庆祝全国人民代表大会成立60周年大会上的讲话》，载于《人民日报》2014年9月6日。

保持对社会的有力控制。特别是秦以后的制度发展趋势就是皇权不断加强，中央集权程度不断提高。为了达到这一目的，需要两个方面与之相匹配。一是重视道德伦理和意识形态管理。历代君主均强调道德立国、以德治国，而道德规范建立在儒家理论之上，因为儒家理论具有强烈的秩序意识，借助细致入微的礼仪规范来约束社会成员行为。儒学被确立为官方意识形态后，便形成政治与思想相互支持和相互强化的格局。二是重视治理技术的完善。为了维护皇权定于一尊的地位，防止出现各级官吏和地方政权离心倾向，中国古代发展出非常发达的治理技术，体现在法律体系、官吏选拔、考铨、监督以及各级政权之间、各种重要权力之间相互钳制等各个方面。

对于"大一统"及相关制度以往负面评价较多，但从文明整体发展角度看，"大一统"客观上有积极的作用。中国历史虽然有不少分裂、割据时期，但"大一统"成为克服分裂的强大力量，有助于民族团结与国家统一，而民族团结和国家统一则是人民安居乐业、社会进步、文明延续不可或缺的前提。更为重要的是，"大一统"不是铁板一块，中国历史上出现的治理比较好的时期，无一不是政治相对清明、社会多元包容、充满活力的时期。这就启示后人必须注意中国古代治理的又一面相："大一统"内含"多样性"，没有后者各种盛世无法实现，大的朝代也无法延续两三百年，中华文化也无法保持生命力并延续至今。比如，皇权虽然至高无上，但存在着一定的、有时比较有力的限制因素，包括最高统治者对"天"和"民心"的敬畏，对前朝覆亡教训的反省，对身后留下坏名声的顾虑，为防止皇权滥用而设置的谏诤制度，相对独立的相权和复杂的行政运行机制。处于官方意识形态地位的儒家学说，在支撑皇权统治的同时，也在一定程度上成为约束性因素。当王权不按照儒家理论行事的时候，其他人就会引用儒家理论提醒帝王，甚至抛弃无道之君。再比如，中央政府虽然力图渗透到社会末端，但由于地域限制，结果往往是鞭长莫及或力不从心。这就在社会最基层留下自治的空间，乡绅等社会力量有机会参与基层治理。这一传统在明清江南地区成为资本主义因素萌芽的有利条件，在近代西方思潮影响下又转化为地方自治的力量。

"大一统"与"多样性"的平衡，使中国古代治理在维持集中统一的同时保持必要的弹性、活力。这两个方面及其包含的治理理念与经验对当代中国政治实践都产生了深刻影响。如果说这些影响在很长一段时间里属于"自在"状态的话，那么近些年则转变为"自为"状态，中国共产党更加自觉地在政治体制改革中传承中国古代治理的有益因素。一是在基本理念上，肯定民惟邦本、政得其民，礼法合治、德主刑辅，为政之要莫先于得人、治国先治吏，为政以德、正己修身，居安思危、改易更化等政治思想。① 二是在法治建设上，研究我国古代法制传统和成败得失，挖掘和传承中华法律文化精华，汲取营养、择善而用。三是在反腐倡廉上，我国古代重视反腐倡廉教育和廉政文化建设；坚持儒法并用，伦理教化与法制手段相得益彰；监察、御史、弹劾、谏官等制度比较发达，所有这些对于今天的反腐倡廉建设都仍然有借鉴意义。②

（三）中华治理的独特文明根基

中国古代治理经验与中华传统文化是表与里的关系，治理是文化的制度表现，文化是治理的深沉内核。探寻中国传统治理何以如此，就必须深入到中国传统文化之中。由于文明集中反映的是文化中优秀的成分，而且能够提供认识历史和社会进程的"望

---

① 《习近平在中共中央政治局第十八次集体学习时强调 牢记历史经验历史教训历史警示 为国家治理能力现代化提供有益借鉴》，载于《人民日报》2014年10月14日。

② 中共中央纪律检查委员会、中共中央文献研究室：《习近平关于党风廉政建设和反腐败斗争论述摘编》，中央文献出版社、中国方正出版社2015年版，第124页。

远镜",因此应该更倾向于从文明角度而非文化角度揭示中国传统治理的可取之处。①

在何为中华文明的本质特征问题上,人们的看法可谓莫衷一是。择其大端,有自强不息说、厚德载物说、和合共生说、家国同构说、伦理本位说,等等。其中和合共生说更具代表性。和合文明以儒家思想为底色,同时与其他元素相结合,儒家思想本身在此过程中也不断调适更新,这是中华文明保持长久生命力的原因所在。中华"合金型"文明的形成可以从内部与外部两个方面考察,内部是中华民族的形成,外部是中外文化的交流融合。

关于中华文明的起源,一元论"中原说"已被"满天星斗说"取代。距今 6 000 年左右,散布在北方不同地域的族群通过战争、通婚等途径走到一起,此即为"炎黄子孙"的来历,而且这种多民族的融合贯穿中国历史始终。因此,中华民族作为一个自觉的民族实体,是近代中国和西方对抗中出现的,但作为一个自在的民族实体则是几千年历史进程中所形成的。②

近些年考古发现还显示,早期中国文化遗址中的小麦、绵羊、山羊等物种来自更加遥远的中亚或西亚。这说明,在文明发轫期,中华民族就与外部世界有广泛的交往。多方民族、多元文化的交流融合后来上升为"中""和""合"思想观念,成为儒家思想的核心内容。自汉代始,印度佛教传入中国并与中国传统思想文化逐步结合,奠定儒道释格局,推动了儒家学说转型。自唐代开始,伊斯兰教传入中国,带来历法、数学、医学等知识和技艺。在中国进入近代社会之前,中华文明已远非两千年前的形态,而是一种融合了周边各民族以及印度、中东、中亚等地区文化因素的"合金型"文明。可以说,开放、包容、进取是中华文

---

① 以下内容参见曾峻:《文明视野中的中国特色社会主义》,载于《上海行政学院学报》2013 年第 4 期。
② 费孝通:《文化与文化自觉》,群言出版社 2010 年版,第 52 页。

明的精髓所在。正因为如此，我们可以说，"中华文明是在中国大地上产生的文明，也是同其他文明不断交流互鉴而形成的文明。"①

古代中华文明之所以能够以自信姿态吸收各种外来文明，得益于两个方面：一是广博的地域、庞大的人口基数及由此造成的巨大包容能力，异质文明可以进入但却无法占据主导地位。二是作为当时较为先进的农业文明、中央集权体制，相较于落后的游牧文化和欧洲封建文化，始终处于居高临下态势。也正因为如此，本土文明在与外来文明结合时能够保持自主意识和主导能力，合金型文明的底色仍然是以儒家为内核的本土文化。这种文明成为价值传承、制度支撑、民族凝聚的基本力量，虽历经朝代更迭、社会分合、外族纷扰，却依然绵绵不绝。

近代以降，中华文明开始与西方文明、马克思主义进行更广泛、更深入的交流与融合，出现了马克思主义、西方文明与中华文明"三足鼎立"、彼此交织的新景观，最终塑造出以马克思主义为主导、吸纳中华古代文明、西方文明的新型文明。改革开放以后的政治体制改革，即是在这个宏大背景下进行的伟大政治实践。中华文明强调"民惟邦本""天人合一""和而不同"，强调"天行健，君子以自强不息""大道之行也，天下为公"；强调"天下兴亡，匹夫有责"，主张以德治国、以文化人；强调"君子喻于义""君子坦荡荡""君子义以为质"；强调"言必信，行必果""人而无信，不知其可也"；强调"德不孤，必有邻""仁者爱人""与人为善""己所不欲，勿施于人""出入相友，守望相助""老吾老以及人之老，幼吾幼以及人之幼""扶贫济困""不患寡而患不均"，② 这些理念是培育和践行社会主义核心价值观的重要滋养，同样是加强政治建设、制定各项政策的重要养分。

---

① 习近平：《在联合国教科文组织总部的演讲》，载于《人民日报》2014年3月28日。
② 习近平：《青年要自觉践行社会主义核心价值观——在北京大学师生座谈会上的讲话》，载于《人民日报》2014年5月5日。

（四）创造性转化与创新性发展

中国古代治理，是在特定经济形态、社会结构基础上形成的。如果说，对于不同国家的治理我们不能照搬照抄，那么，对于中国不同时期的治理我们也不能照搬照抄，而必须秉持批判继承态度，立足当下进行创造性转化和创新性发展。首先，中国古代治理特别是秦以后的治理，属于"没有'公共'的治理"①。统治阶级完善治理技术的直接目的在于维护皇权，巩固一人一姓的长久统治。由于专制主义本性使然，国家治理不可能做到人民主体、依法治理，进而引发出治乱循环、腐败丛生、官僚主义等一系列弊病。从政治与治理关系角度看，就是"治道"发达而"政道"阙如。② 中国近代走向共和、中国共产党建立人民共和国，首要任务就在于实现"政道"即政治主体的根本转换。

中国传统治理还有一个与时代相适应的问题。传统治理体系建立在自然经济之上，小农经济及相伴随的思维方式和行为方式导致古代治理具有等级化、粗放性等特点。而现代市场经济却是一种更加开放、鼓励流动、强调平等的经济，对治理的要求也迥然不同。传统治理尽管拥有比较完善的法律体系，但法律更多是针对民众，缺乏对公共权力有效约束，总体上人治色彩浓郁。最后，中国古代虽然与其他文明有交流、融合，不过更多集中在物器、生活等领域，治理体系和治理技术上受到外部影响较小，从而导致两千多年政体反复循环，有朝代更替而无政体更新。只是到近代，在遭受西方强烈冲击下才开始缓慢地变迁。

中国古代治理折射出的是中国传统文化某些方面的缺失。比如，应然与实然、文本与实际存在一定差距。后人对传统文化的

---

① 曾峻等：《中国特色社会主义公共管理研究》，人民出版社2013年版，第54页。
② 参见牟宗三：《政道与治道》，广西师范大学出版社2006年版。

"欣赏"甚至"迷恋",依据的多为儒家文本或官方文献所表述的应然状态,实际情况或这些书面所要求的理想实现多少则很少提及。比如,与"天下为公"理想对应的实际情况是"家天下",与"德治"理想对应的实际情况是统治集团普遍的反道德现象,与"均等主义"、民生为大理想对应的实际情况是"朱门酒肉臭,路有冻死骨",与"厚德载物"理想对应的实际情况是皇权的封闭性、独占性,与不敬鬼神的说法对应的实际情况是神秘主义和迷信愚昧。还应意识到,即使是所谓的优点,如果运用不当就会变成缺点。天人不分,会窒息对外在世界的探究精神。整体思维,会忽视精确性。讲求实用,会轻视抽象思辨,排斥"无用之学"。过分重视现实,会缺乏必要的神圣感、敬畏意识。灵活多变,会导致不讲原则。大一统,会成为集权的托辞,无法培育自治自主能力。泛道德化,会忽视契约、法治。团体主义,会泯灭个性,不敢创新。平均主义,更会抑制社会内在的激励机制。热衷民生,则可能导致为民做主的"父爱主义"盛行。①

四、政治体制改革的行动指南

既坚持马克思主义又发展马克思主义,既吸收人类文明有益成果又不照搬照抄他国模式,既汲取中华优秀传统有益养分又注意创造性转化,这种兼容并蓄、综合创新的态度,不仅是政治体制改革的显著特点,也是中国特色社会主义的显著特点。政治建设和政治体制改革是中国特色社会主义事业的有机构成,中国特色社会主义的总体特征和要求也在政治领域得到具体体现。

---

① 参见曾峻:《超越、吸纳与整合:中国特色社会主义的生成逻辑》,引自上海市中国特色社会主义理论体系研究中心:《坚持和发展中国特色社会主义理论研讨会文集》,上海人民出版社2013年版。

（一）中国特色社会主义"合金"品质

多重理论与实践资源表明，政治体制改革无论在理论上还是实践上都具有开放性、包容性和创新性。在其他领域，这种特征也得到广泛体现，中共十七大报告一次性提出"十个结合"，对此进行了概括：把坚持马克思主义基本原理同推进马克思主义中国化结合起来，把坚持四项基本原则同坚持改革开放结合起来，把尊重人民首创精神同加强和改善党的领导结合起来，把坚持社会主义基本制度同发展市场经济结合起来，把推动经济基础变革同推动上层建筑改革结合起来，把发展社会生产力同提高全民族文明素质结合起来，把提高效率同促进社会公平结合起来，把坚持独立自主同参与经济全球化结合起来，把促进改革发展同保持社会稳定结合起来，把推进中国特色社会主义伟大事业同推进党的建设新的伟大工程结合起来。

总之，中国特色社会主义在各个领域所体现出来的不是具有对立、割裂含义的"从……到……"句式，而是具有融合、联系含义的"既……又……"句式或近似句式。换言之，中国特色社会主义不仅吸纳各种新元素，而且把它们融合起来，形成有机整体。从这个角度看，中国特色社会主义是一种既坚持社会主义基本要素又融合其他新元素的"合金型"社会主义。这种社会主义既不同于资本主义，也不同于传统的社会主义；这种社会主义既坚持了社会主义的基本原则，又吸收了当代资本主义有益的经验和做法；这种社会主义旨在将社会主义与包括资本主义在内的人类文明成果结合起来，铸造一种既发扬社会主义优势又克服传统的、纯粹的社会主义不足之处的新模式。这种社会主义是"合金型"中华文明的当代版，是中国共产党人秉持实事求是精神，立足中国国情和时代需要的伟大创造。"合金型"社会主义不是社会主义因素与其他因素的简单叠加，其主体或占主导地位的是社会主义原则和基本价值。以人为本、共同富裕、民主法治、公平正义、解放和发展生产力、公有制、按劳分配、为人民服务宗旨等，都是社会主义原则的现实表现。①

"合金型"中国特色社会主义，不是从天上掉下来的，也不是某个人关起门来臆想的结果，而是中国共产党带领中国人民历经千辛万苦、付出巨大代价取得的成果，是在改革开放 30 多年伟大实践中走出来的，是在中华人民共和国成立 60 多年的持续探索中走出来的，是在对近代以来 170 多年中华民族发展历程的深刻总结中走出来的，是在对中华民族 5 000 多年悠久文明的传承中走出来的，因而具有深厚的历史渊源和广泛的现实基础。②5 000 多年、170 多年、90 多年、60 多年、30 多年等五个时间段说明，找到一条适合中国发展的道路是多么不容易，中国特色社会主义是长期探索、反复比较、总结正反两方面经验教训才创造出来的"人间正道"。5 000 多年的历史表明，中华文明拥有独特的传统和品格，中国特色社会主义是在新的历史条件下再现并丰富了中华文明的品质。170 多年的历史表明，资本主义道路在中国行不通，只有社会主义才能救中国。90 多年的历史表明，中国共产党是中国革命、建设和改革的中坚力量，是中国不断从胜利走向新胜利的政治保证。60 多年的历史表明，教条化对待马克思主义和苏联模式，同样无法使中国摆脱贫困、走向富强。30 多年的历史表明，中国特色社会主义是中国大踏步赶上时代、进而引领时代的根本原因。

当然，说我们找到了"合金型"社会主义模式，只是说它为中国特色社会主义的进一步发展指明了方向、提供了动力。所谓方向，就是不断把马克思主义与中国实际、当代实际结合起

---

① 参见曾峻：《超越、吸纳与整合：中国特色社会主义的生成逻辑》，引自上海市中国特色社会主义理论体系研究中心：《坚持和发展中国特色社会主义理论研讨会文集》，上海人民出版社 2013 年版。
② 《习近平主持中共中央政治局第七次集体学习 在对历史的深入思考中更好走向未来 交出发展中国特色社会主义合格答卷》，载于《人民日报》2013 年 6 月 26 日。

来，不断把社会主义基本价值和现代文明成果结合起来，通过集成型创新，打造出新的、更具活力的制度形态。所谓动力，就是坚持以开放的心态，兼收并蓄，集百家之长于一体，推动各项制度更加健全，实现中华民族的伟大复兴。

方向和动力从一个侧面也说明，"合金型"社会主义还是一种"进行时态"，而非一种"完成时态"，还有许多难题摆在面前，需要在实践中进一步加以解决。比如，如何通过结合，实现不同元素的优势互补而不是劣势放大；如何完成社会主义市场经济体制这一全新的经济模式；如何将党的领导、人民当家作主和依法治国有机统一起来；如何平衡民主与集中、公平与效率、稳定与活力；等等。中国特色社会主义是一种崭新的模式，纵向上无前人经验可以复制，横向上无他国现成做法可以照搬，发展这种模式涉及到的内容在广度、深度、强度上可以说独一无二。因此，不能为已有成就所陶醉，更不能沾沾自喜、盲目自大，仍需要以强烈的忧患意识、进取精神，使中国特色社会主义各项制度更加成熟、更加定型，使其特色和优势进一步释放出来。①

（二）政治体制改革的总体原则

只有社会主义才能救中国，只有中国特色社会主义才能实现中华民族伟大复兴。坚持和发展中国特色社会主义是改革开放以来党的全部理论和实践的主题，是当代中国发展进步的根本方向。② 作为中国特色社会主义事业的一部分，推进政治体制改革必须在具体实践中贯彻党的基本理论、基本路线和基本方略。

第一，必须坚持社会主义属性。由于中国特色社会主义吸收了反映人类社会发展共同规律的一些因素，其中还包括西方资本

---

① 曾峻：《中国特色社会主义的"合金"品格》，载于《党政论坛》2010年第5期。

② 中共中央宣传部：《习近平新时代中国特色社会主义思想三十讲》，学习出版社2018年版，第17页。

主义国家的治理与管理经验；由于中国特色社会主义倡导继承和发扬中华优秀传统文化；此外，由于中国特色社会主义还存在这样那样需要完善的地方，还未达到理想状态，于是一些人认为，中国特色社会主义不是社会主义，而是"中国版的资本主义"，甚至还不如资本主义。在政治上还没有实现一人一票的普选、司法没有独立、新闻不够自由、以言代法现象还比较多。这种看法如果得不到澄清，将直接影响人们走中国特色社会主义道路的信心和决心。

中共十八大结束后不久，习近平在新进中央委员会的委员、候补委员学习贯彻党的十八大精神研讨班上发表讲话，有针对性地指出："中国特色社会主义是社会主义而不是其他什么主义，科学社会主义基本原则不能丢，丢了就不是社会主义。"① 也就是说，中国特色社会主义从属于"社会主义"这个大概念，是社会主义在当代中国的具体表现。习近平指出，坚持人民代表大会制度的根本政治制度，中国共产党领导的多党合作和政治协商制度、民族区域自治制度以及基层群众自治制度等基本政治制度，中国特色社会主义法律体系，这些都是在新的历史条件下体现科学社会主义基本原则的内容。对于政治体制改革来说，就要坚持马克思主义的指导地位，坚持根本政治制度和基本政治制度，不断完善社会主义法治，否则就丢掉了科学社会主义原则，也就背离了社会主义性质和发展方向。

第二，必须立足社会主义初级阶段基本国情。中国之所以要走中国特色社会主义道路并实行相应的路线方针政策，之所以要在坚持科学社会主义原则的前提下吸收古今中外一切积极因素，归根结底是因为中国处于并将长期处于社会主义初级阶段。这构成中国特色社会主义的总依据。与承认社会主义初级阶段对应的

---

① 习近平：《关于坚持和发展中国特色社会主义的几个问题》，载于《求是》2019年第7期。

是，改革开放前的一些时期则对中国国情作出不正确判断，导致部分政策超越国情，引发"急性病"和"左"的错误。社会主义初级阶段中的"初级阶段"表现为生产力发展水平、经济社会发展质量不高等许多方面，也表现在政治发展水平上，民主法治水平还需提高，各项制度还需不断健全。这就要求我们必须持续推进政治体制改革，使上层建筑不断适应生产力和社会变革。

与20世纪80年代提出社会主义初级阶段时相比，近年来我国社会生产力、综合国力、人民生活水平、国际影响力得到大幅度提升。在这一背景下，中共十九大报告对我国社会主要矛盾的表述作出修改，把"人民日益增长的物质文化需要同落后的社会生产之间的矛盾"修改为"人民日益增长的美好生活需要和不平衡不充分的发展之间的矛盾"。既然如此，社会主义初级阶段是否还成立呢？在充分肯定改革开放取得的巨大成就、调整社会主要矛盾提法的同时，中共十九大也强调指出：我国社会主要矛盾的变化，没有改变对我国社会主义所处历史阶段的判断，我国仍处于并将长期处于社会主义初级阶段的基本国情没有变，我国是世界最大发展中国家的国际地位没有变，因此党的基本路线也没有变。对政治建设和政治体制改革来说，今后的任务不是减轻了，而是更重了。人民不仅对物质文化提出更高的要求，而且对民主、法治、公平、正义等要求也更高。所以更需要发展社会主义民主，更需要加强社会主义法治国家建设，用更有效的制度维护公平正义。这是全面建成小康社会不可缺少的内容，也是全面建设社会主义现代化国家的必然要求。

第三，必须牢固树立"四个自信"。中国特色社会主义道路、制度、理论和文化，是一个有机整体，其中具有根本性、长期性的是制度。改革开放的重心之一就是不断推进政治体制创新和制度变革，范围涵盖党和国家机构改革、行政管理体制改革、依法治国体制改革、司法体制改革、外事体制改革、社会治理体制改革、生态环境督察体制改革、国家安全体制改革、党的领导和党的建设制度改革、纪检监察制度改革等诸多领域。中国特色社会主义制度的完善和发展，为解放和发展社会生产力、解放和增强社会活力、永葆党和国家生机活力提供了有力保证，为保持社会大局稳定、保证人民安居乐业、保障国家安全提供了有力保证，为放手让一切劳动、知识、技术、管理、资本等要素的活力竞相迸发，让一切创造社会财富的源泉充分涌流不断建立了充满活力的体制机制。① 推进政治体制改革，必须牢牢扭住制度这个关键，按照国家治理体系和治理能力现代化要求，建立健全各种体制机制，为中国特色社会主义制度的成熟、定型作出贡献。

中国特色社会主义制度内容十分丰富，习近平指出：在各种制度中，政治制度处于关键环节，因此，"坚定中国特色社会主义制度自信，首先要坚定对中国特色社会主义政治制度的自信"。② 大量事实显示，少数人对中国特色社会主义制度的攻击主要集中在政治制度上，政治制度又集中在党的领导地位上。政治体制改革要坚定"四个自信"，具体体现在坚持党的领导上，体现在坚持根本和基本政治制度上，体现在坚持中国特色社会主义政治发展道路上。

---

① 习近平：《在庆祝改革开放40周年大会上的讲话》，载于《人民日报》2018年12月19日。
② 习近平：《在庆祝全国人民代表大会成立60周年大会上的讲话》，载于《人民日报》2014年9月6日。

第五章

多元目标的平衡与中国式诠释

推进政治体制改革,必须首先正确回答"向哪里去"的问题。目标、方向以及对它们的理解不同,政治体制改革的走向会不同,改革所需要完成的任务也会不同。与改革目标、任务相伴随的还有政治价值及其选择问题。受发展阶段影响,中国政治体制改革的目标、任务与价值呈现多元化特点,必须进行科学排序与平衡,更需要摆脱西方理论束缚,形成自己的独特看法。

一、多元目标任务及其关系

政治体制改革的目标与任务是在改革开放进程中逐步形成并确定下来的,经历了一个从"成为他者"到"自主建构"的过程。由于需要兼顾来自不同方面的要求,导致改革的目标与任务具有多元属性。多元目标、任务之间的张力,又要求运用一定策略进行优选,以保证政治体制改革健康推进。

(一)在排除"扰乱"中明晰目标

不同国家国情和发展阶段不同,政治变革所要解决的问题不尽相同。民主、法治无疑都是各国追求的目标,但这些目标的具体内容是什么、需要完成什么样的任务才能达成这样的目标,对于各国来说同样不尽相同。中国改革目标与任务是在排除各种干扰、"杂音"和"噪音"中逐步确立的。这些"扰乱"因素主要来自三个方向的力量：向"左"的力量、向右的力量和向"后"的力量。

向"左"的力量，是指一些人基于对马克思主义教条化理解或者错误认识，把高度集中的计划经济体制及相应的政治体制视为唯一正确的东西，对政治体制改革各项举措持抵制态度，认为这些措施背离了马克思主义、改变了中国政治制度的性质。这种力量或思潮所主张的观点超越了中国发展阶段，不恰当地把未来原则拿到当下进行实践，带有激进或急躁色彩。但由于他们往往打着"马克思主义"或"社会主义"的旗号，因而带有一定的迷惑性。

"左"倾思潮在"文革"中被发展到极致，被称为"极左"思潮。随着时间推移，"极左"力量逐渐退出历史舞台。在持续的批"左"防"左"形势下，"左"的力量改头换面，以"新左派"面目出现。与原来的"左派"或"极左派"不同，"新左派"使用了现代政治学概念并采用了学术形式，他们在指出西方政治理论和实践缺陷的同时，却公开、半公开地美化计划经济时代的理论、肯定传统政治的做法。他们青睐"人民公社"，主张绝对公平和无差别的"参与"，甚至成为政治投机者的"鼓手"。

向右的力量，是指各种主张西化、全盘西化的论调。在政治体制改革的目标任务上，按照"他者"形象来设计中国政治的走向，也就是以西方通行的政治制度及其价值为导向，或者认为政治体制改革最终是要达到今天西方的状态，或者认为尽管发展道路不一样（"殊途"）但最后的结果是西方模式（"同归"）。根据西方政治理论与实践来预设中国政治体制改革的目标与任务，主张全盘或部分西化的思潮可以说伴随着改革开放始终。改革开放初期，少数人打着"自由、民主、人权"的旗号，煽动一部分人游行示威，冲击党政机关。1986年底至1987年初，国内发生过部分城市学生闹事的现象。1989年春夏之交又发生了政治风波。进入新世纪后，企图以西方制度模式为目标推动"政改"的思潮并未销声匿迹。少数人还根据西方的"普世价值"和"宪政"，提出所谓"政改"方案。各个时期的西化主张都以西方政治制度为模板、为目标取向，由此目标出发，政治体制改革便不是具体体制机制和运行方式层面的优化调整，而是根本政治制度架构的改头换面，相应的政治体制改革的具体举措也就大相径庭。

为什么一直存在以西方模式来设定政治体制改革目标、任务的倾向呢？一是与制度归因论有关。近代以来，西方资本主义国家以其巨大的经济、军事和文化优势，对广大发展中国家造成压倒性态势。一些人自然不自然地认为，西方经济、军事和文化之所以强大，原因在于西方政治制度强大，因此，只要能够移植西方政治制度，就会带来其他方面的强大。尽管这种理解有倒因为果之嫌，也未能考虑西方政治制度产生和存在的土壤，但在很长时期内对一部分中国人特别是知识群体有吸引力，原因就在于移植西方政治制度成为摆脱积贫积弱状态的"捷径"。二是与急于求成心态有关。由于中国政治体制本身还存在这样那样不完善的地方，并处于渐进改革之中，客观上会出现腐败、官僚主义、效率低下、以权代法、司法不公等问题，因而一些人认为，要快速改变这些状况，就不能采取修修补补的策略，而必须采用激进办法。至于说西方模式能否适合中国情况，他们考虑不多，也没有考虑到这样做会带来哪些更大的风险。三是与全球化、信息化进程有关。在融入经济全球化、国际交往日渐频繁、网络信息化水平不断提高的情况下，西方政治价值和理论大规模输入国内，它们在扩展研究视野的同时，也造成西方观念影响乃至左右人们思想的后果。尤其是20世纪90年代苏东剧变发生后，以美国为代表的西方力量"如日中天"，时至今日，西方强势地位仍未改变。所有这些都会导致一部分人失去自信心，把西方政治制度作为改革的理想目标,把西方价值作为政治改革的圭臬。

向"后"的力量,则是指希望把中国政治制度拉回传统状态的思潮。20世纪90年代后,在传统文化复兴的背景下,原先主要局限于港台和海外的新儒家开始在中国大陆兴起。进入新世纪后,大陆新儒家不甘于纯粹的学术研究和民间文化传播,提出了政治上的要求,按照儒家理论重新设计政治制度,攻击现行制度及其理论基础缺乏文化历史合法性。"新儒家"把政治体制改革的目标设定为"回到过去",其政治上的危害并不亚于全盘西化的主张。近些年来,由于政治儒学常以复兴传统的名义出现,带有更大的欺骗性,对政治体制改革的消极影响更大。对此,人们却没有给予足够的重视。

(二)目标任务的纵向与横向结构

由于受到各种因素干扰,中国政治体制改革目标与任务的设计与价值选择,就显得十分复杂。一方面要坚持马克思主义指导地位和社会主义方向,另一方面又要避免固化传统体制,从而延缓改革;一方面要学习借鉴人类治理有益经验,另一方面又要防止落入全盘西化的陷阱;一方面要继承几千年中华治理精华,另一方面又要防止封建糟粕沉渣泛起。不难看出,目标、任务与价值的选择是前一章有关对待各种政治理论和实践资源态度的具体体现。对于政治体制改革的目标、任务,可以从纵向和横向两个维度来考察。

纵向上看,不同时期政治体制改革目标与任务有稳定一面,也有变化一面。对于政治体制改革的目标任务,最早的也是比较系统的阐释是1987年的中共十三大。十三大报告提出,进行政治体制改革,就是要兴利除弊,建设有中国特色的社会主义民主政治。改革的长远目标,是建立高度民主、法制完备、富有效率、充满活力的社会主义政治体制;改革的近期目标,是建立有利于提高效率、增强活力和调动各方面积极性的领导体制,具体包括七项任务：实行党政分开、进一步下放权力、改革政府工作机构、改革干部人事制度、建立社会协商对话制度、完善社会主义民主政治的若干制度、加强社会主义法制建设。

再看 30 年后中共十九大报告的表述。关于政治建设与政治体制改革，十九大报告使用的标题是"健全人民当家作主制度体系，发展社会主义民主政治"。报告指出，要长期坚持、不断发展我国社会主义民主政治，积极稳妥推进政治体制改革，推进社会主义民主政治制度化、规范化、程序化，保证人民依法通过各种途径和形式管理国家事务，管理经济文化事业，管理社会事务，巩固和发展生动活泼、安定团结的政治局面。这一段论述实际上表达出了政治体制改革的目标与基本要求，即着眼点仍然是社会主义民主政治，而且强调要"长期坚持、不断发展"。不同之处在于，十九大报告特别突出制度在人民民主中的重要性，提出要推进社会主义民主政治的制度化、规范化、程序化，用更加健全的制度体系来保障人民当家作主。此外，十三大报告把"兴利除弊"作为政治体制改革的重点，反映了那个时期着力要解决的是传统体制弊端问题。十九大报告则体现了更强烈的"制度自信"，即通过政治体制改革，把我国社会主义民主政治的优势和特点充分展现出来，为人类政治文明进步作出充满中国智慧的贡献。

关于政治体制改革的任务，十九大报告强调了六个方面：坚持党的领导、人民当家作主、依法治国有机统一；加强人民当家作主制度保障；发挥社会主义协商民主重要作用；深化依法治国实践；深化机构和行政体制改革；巩固和发展爱国统一战线。很显然，30 年前政治体制改革的首要任务——"党政分开"已经退出任务清单，"下放权力""社会协商对话"也不再提及，即使是内容大致相同的领域也更加突出"深化"和"实践"取向。

从横向维度看，与政治体制改革目标任务和价值有关的概念呈现出多样化特征。民主、参与、法治、人权、自由、平等、公平、正义、廉洁、制约、监督、公开、透明、效能等关键价值都已进入到政治话语体系之中,成为政治体制改革追求的目标,各个时期的政治体制改革的具体任务也紧紧围绕这些价值和目标展开。然而,以上这些目标并非政治体制改革的最终目的,也就是说,实现这些目标最终是为了调动和保护民众的积极性、创造性,激发全社会的潜力和活力,为完成阶段性经济社会发展任务以及社会主义现代化事业、中华民族伟大复兴提供有力支撑和保障。完成所有这些更宏观的任务,达到这些更重要的目标,必须有一个安定、有序的政治环境,因此,秩序、稳定、统一也构成政治体制改革不可或缺的价值、目标。政治体制改革必须有利于主权完整、民族团结、国家统一,有利于维护安定团结的政治局面。从这些方面看,政治体制改革的目标任务的多重性显得更为明显。

造成政治体制改革目标、任务和价值多元性的根本原因在于中国的特定发展阶段。对于西方发达国家来说,整个现代化大体属于自然演进型,即在数百年时间里逐步完成现代化各项任务,其政治发展也是如此。对于中国来说,自近代以来则一直是在压缩时空条件下进行现代化,不仅要摆脱高度集权的专制体制、建立现代共和体制,而且要保持必要的权威,以便集中有限资源追赶发达国家。中国近代社会属于半封建半殖民地社会,中国革命既要完成反封建任务又要完成反帝任务,既要追求民主自由目标又要追求民族独立、国家富强的目标。这就是"救亡"与"启蒙"的双重变奏。改革开放后,中国作为后发现代化国家,仍然需要采取"毕其功于一役"策略,在同一时间里实现现代化的多个目标、完成现代化的多项任务。于是,在政治发展方面,就需要把多重目标、任务与价值作为一个"集合体"同时提出来,而且要在实践过程中警惕各种片面乃至错误的倾向、思潮,在发展道路和发展方向上保持战略定力。

（三）不同目标任务的统筹兼顾

中国政治体制改革的复杂之处还在于，多元价值、目标与任务并不是连贯的、一致的，不同目标任务之间存在牴牾现象，彼此存在一定的张力。

首先，政治现代化与经济现代化存在张力。一般认为，二者相互关联，是统一的。如果从理想状态或最后结果上看，这种观点没有多大问题。但一旦落到具体实践层面特别是发展中国家的具体实践层面，二者冲突的一面便凸显出来。对于这些国家来说，实现经济现代化需要政治现代化来保障产权、人权和市场活动的自由，不过，如果政府没有足够的权威，保护权利和自由的行为就会软弱无力，甚至无法保持政治稳定，而在政治动荡情况下经济发展无从谈起。反过来，国家权力过于强势，又会导致行为颠顶、抑制社会活力、侵害民众权益。把政治改革目标设定在什么范围、保持在何种程度，对政治能力提出了非常高的要求。

其次，政治发展的各种目标、价值之间存在张力。自由强调政治主体不受限制地实现自身目的，而每个主体自身条件又限制了这种能力，因此需要重视平等。民主强调政治主体数量上的优势，法治则包含着少数法律人员的专业优势。加强权力制约与监督，会导致规制规章过于烦琐，有可能影响效率。公平包括结果的公平、机会的公平和规则的公平，强调的侧重点不同，则制度设计和政策导向截然不同。

不同政治价值、目标与任务的交织、冲突，是所有国家都必须不断解决的问题，对于发展中国家尤其是中国而言更加复杂、敏感。对于这个问题，中国采取的基本方法是对政治体制改革的目标任务进行排序，厘清它们的先后顺序。

处于第一级也是最重要的是发展。这里的发展首先或主要是指经济发展。虽然发展方式在不同阶段有所不同，但中国共产党坚持以发展为中心，把发展视为解决一切问题的基础。通过发展,中国进一步要实现中华民族伟大复兴,实现人的全面发展和社会全面进步。正是由于重视这些根本目标,从邓小平到习近平都反复强调以经济建设为中心,强调政治体制改革要服务服从发展这个大局。

处于第二级的也是关键性环节的是权威。这里的权威包括政府的权威也包括政党的权威,政党的权威最核心的是党中央的权威。只有保持足够的权威,中国才能保持政治体制改革以及其他领域的改革有序展开,保证方向正确、步调一致,才能确保超大型国家避免陷入政治、社会动荡,为现代化提供安全、秩序等公共产品。

处于第三级的是政治发展领域的各种价值和目标,其中民主、法治又处于主导性地位。在民主与法治中,法治逐步从政治体制改革目标任务中独立出来,获得与民主同等重要地位,这其中折射出的意图是:在全社会强化规则意识,实现民主的制度化规范化,从而为民主运行创造适宜的土壤。中共十八大后,民主、法治又纳入到更具统合性概念——治理之中。

在重视政治体制改革价值、目标与任务次序的同时,改革开放以来,中国还对这些价值、目标进行了"自主建构"。不仅强调中国政治发展道路与西方不一样,而且强调最后达到的状态也与西方不一样,即在政治体制改革的目标及价值追求方面,中国有自己的理解。

二、民主政治的中国主张

人民当家作主是社会主义民主政治的本质和核心。人民民主是中国共产党始终不渝的奋斗目标,是社会主义的生命。在坚持扩大民主的同时,中国共产党对于民主的目的与手段、民主与集中、民主与专政、民主与纪律、民主的内容与形式等关系提出了中国主张，在人大民主、协商民主、基层民主等方面形成中国特色。

（一）把民主置于"关系网络"之中

民主的本义是民众的统治，但民众包括哪些群体、他们以何种方式实现自己的统治，却是一个十分复杂的理论问题。自人类最早的民主制度和"民主"概念诞生起，围绕这个问题衍生出诸多流派和理论观点，可谓见仁见智、莫衷一是。

改革开放以来，西方民主理论被大量译介，进入中国人的视野。对于西方不尽统一的民主实践和理论，一些人却出于各种需要进行了"简化"处理。第一，民主被"原教旨化"。在这些人心目中，民主具有至高无上的地位，一切政治制度安排似乎都是为了实现或保障民主，因而民主也被视为中国政治体制改革首要的甚至唯一的目标和价值。第二，民主被"操作化"。所有的民主原则都应变为可以操作和衡量的行为，评价民主与否就看两条：一是看是否存在竞争性选举。要有竞争性选举就必须有两个以上政党，根据这种理解，一党制与民主是不相容的。二是看是否能够直接选举国家最高领导人和代议机构成员，或者说民主水平与选举的范围和对象层次成正比。仅有基层的、地方范围选举的民主，其水平就低于有全国范围、直接选举最高领导人和代议机构成员的民主，至少前一种情况是不完善、不合格的。

中国共产党从不否认民主的价值，反复强调没有民主就没有社会主义，就没有社会主义现代化，民主也一直是政治建设和政治体制改革追求的重要目标。但中国共产党从来都没有把民主绝对化、极端化，而是把民主置于关系网络之中，把民主与集中、专政、法治、纪律等政治范畴放在一起讲。

作为深受列宁布尔什维克建党原则影响的政党，中国共产党从一开始就非常重视民主集中制原则，辩证看待和处理民主与集中的关系，在反对个人专断的同时也反对极端民主化、分散主义。党内政治生活的努力目标是做到毛泽东所说的"六个又"：又有集中又有民主、又有纪律又有自由、又有统一意志又有个人心情舒畅的生动活泼①。在这个表述中，"集中""纪律""统一意志"分别排在"民主""自由""个人心情舒畅"前面。因为只有这样，才能保证组织严密、纪律严明，进而保证政党的凝聚力和战斗力。正因为如此，"六个又"的理想目标相继出现在1980年和2016年的党内政治生活准则之中，说明中国共产党对待民主与集中关系态度的连续性。

民主集中制原则不单局限在党内政治生活，并且拓展到国家政治层面，成为党和国家的根本组织原则，民主与集中的关系具体化为民主与专政的关系。由于民主与专政的关系涉及国体这一根本，所以对其他政治关系具有统摄意义。新民主主义时期，毛泽东提出人民民主专政思想，就在于它既包含民主又包含专政，只讲"无产阶级专政"一方面无法反映人民主体构成的广泛性，另一方面无法反映新民主主义共和国的民主内容。改革开放后，中国共产党恢复"人民民主专政"提法，一个基本考虑就在于这个提法能够妥善处理人民内部实行民主与对极少数敌对和犯罪分子实行专政的关系。在发扬民主的过程中，注意克服无政府主义、极端个人主义，防止一些人打着"民主""自由"等旗号危及政权安全。邓小平曾指出：就国体说，要解决民主和专政的问题，只讲民主不讲专政不行，要坚持人民民主专政。就政体说，要解决民主和集中的问题，只讲民主不讲集中不行。国家政治生活、党内政治生活，都要高度民主、高度集中。② 这是对民主与专政、民主与集中的关系的高度概括，也是中国共产党人的基本立场。

---

① 中共中央文献研究室：《建国以来重要文献选编》第10册，中央文献出版社2011年版，第429页。
② 《邓小平年谱（1975~1997）》，中央文献出版社2004年版，第809~810页。

作为国家职能的有机构成，立法、执法和司法活动与民主密切联系在一起。一方面，法治离不开民主，加强法治的目的是为了调节社会各阶层关系，保障全体民众的权益。提高立法质量，用良法治理国家，必须在立法活动中发扬民主，维护立法机关及其制定的宪法法律的统一和权威。即使是在专业性比较强的司法活动中，建立陪审员制度、推进司法公开等要求都体现出民主的成分。另一方面，民主也离不开法治。社会主义法律规定了民主活动的制度、机制、程序和方式，能够保证民主政治更具稳定性、长期性，避免出现人亡政息、朝令夕改现象。此外，社会主义法治建设有利于在全社会形成规则意识，有利于用法律来引导、规范人们的行为，使各种民主活动在法制框架内开展，避免无序政治参与带来的政治风险。这是强调民主法治化、规范化的初衷。

由于在国家政权、法治建设中，中国共产党处于领导地位，民主与集中、民主与专政、民主与法治的关系可以归结为一个根本性关系：民主与党的领导的关系，换言之，当代中国的民主是中国共产党领导的民主。这是中国式民主最大的特色，是中国民主政治与西方的最大区别。把民主与党的领导、集中、专政、法治结合起来，找到了一条发展民主的可行道路，打破了许多发展中国家常见的"现代化导致民主化、民主化导致无序化"的政治宿命。改革开放以来，中国在不断扩大民主的过程中，切实防止了六类现象：发挥党总揽全局、协调各方的领导核心作用，切实防止出现群龙无首、一盘散沙的现象；既保证人民依法实行民主选举，也保证人民依法实行民主决策、民主管理、民主监督，切实防止出现选举时漫天许诺、选举后无人过问的现象；坚持和完善中国共产党领导的多党合作和政治协商制度，加强社会各种力量的合作协调，切实防止出现党争纷沓、相互倾轧的现象；坚持和完善民族区域自治制度，切实防止出现民族隔阂、民族冲突的现象；坚持和完善基层群众自治制度，发展基层民主，保障人民依法直接行使民主权利，切实防止出现人民形式上有权、实际上无权的现象；坚持和完善民主集中制的制度和原则，促使各类国家机关提高能力和效率、增进协调和配合，切实防止出现相互掣肘、内耗严重的现象。①

（二）发展最广泛最真实最管用的民主

在民主政治建设上，中国没有把民主局限在选举民主上，不过度追求民主的形式，主张不断拓展民主渠道，发展更加广泛、更加充分、更加健全的民主，主张注重民主的实质性内容建设，发展最广泛、最真实、最管用的民主。

第一，积极发展选举民主。

选举民主是与投票行为相关的民主行为。通过选举，让人民的代表来参与国家生活和社会生活的管理，是各国民主政治的通行做法，对于中国来说意义同样十分重要。然而，即使在这个共同的领域，中国也有自身的特点。一是实行直接选举和间接选举相结合。县、乡两级人民代表大会代表由选民直接选举产生，县以上的各级人民代表大会代表由下一级人民代表大会间接选举产生。无论直接选举还是间接选举，选民或选举单位都有权罢免或撤换自己选出的代表。二是候选代表有一定特殊要求。为保证各级人大具有广泛的代表性，代表候选人除具备法定的资格条件外，还有党派、阶层、职业、民族、性别等具体要求。这样，在具体选举过程中，正式代表候选人的产生就需要上下结合、反复沟通，做到民意需要与组织意图的统一。三是严肃选举纪律，严惩干扰、破坏选举的违法行为。为保证各级人大代表中一线群众代表比例，强调党政干部、企业负责人不能挤占应该给基本群众的名额，不得搞偷天换日、移花接木的欺骗手段，决不能依据地

---

① 习近平：《在庆祝全国人民代表大会成立60周年大会上的讲话》，载于《人民日报》2014年9月6日。

位、财富、关系分配政治权力。①

人民代表大会是人民行使国家权力的基本途径。与西方国家代议制度相比，中国人大制度的特色集中表现在两个方面：一是在人大与其他国家机关关系上坚持民主集中制原则。人民代表大会统一行使国家权力，各级行政、监察、审判、检察等机关都由人民代表大会产生，对人大负责、受人大监督，同时行政、监察、审判、检察等机关依据宪法法律在自己职权范围内履行职责。二是各级人大实行一院制，而不是两院制。人大常委会虽然赋予一定的立法、监督等权力，但只是人大全体会议闭会期间代行人大职权的机构，不是与人大全体会议平行的机构。设置人大常委会，有利于开展人大日常工作，提高工作效率；强调一院制，有利于保持国家权力的完整性，防止人民主权被肢解、分割。

第二，积极发展协商民主。

把协商民主提高到社会主义民主重要组成部分的高度，是政治体制改革的一大成就和贡献。1987年，中共十三大报告提出过"建立社会协商对话制度"的任务，实现下情上达、上情下达、彼此沟通和相互理解。1991年3月，江泽民在七届全国人大四次会议、全国政协七届四次会议党员负责人会议上提出："人民通过选举、投票行使权利与人民内部各方面在选举、投票之前进行充分协商，尽可能就共同性问题取得一致意见，是我国社会主义民主的两种重要形式。"他特别强调，这是西方民主无可比拟的，也是他们无法理解的。两种形式比一种形式好，更能真实地体现社会主义社会里人民当家作主的权利。② 可以看出，这时的民主协商还是作为选举民主的一个环节提出来的。2007

---

① 中共中央文献研究室：《习近平关于社会主义政治建设论述摘编》，中央文献出版社2017年版，第49页。
② 《江泽民论有中国特色社会主义（专题摘编）》，中央文献出版社2002年版，第347页。

年11月,国务院新闻办发表的《中国的政党制度》白皮书提出:"选举民主与协商民主相结合,是中国社会主义民主的一大特点。"这是正式文件首次使用"协商民主"概念,并把它与选举民主并列。但在中共十八大以前,对"协商民主"的理解还主要局限在人民政协的政治协商范围内,两类民主形式分别对应人大制度和政协制度。

2012年,中共十八大报告提出,社会主义协商民主是我国人民民主的重要形式,要完善协商民主制度和工作机制,推进协商民主广泛、多层、制度化发展。2013年,中共十八届三中全会对协商民主建设作出具体部署。2015年,中共中央印发的《关于加强社会主义协商民主建设的意见》,成为指导新时代协商民主建设的纲领性文件。中国共产党对协商民主的理论认识和推进力度都达到一个新高度。关于协商民主的理论意义,有两个新提法。

其一,协商民主是我国社会主义民主政治的特有形式和独特优势。"独有""独特"两个词说明,协商民主是中国仅有的、包括西方国家在内的其他国家所没有的民主形式。之所以如此,因为协商民主与中国独特的文化传统、历史进程和独立探索紧紧相联,"源自中华民族长期形成的天下为公、兼容并蓄、求同存异等优秀政治文化,源自近代以后中国政治发展的现实进程,源自中国共产党领导人民进行革命、建设、改革的长期实践,源自新中国成立后各党派、各团体、各民族、各阶层、各界人士在政治制度上共同实现的伟大创造,源自改革开放以来中国在政治体制上的不断创新"[①]。

其二,协商民主是党的群众路线在政治领域的重要体现。在广大人民群众根本利益一致的前提下,就党和国家重大事项和人

---

① 习近平:《在庆祝中国人民政治协商会议成立65周年大会上的讲话》,载于《人民日报》2014年9月22日。

民群众的具体利益关切进行协商,是中国共产党贯彻群众路线的具体途径,是共产党执政和决策的重要方式。习近平指出:中国共产党及其领导的国家是代表最广大人民根本利益的,其一切理论和路线方针政策,其一切工作部署和工作安排,都应该来自人民,都应该为人民利益而制定和实施。"在中国社会主义制度下,有事好商量,众人的事情由众人商量,找到全社会意愿和要求的最大公约数,是人民民主的真谛。涉及人民利益的事情,要在人民内部商量好怎么办,不商量或者商量不够,要想把事情办成办好是很难的。我们要坚持有事多商量,遇事多商量,做事多商量,商量得越多越深入越好。"在人民内部各方面广泛商量的过程,就是发扬民主、集思广益的过程,就是统一思想、凝聚共识的过程,就是科学决策、民主决策的过程,就是实现人民当家作主的过程。① 这些论述深刻地揭示了协商民主、党的群众路线和人民民主的内在联系,进一步突出了协商民主的特殊意义。

关于协商民主的范围,突破"协商民主就是政协协商"的局限,把协商民主发展到政治实践的各个层次、各个领域。不仅人民政协有协商民主,而且人大、政府也有协商民主;不仅政党之间有协商民主,而且社会阶层、社会组织也有协商民主;不仅层次较高的党和国家机关有协商民主,而且基层治理中也有协商民主。由于协商民主的这种广泛性、多层次性,选举民主和协商民主便不再是与人民代表大会和人民政协简单对应的两种民主形式,二者之间因而也不是相互替代的关系,而是相互补充、相得益彰的关系。

从理论发展上看,协商民主是对西方理论改造和转化的典范。在西方,"协商民主"(Consociational Democracy)概念早在20世纪80年代已经出现,到90年代引起学术界广泛关注。其产

---

① 习近平:《在庆祝中国人民政治协商会议成立65周年大会上的讲话》,载于《人民日报》2014年9月22日。

生的背景是民族、宗教、利益不断多元化、复杂化的趋势,理论目的在于用协商性机制和方法来弥补西方选举民主的不足,更有效达成共识,解决更多样的社会矛盾。初看起来,西方协商民主理论与中国长期实行的政治协商有极强的相似性,所以一进入中国便受到中国学术界热捧。但在官方和学界共同努力下,中国虽使用"协商民主"一词,但被赋予中国内容、实现了"中国化",在英文表达上也被翻译为"Consultative Democracy"。从这个角度看,社会主义协商民主不仅丰富了中国的民主形式,而且发展了协商民主理论,在政治理论上作出了贡献。

第三,积极发展基层民主。

协商民主的提出和实践,是对"唯选举论"的校正,中国的基层民主同样具有类似的功能。选举民主具有短暂性特征,即在选举投票时才能把民众唤醒,民主权利才能得到显现。这样的民主是不完整的,也是"形式主义的"。中国共产党认为,衡量人民是否享有民主权利,要看人民是否在选举时有投票的权利,也要看人民在日常政治生活中是否有持续参与的权利;要看人民有没有进行民主选举的权利,也要看人民有没有进行民主决策、民主管理、民主监督的权利。[①] 基层民主就是这样一种能够保证民众持续政治参与的民主形式,有助于广大群众依法有效管理国家事务、管理经济和文化事业、管理社会事务,有助于把民主具体地、现实地体现到人民对自身利益的实现和发展上来。

基层民主或者"草根民主"在许多国家都有不同形式的存在,中国所要发展的基层民主具有一些鲜明的自身特色。一是制度体系健全。改革开放以来,逐步形成农村村民委员会、城市居民委员会、企业职工代表大会构成的基层群众民主制度体系,成为中国特色社会主义政治制度的支柱之一,是社会主义民主最广

[①] 习近平:《在庆祝中国人民政治协商会议成立 65 周年大会上的讲话》,载于《人民日报》2014 年 9 月 22 日。

泛、最生动的实践。二是法制保障完备。基层民主受到宪法法律保护，村委会组织法、居委会组织法、工会法等法律规定了各类基层民主的性质、任务和工作要求。中共十八大以来颁布的《中华人民共和国村民委员会选举规程》《关于建立健全村务监督委员会的指导意见》《关于加强城乡社区协商的意见》等文件，标志着基层民主政治进一步得到优化完善。三是重视基层党组织作用。这是党的领导在基层的具体体现，也是保证基层民主有序发展的政治条件。

三、法治国家的中国内涵

法治是人类政治文明的积极成果，是治国理政的基本方式。从改革开放之日起，加强法制建设就成为中国政治体制改革的重要目标和任务。中共十八大后，中国又踏上了全面推进依法治国的新征程。在政治体制改革进程中，中国共产党提出"中国特色社会主义法治"概念，为人类法治实践注入中国内涵。

（一）从法制到全面依法治国的跨越

法治的对立面是人治。所谓人治，就是依据个别人的认知、意见来实施治理。由于个人认知、意见存在相当大的主观性、随意性，因而国家治理就缺乏规范性、稳定性。人治不仅有"法随人变"的缺点，并且有"法在人下"的弊端，即制定法律的人或少数统治集团可能游离于法律约束之外、甚至凌驾于法律之上。所谓法治，则是通过民主程序把社会公认的规范上升为国家统一意志，任何人、任何组织以及社会所有领域的活动均受到法律规范的约束，受到法律机构公平裁决，简而言之，就是"人在法中""人在法下"。法治的基础是健全的法制即法律规范，但有法制却并不意味着有法治，因此，法治与法制虽不是对立范畴，但二者之间有本质区别。

崇尚法治、建设法治国家，是近代西方资产阶级革命的产物，反映了国家治理的必然趋势和共同规律。中国长期实行封建专制主义，虽然历朝历代都颁行法律，却与现代法治有天壤之别，这些法律不过是皇权统治的工具，有时还沦为"苛政""严刑峻法"的化身。因此，没有现代民主也就没有真正的现代法治，现代法治与现代民主是孪生姊妹。

由于长期缺乏法治传统，加之社会主义国家建立后对法治重视不够、法律权威没有完全树立起来，因而导致了"文革"中法律虚无主义横行、人治泛滥的局面。这正是"文革"一结束，人们就开始反思和讨论法治与人治问题的缘由。[①] 1978年12月，邓小平在中央工作会议闭幕会上指出，现在的法律很不完备，往往把领导人说的话当作"法"，不赞成领导人说的话就叫作"违法"，领导人的话改变了，"法"也就跟着改变。因此，应该集中力量制定刑法、民法、诉讼法和其他各种必要的法律，经过一定的民主程序讨论通过，并且加强检察机关和司法机关，做到有法可依，有法必依，执法必严，违法必究。[②] 随后的中共十一届三中全会公报更明确提出：应当把立法工作摆在全国人大及其常委会的重要议程上来；检察机关和司法机关要保持应有的独立性；要保证人民在法律面前人人平等，不允许任何人有超越法律之上的特权。由于当时面临的主要任务是恢复、健全法律体系，所以法制建设成为这个时期的重点。

中共十一届三中全会后，中国法制建设进入快车道，无法可依、有法不依现象得到初步扭转。"有法可依、有法必依、执法必严、违法必究"，法律面前人人平等，党在宪法法律范围内活

[①] 参见《法治与人治问题讨论集》编辑组：《法治与人治问题讨论集》，群众出版社1981年版。

[②] 《邓小平文选》第2卷，人民出版社1994年版，第146~147页。

动等一系列表述远远超出单纯的"法制"范畴，形势发展要求实现概念上的突破，社会主义要讲法制也要讲法治。早在1979年，刑法、刑事诉讼法等法律公布后，为了保证这些法律贯彻执行，党中央就提出了"实行社会主义法治"的要求。① 但后来"法治"概念并未大量使用，直到20世纪90年代这种情况才得到改观。1994年12月9日，江泽民在第一次中央领导同志法制讲座上首次使用"以法治国"一词。1996年2月8日，第三次法制讲座举行，主讲人以《关于依法治国、建设社会主义法制国家的理论和实践问题》为题进行了讲解。江泽民在讲座结束时发表讲话，把"以法治国"改为"依法治国"，并指出：加强社会主义法制建设，依法治国，是我们党和政府管理国家和社会事务的重要方针。实行和坚持依法治国，就是使国家各项工作逐步走上法制化的轨道，实现国家政治生活、经济生活、社会生活的法制化、规范化；就是广大人民群众在党的领导下，依照宪法和法律的规定，通过各种途径和形式，管理国家事务，管理经济和文化事业，管理社会事务；就是逐步实现社会主义民主的制度化、法律化。② 1997年9月，"依法治国"作为党领导人民治理国家的基本方略写入十五大报告。十五大报告还把"建设社会主义法制国家"修改为"建设社会主义法治国家"。1999年3月，九届全国人大二次会议通过的宪法修正案，"依法治国，建设社会主义法治国家"正式写入宪法。

随着法治国家建设各项工作的进一步推进，2007年10月，中共十七大提出了"全面落实依法治国基本方略，加快建设社会主义法治国家"的要求，依法治国聚焦到"全面"、法治国家建设聚焦到"加快"上。在此基础上，中共十八大明确提出"全

---

① 转引自金默生：《必须实行社会主义法治》，引自《法治与人治问题讨论集》编辑组：《法治与人治问题讨论集》，群众出版社1981年版，第165页。

② 《江泽民文选》第1卷，人民出版社2006年版，第511页。

面推进依法治国"命题。2013年2月23日,中共中央政治局就全面推进依法治国进行第四次集体学习。习近平在主持学习时阐明了全面依法治国的内容,即全面推进科学立法、严格执法、公正司法、全民守法,坚持依法治国、依法执政、依法行政共同推进,坚持法治国家、法治政府、法治社会一体建设。①

从"法制"到"法治",一字之变,历时近20年;从"法治"到"全面依法治国",历时15年,这个历程说明,我们对法治问题的认识和实践达到今天的水平非常不容易。经过前后30多年的探索,中国终于全面拥抱了法治这一人类政治实践的共同价值,法治成为政治体制改革的基本目标,成为社会主义核心价值观的重要组成部分。

当然,中国走出人治、走向法治,并不意味着走到西方法治道路和法治模式上去。改革开放以来,无论使用的是"法制"还是"法治",一个前缀词都始终没有改变,这个词就是"社会主义"。中共十八大后,"法治"被正式纳入中国特色社会主义体系之中,"中国特色社会主义法治"概念应运而生,这是人类政治文明与中国实际相结合的又一成果。

(二) 中国特色社会主义法治的涵义

中国特色社会主义法治由中国特色社会主义法治道路、中国特色社会主义法治理论、中国特色社会主义法治体系、中国特色社会主义法治文化构成。中国特色社会主义法治道路是中国特色社会主义道路在法治领域的具体体现,中国特色社会主义法治理论是中国特色社会主义理论体现在法治问题上的理论成果,中国

---

① 《习近平在中共中央政治局第四次集体学习时强调 依法治国依法执政依法行政共同推进 法治国家法治政府法治社会一体建设》,载于《人民日报》2013年2月24日。

特色社会主义法治体系是中国特色社会主义制度的法律表现形式,① 中国特色社会主义法治文化是中国特色社会主义文化在法治实践中的集中反映。坚持中国特色社会主义法治道路、理论、体系和文化,实质上是坚定中国特色社会主义道路自信、理论自信、制度自信和文化自信。

在中国特色社会主义法治的四个组成部分中,处于枢纽地位的是中国特色社会主义法治道路,因为这个问题关乎中国法治的制度属性和前进方向。习近平指出,中国特色社会主义法治道路是对当代中国法治经验的概括,是一个管总的东西。我国法治建设的成就,大大小小可以列举出十几条、几十条,但归结起来就是开辟了中国特色社会主义法治道路。如果路走错了,南辕北辙了,那再提什么要求和举措也都没有意义了。因此,在走什么样的法治道路问题上,必须向全社会释放正确而明确的信号。在坚持和拓展中国特色社会主义法治道路这个根本问题上,要树立自信、保持定力。② 中国特色社会主义法治的具体内容包括五方面:

一是坚持中国共产党的领导。党的领导是中国特色社会主义法治之魂,是社会主义法治最根本的保证,是中国的法治同西方资本主义国家法治的最大区别。坚持中国共产党的领导,关键是要深刻认识党的领导与法治的辩证关系,坚持统一论,反对割裂论和对立论。回顾历史不难看出,法治始终是中国共产党追求的目标,其间虽然有过曲折,但仍然在中国共产党领导下纠正了错误。改革开放以来,法治理念的提出与完善,法治实践的不断推进,也都是在中国共产党领导下完成的。更重要的是,按照建设社会主义法治国家的要求,中国共产党实现了执政方式的革新,

---

① 中共中央文献研究室:《习近平关于全面依法治国论述摘编》,中央文献出版社2015年版,第35页。
② 习近平:《加快建设社会主义法治国家》,载于《求是》2015年第1期。

第五章 多元目标的平衡与中国式诠释

把法治明确为执政的基本方略和基本方式,明确规定党在宪法和法律范围内活动。因此,加强党的领导和加强法治建设是一个相互支撑、相互强化的过程。党的领导要贯彻到依法治国全过程和各方面,必须具体在党领导立法、保证执法、支持司法、带头守法上;另一方面,通过厉行法治,巩固党的执政地位、提高党的依法执政能力,保证党和国家长治久安。

二是坚持人民主体地位。就是要始终做到法治为了人民、依靠人民、造福人民、保护人民。要保证人民在党的领导下,依照法律规定,通过各种途径和形式管理国家事务,管理经济和文化事业,管理社会事务。要把体现人民利益、反映人民愿望、维护人民权益、增进人民福祉落实到依法治国全过程,使法律及其实施充分体现人民意志。① 坚持人民主体地位与维护法治权威也是统一的。法律充分反映人民意志、满足人民需要,执法、司法做到公平公正,法治就会得到人民真心拥护和尊重。

三是坚持法律面前人人平等。平等是社会主义法治的内在属性和基本原则。大量事实表明,对平等原则最大威胁来自少数公权力机构、公职人员,而且权力越大,威胁也越大。坚持法律面前人人平等,必须从制度上严格防范和惩治以言代法、以权压法、徇私枉法等行为。建设社会主义法治国家,深入推进依法治国,必须抓住领导干部这个"关键少数",任何人都不得凌驾于国家法律之上、徇私枉法,任何人都不得把司法权力作为私器牟取私利、满足私欲。② 在守住底线的同时,还要把对法治的尊崇、对法律的敬畏转化成思维方式和行为方式,做到在法治之下,而不是法治之外,更不是法治之上想问题、作决

---

① 习近平:《加快建设社会主义法治国家》,载于《求是》2015年第1期。
② 中共中央文献研究室:《习近平关于全面依法治国论述摘编》,中央文献出版社2015年版,第119页。

策、办事情。①

四是坚持法治与德治相结合。道德和法律尽管性质、功能不同，但都具有规范社会行为、维护社会秩序的作用。把法治与德治结合起来，要善于把人们普遍认同的部分道德规范上升为法律，借助法律的强制作用推动基本道德规范得到遵循；同时也要善于发挥道德的教化作用，把法治精神转化为社会成员的价值观念、思维方式和自觉行动。

五是坚持完善中国特色社会主义法治体系。中国特色社会主义法治体系是建设社会主义法治国家的总抓手、骨干工程，也是全面依法治国的总目标。中共十八届四中全会把中国特色社会主义法治体系界定为五个方面，即完备的法律规范体系、高效的法治实施体系、严密的法治监督体系、有力的法治保障体系、完善的党内法规体系。该体系的中国特色体现在两点：其一，包含党内法规体系，体现出党内法规与国家法治一体谋划、共同推进的战略意图。因为无论国家法律还是党内法规都属于规则，纪法同构是全面贯彻规则意识的新举措。其二，法律规范体系、法治实施体系、法治监督体系、法治保障体系内含着制度规定，即与人大制度、行政制度、司法制度紧密联系在一起，也与这些制度相配套、相契合。因此，建设中国特色社会主义法治体系，必须有利于坚持和发展中国特色社会主义政治制度。

（三）全面推进依法治国的着力点

《中共中央关于全面推进依法治国若干重大问题的决定》等文件明确了当前与今后一个时期全面推进依法治国的总体目标、工作布局、重点任务和保障条件。

总体目标：建设中国特色社会主义法治体系，建设社会主义

---

① 中共中央文献研究室：《习近平关于全面依法治国论述摘编》，中央文献出版社2015年版，第124页。

法治国家，即在中国共产党领导下，坚持中国特色社会主义制度，贯彻中国特色社会主义法治理论，形成完备的法律规范体系、高效的法治实施体系、严密的法治监督体系、有力的法治保障体系，形成完善的党内法规体系，坚持依法治国、依法执政、依法行政共同推进，坚持法治国家、法治政府、法治社会一体建设，实现科学立法、严格执法、公正司法、全民守法，促进国家治理体系和治理能力现代化。

工作布局：坚持依法治国、依法执政、依法行政共同推进，坚持法治国家、法治政府、法治社会一体建设。"共同推进""一体建设"强调推进依法治国是一个系统工程，各个领域、各个环节和相关主体必须共同发力。依法治国、依法执政、依法行政，法治国家、法治政府、法治社会，则抓住了法治国家建设的重点。依法治国是总体要求，能够做到依法治国，关键看执政党能不能坚持依法执政，各级政府能不能依法行政。建设法治国家是总体目标，关键看法治政府能不能建成，法治社会能不能形成。

重点任务：围绕科学立法、严格执法、公正司法、全民守法，有针对性地解决长期困扰法治建设的难题。推进科学立法，重点是解决少数法律法规质量不高、部门利益和地方保护主义法律化问题，关键是发挥人大及其常委会在立法工作中的主导作用。推进严格执法，重点是解决执法不规范、不严格、不透明、不文明以及不作为、乱作为等突出问题，关键是加强行政权力的制约和监督，建立权责统一、权威高效的依法行政体制。推进公正司法，重点是解决司法腐败、公信力不高等问题，关键是优化司法职权配置为重点，健全司法权力分工负责、相互配合、相互制约的制度安排。推进全民守法，重点是解决违法成本低、社会诚信缺失等问题，关键是健全公民和组织守法信用记录，完善守法诚信褒奖机制和违法失信行为惩戒机制。

保障条件：建立高素质专业化法治队伍是全面推进依法治国

的重要条件。中国的法治队伍主要是指在人大和政府从事立法工作的人员、在行政机关从事执法工作的人员、在司法机关从事司法工作的人员。三支队伍都要按照政治过硬、业务过硬、责任过硬、纪律过硬、作风过硬的要求,牢固树立社会主义法治理念,恪守职业道德,做到忠于党、忠于国家、忠于人民、忠于法律。与此同时,又要根据他们各自工作特点提出个性化要求。立法人员必须具有很高的思想政治素质,具备遵循规律、发扬民主、加强协调、凝聚共识的能力。执法人员必须忠于法律、捍卫法律,严格执法、敢于担当。司法人员必须信仰法律、坚守法治,端稳天平、握牢法槌、铁面无私、秉公司法。① 特别是司法人员队伍建设,应充分考虑司法活动的特殊性质和规律,建立符合职业特点的司法人员管理制度,为司法人员履行职责提供有力保障。

四、治理现代化的中国表达

"治理"(Governance)也是改革开放后从西方传入的概念,有其产生的特定背景和含义。中共十八大后,治理被提高到国家层次,扩展为治理体系和治理能力两个维度。推进国家治理体系和治理能力现代化,成为全面深化改革的总目标。国家治理现代化赋予政治体制改革新动力和新使命。

(一) 中外"治理"语义的嬗变

过去很长一段时间里,"治理"是中国话语体系中的重要概念,主要是指通过一定的手段解决某个具体问题、恢复既定的秩序,带有较强的整治、整顿色彩。西方治理理论的引入改变了中文"治理"的原有含义。

---

① 习近平:《加快建设社会主义法治国家》,载于《求是》2015年第1期。

在西方，Governance 在"治理"的意义上，原指控制、指导或操纵。后来，该词被大量运用到企业管理之中，如"企业治理结构"中就含有"治理"。20 世纪 90 年代前后，"治理"逐步回到政府等公共部门。1989 年，世界银行在《撒哈拉以南非洲：从危机到可持续增长》报告中率先使用"治理"一词，并把它作为转变国家结构以适应经济自由化的手段。[①] 关于治理，全球治理委员会曾经给出过这样的定义：治理是或公或私的个人和机构经营管理相同事务的诸多方式的总和。[②] 国内学者认为，"治理"一词的基本含义是指官方的或民间的公共管理组织在一个既定的范围内运用公共权威维持秩序，满足公众的需要。其目的是在各种不同的制度关系中运用权力去引导、控制和规范公民的各种活动，以最大限度地增进公共利益。[③]

与"治理"相对的"统治"是以政府权力为依据的各种活动。在治理和统治的所有差别中，集中体现在主体和过程两个方面：从主体上看，治理包括政府、第三部门、私人部门等所有的社会机构，而统治的主体只能是政府。从过程上看，治理更多利用的是参与、讨论、协商、谈判、认同等方法，强调治理主体的平等性，着眼于横向关系的协调；统治则凭借的是法定的强制力，统治者和被统治者之间是不平等的，着眼于纵向关系的维持。为避免与过去"治理"概念的混淆，国内学者把西方引入的"治理"表述为"共同治理""协同治理"，有时也表述为"多中心治理"。除与"统治"作出区分外，"治理"也被认为与"管理"有很大的不同。"管理"并无褒贬之义，但由于现实中

---

① [法] 皮埃尔·卡蓝默：《破碎的民主——试论治理的革命》，高凌瀚译，三联书店 2005 年版，第 5～6 页。
② 转引自 [法] 玛丽-克劳德·斯莫茨：《治理在国际关系中的正确运用》，引自俞可平主编：《治理与善治》，俞可平译，社会科学文献出版社 2000 年版，第 270 页。
③ 俞可平：《引论：治理与善治》，引自俞可平主编：《治理与善治》，社会科学文献出版社 2000 年版，第 5 页。

许多管理活动带有明显的管制、控制和强制色彩,因此人们倾向于用"治理"来与这类管理进行区分。

在中国正式文件或领导人讲话中,虽然没有在新的含义上使用"治理"一词,但一些提法却包含了这层意思。2007年中共十七大报告提出"构建党委领导、政府主导、社会协同、公众参与的社会管理格局",就含有多主体治理的意思。2012年后,从新的角度理解和使用"治理"的现象不断增多:中共十八大报告中出现"全球治理""国家治理""社区治理"等多个概念。2013年1月,温家宝在国务院第八次全体会议上明确提出:"必须以民主和法治的方式管理公共事务,建立健全公共治理结构,改进公共治理方式"①。2013年11月,中共十八届三中全会通过的《中共中央关于全面深化改革若干重大问题的决定》把全面深化改革的总目标确定为"完善和发展中国特色社会主义制度,推进国家治理体系和治理能力现代化",这在中共历史上属于第一次。在十八届三中全会以及2014年2月举行的省部级主要领导干部学习贯彻十八届三中全会精神全面深化改革专题研讨班上,习近平对这个问题又进行了深入阐发。此后,"国家治理"成为政治实践与学术研究的热点。2019年10月,中共十九届四中全会审议通过《中共中央关于坚持和完善中国特色社会主义制度、推进国家治理体系和治理能力现代化若干重大问题的决定》,系统总结了中国特色社会主义制度体系的历史成就、基本构成和显著优势,就进一步坚持和完善中国特色社会主义制度、推进国家治理体系和治理能力现代化作出全面部署。

(二) 政治体制改革的新取向

推进国家治理现代化命题的提出,赋予政治体制改革更高的立意、更丰富的内涵,明确了政治体制改革的努力方向和新

---

① 温家宝:《努力建设人民满意的政府》,载于《求是》2013年第3期。

要求。

国家治理现代化的核心是制度,因此政治体制改革必须进一步把制度建设作为中心任务。习近平指出,国家治理体系和治理能力是一个国家制度和制度执行能力的集中体现。国家治理体系是在党领导下管理国家的制度体系,包括经济、政治、文化、社会、生态文明和党的建设等各领域体制机制、法律法规安排,也就是一整套紧密相连、相互协调的国家制度;国家治理能力则是运用国家制度管理社会各方面事务的能力,包括改革发展稳定、内政外交国防、治党治国治军等各个方面。① 国家治理体系和治理能力紧密相连,但又有所区别,并不是国家治理体系越完善,国家治理能力自然而然就越强。各国各有其治理体系,而各国治理能力由于客观情况和主观努力的差异又有或大或小的差异,甚至同一个国家在同一治理体系下不同历史时期的治理能力也有很大差距。正因为如此,必须把国家治理体系和治理能力现代化结合在一起提。② 由于治理体系和治理能力现代化的指向制度现代化,这表明新时代全面深化改革把制度问题提高到了更加突出的位置。

推进国家治理现代化,在很大程度上说明中国各方面的制度尚未完全成熟、定型。习近平形象地比喻为"前半程"与"后半程"的关系,前半程主要历史任务是建立社会主义基本制度,并在这个基础上进行改革,已经具备很好的基础。后半程,主要的历史任务是完善和发展中国特色社会主义制度,为党和国家事业发展、为人民幸福安康、为社会和谐稳定、为国家长治久安提供一整套更完备、更稳定、更管用的制度体系,在国家治理体系

---

① 习近平:《切实把思想统一到党的十八届三中全会精神上来》,载于《人民日报》2014年1月1日。
② 中共中央文献研究室:《习近平关于全面深化改革论述摘编》,中央文献出版社2014年版,第27~28页。

和治理能力现代化上形成总体效应、取得总体效果。① 这个论断同样适用于政治体制改革，一方面肯定既有政治制度体系总体的适应性，另一方面也意味着仍然有进一步改进和完善的空间，需要深入推进政治建设和政治体制改革。

如果说，国家治理现代化强调的是制度"硬件"的话，那么，价值、文化等"软件"对国家治理的作用同样不可忽视。没有这些"软件"，就会"失魂落魄"，制度的权威也无法树立并得到发自内心的认同。如果缺乏文化自觉和自信，缺乏精神上的独立性，简单摹写西方价值和道德标准，更会加剧治理的难度。正是基于这些考虑，推进国家治理体系和治理能力现代化，要大力培育和弘扬社会主义核心价值体系和核心价值观，加快构建充分反映中国特色、民族特性、时代特征的价值体系。② 建构社会主义价值体系、弘扬社会主义核心价值观，将与不断完备有效的制度形成同频共振、相得益彰的效应。而无论是价值观建设还是道德规范的形成，都必须立足中国大地，从中华优秀传统文化中汲取营养。这种"软硬兼施"的思路，体现在德治与法治结合、思想教育与制度建设结合等多个方面。具体到政治体制改革，就是要在完善体制机制的同时，注重这些因素背后的理论基础、价值导向，并使之与体制改革、制度建设相呼应、相关照。

全面深化改革的总目标由两句话构成："完善和发展中国特色社会主义制度""推进国家治理体系和治理能力现代化"，前者构成后者的前提和方向，后者构成前者的途径和动力，二者不可偏废，在宣传和实践中尤其要防止只讲后一句话、忽视前一句话的倾向。习近平特别强调："我国今天的国家治理体系，是在

---

① 中共中央文献研究室：《习近平关于全面深化改革论述摘编》，中央文献出版社2014年版，第27页。

② 中共中央文献研究室：《习近平关于全面深化改革论述摘编》，中央文献出版社2014年版，第88页。

我国历史传承、文化传统、经济社会发展的基础上长期发展、渐进改进、内生性演化的结果。我国国家治理体系需要改进和完善，但怎么改、怎么完善，我们要有主张、有定力。如果不顾国情照搬照抄别人的制度模式，就会画虎不成反类犬，不仅不能解决任何实际问题，而且还会因水土不服造成严重后果。"[1] 对政治体制改革而言，就是要从中国国情出发，坚定不移走中国特色社会主义政治发展道路，坚持和完善中国特色社会主义政治制度。

（三）深刻把握治理的中国特色

从"管理"到"治理"，一字之变，是理论和实践上的重大创新。由于发展阶段不同、历史任务不同，中国的治理在一些基本方面具有自己的特点。

从治理主体看，中国的治理主体已经呈现高度多样化态势，大致可分为六大类型。第一类是政党组织，包括执政党，也包括各民主党派；第二类是各级各类政权机关和人民政协，政权机关又包括人大、政府、监察委员会、法院、检察院；第三类是各种群团组织和基层群众自治组织，如共青团、工会、妇联、文联、作协、村委会、居委会等；第四类是各种公办事业单位，如学校、医院、科研单位；第五类是各种新社会组织，如社会团体、基金会、民办非企业组织等；第六类是各种中介机构，如律师、审计、会计师等事务所以及各类行业协会。

毫无疑问，治理主体的分化与快速发展，为合作治理创造了必要条件，有助于改变执政党、政府"单打独斗"局面。但不能因此得出结论，认为政党和政府的作用就无足轻重了，更不能把"多中心治理"变成"去中心化"，直接或变相削弱党的领导

---

[1] 中共中央文献研究室：《习近平关于全面深化改革论述摘编》，中央文献出版社2014年版，第21页。

和政府必要的监管。所谓"多中心治理""没有政府的治理",即使是在西方也没有做到。西方治理理论也指出,存在与"市场失灵""政府失灵"类似的"治理失灵",治理不当会引发新的问题,而且治理效果也并非人们想象的那些大。①

从治理客体看,中国治理的对象领域包括国家治理(治国)、政党治理(治党)、军队治理(治军)和全球治理(治世),国家治理中按领域划分又包括政治治理、经济治理、社会治理、文化治理、生态治理,且每个领域可再细分出许多具体治理。随着中国日益走近世界舞台中央,在国际事务中发挥着越来越大的作用,统筹国内国际两个大局的重要性显得更加紧迫,全球治理成为需要考量的重要因素。此外,在发展进程中,各种可以预见和难以预见的风险因素明显增多,统筹发展和安全的重要性同样非常紧迫。由是观之,在相当长一个时期内,中国国家治理的任务是繁杂、繁重的,所以在调动各方面积极参与治理的同时,必须充分发挥执政党的领导作用、政府的主导作用。这是治理处于急剧转型的超大型社会的特定要求。

从治理方式看,治理现代化意味着方式方法的变革,更多运用民主的、法治的、协商的、经济的手段来调节社会关系、化解各种冲突和矛盾,各领域的治理要更多强调源头治理、系统治理、综合治理、精细化治理。但不能因此而否定必要的政治手段、行政手段,尤其是对涉及公共安全、食品安全、环境保护等领域的治理,必须运用党纪、政纪、问责等方法督促职能部门和领导干部履责尽责,充分发挥政党、政府强大的组织体系和政治优势,广泛动员各种社会力量,形成全民参与、共建共享的治理格局。

---

① 曾峻:《公共管理新论:体系、价值与工具》,人民出版社 2008 年版,第 133~135 页。

第六章

渐进策略与改革的基本经验

实现政治体制改革的目标、完成政治体制改革的任务，中国采取的是渐进式改革策略。具体表现为，在推进政治体制改革中坚持积极稳妥的总基调，坚持走中国特色社会主义政治发展道路，坚持不断增强中国特色社会主义政治制度的特色与优势，坚持辨证施治、动态调适，这些共同构成中国政治体制改革的基本经验。

一、坚持既积极又稳妥的总基调

中国的政治体制改革是在复杂环境中开启和推进的，是人类政治史上的一次全新探索，必须循序渐进、不断积累经验。在实践中，就是把握"积极稳妥"要求，做到积极进取同时又稳健有序。

（一）没有"既定航线"的远航

20世纪80年代，诗人徐敬亚在诗歌《既然》中写道："既然/前，不见岸/后，也远离了岸。/既然，/脚踏着波澜，又注定终生恋着波澜；/既然，/能托起安眠的礁石，已沉入海底；/既然，/与彼岸尚远，隔一海苍天。/那么/便把一生交给海吧，交给前方没有标出的航线！"这首诗可以说是对改革开放初期境况与心态的很好写照。当时，中国改革的航船已经出发，回头已无可能。对于"彼岸"人们只有大略设计，前往"彼岸"的航道上也没有航标指引，甚至没有人标出清晰的航线，但改革仍然需要推进，在探索与积累中找到通往未来的道路。

　　作为改革的一部分，政治体制改革面临着类似的情况。政治体制改革是在反思"文革"、批判"左"的错误过程中开始的。但如何改变弊病丛生的传统体制，高度发达的民主和法制是个什么样子，怎样才能实现，并没有明确的甚至是统一的认识。然而，对"文革"的批判很快就演变为否定毛泽东、否定社会主义、否定马克思主义的思潮。"非毛化、非社化、非马化"问题不解决，有可能引起新的动乱，从而葬送改革。而批判西化和资产阶级自由化，则又可能让"左"的东西回潮，同样影响改革开放进程。中国要在这种既不走"老路"也不走"邪路"的艰难选择中找到政治现代化和政治发展的"新路"。

　　政治体制改革本身不是目的，而是服从于一个中心任务——经济建设。国门打开，环顾世界，人们突然发现中国落后了。邓小平反复提醒大家：中国是个大国，但也是一个穷国，在发展水平和世界影响力方面是个"小国"。发展生产力，必须解放生产力，解放生产力就需要调动人民群众的积极性、创造性。调动人民群众的积极性、创造性，无外乎两条：在生产关系方面，改革分配制度，打破大锅饭，使收益与贡献挂钩，真正做到"按劳分配"。在政治体制方面，改变高度集中的权力格局，实现简政放权，发挥各级各类组织的作用，发现并使用好各种人才。以发展生产力为目标，变革生产关系，变革上层建筑，这是改革开放以来所有政策的内在结构。但是，政治与经济的适应性，不是一劳永逸、一成不变的，需要持续调适、渐进达成。政治体制改革促进经济发展，经济发展带来社会变革，经济、社会变革会对政治体制提出新要求。在动态中把握政治与经济关系，不断推动二者相互适应、协同发展，需要敏锐的判断力和高超的驾驭艺术。

改革开放以来，中国政治体制改革还必须面对历史文化传统和开放环境带来的复杂影响。急剧的社会变迁，可能改变人们的生活方式、行为方式，但思维方式和价值观念的改变却是一个漫长的过程，一些人身子进了信息社会、脑子还停留在农业社会，民主法治建设所需要的平等意识、规则意识、公共意识仍然缺乏一定的社会基础。同样，开放环境导致一些人面对"西强我弱"状态，极容易产生"政治浪漫主义"，企图通过"政治大跃进"迅速达到以西方为蓝本的政治改革目标。

总之，在一个人数众多、民主法治传统不发达、现代化任务尚未完成、经济社会依然处于变动状态、越来越开放环境中进行政治体制改革，充满各种矛盾、挑战、风险，没有预设方案，也没有既定模式可以参照，只能在实践中摸索，逐步找到通往理想的道路。

（二）"积极"与"稳妥"的双重变奏

"渐进"由"渐"与"进"组成，"渐"是策略，"进"是目的，具体在政治体制改革上就是要处理好"积极"与"稳妥"的关系。积极稳妥推进改革，首先是一个实践逻辑的问题，理论逻辑不过是对实践的事后概括。易言之，很难事先从理论上设定何时多些"积极"、何时多些"稳妥"，在哪些事项上"积极"、在哪些事项上"稳妥"。由于不同阶段面临不同的突出矛盾，因而只能有针对性地制定改革政策，把不同阶段政策汇总起来，才能看出积极稳妥的整体脉络和渐进特点。

还需指出的是，判断"积极"与"稳妥"没有公认的量化指标，但可从宏观上作定性比较。一是看宽度，内容越多说明政治体制改革力度越大；二是看深度，即改革是否触及深层次的、难度系数较大的议题。既有宽度也有深度，是"积极"程度最高的状态。但有时候虽然改革的内容不多，但触及到一些"硬骨头",也不能否认改革的力度。除宽度和深度两个维度外,不能简单地用"政治体制改革"出现的频次、学界或社会关注的热度来评价改革,因为"少说多做"或者"只做不说"可能正是渐进改革的特点之一。

回首政治体制改革的历程,"积极"与"稳妥"的变奏贯穿始终,其节律变化把改革进程划分为不同阶段,不同阶段联结起来便汇集成政治体制改革的"交响乐"。

第一个十年特别是中共十三大前后,政治体制改革显示出更多"积极"色彩,内容几乎涵盖政治体制的全部议题,围绕党政关系进行的一系列改革直指传统权力结构,可以说这是政治体制改革"高歌猛进"的时期。

第二个十年即整个20世纪90年代,政治体制改革增强了"稳妥"意识,强调四项基本原则的前提,强调不能弱化、否定、动摇党的领导,改革的重心转向政府机构、建立公务员制度、基层民主等方面,政治体制改革的务实性更强。

第三个十年即进入21世纪的头十年,从讲"改革"发展到"改革""建设"并重,提出了建设社会主义政治文明、建设社会主义民主政治、建设社会主义法治国家等新命题,党内民主、强化权力制约监督、改革司法职权配置等把政治体制改革引向深入。

中共十八大以来,虽然中央文件使用"政治体制改革"不多[①],但正如第三章所述,政治体制改革的立意高度、领域广度、推进深度、实施力度,前所未有。与此同时,这个时期也是强调党的领导、中国特色社会主义政治发展道路以及安全稳定最多的时期。可以说,实现了积极与稳妥的高度统一,体现出"稳中求进"的总基调和蹄急步稳的总要求。

---

① "政治体制改革"在中共十八大报告中出现5次,在十八届三中全会通过的《中共中央关于全面深化改革若干重大问题的决定》和十九大报告均只出现1次。

二、坚持走中国特色政治发展道路

政治体制改革积极稳妥推进，首要的也是最核心的一条就是坚持走中国特色社会主义政治发展道路，实现党的领导、人民当家作主与依法治国有机统一，发挥好人民代表大会制度的平台作用。

（一）政治体制改革的根本结论

道路回答和解决的是前进方向、发展目标以及按照何种路径达到目标的问题。中国共产党始终把道路问题放在举足轻重的位置，在革命时期，成功地探索出一条中国革命的道路；新中国成立后，继续探索社会主义建设道路。改革开放后，邓小平提出中国特色社会主义道路问题，找到了经济社会落后国家发展社会主义的正确道路。在此基础上，江泽民提出中国特色政治发展道路问题，强调任何国家的政治发展道路都是与自己的经济社会发展相适应的，政治体制改革必须从中国实际出发，与我国生产关系和生产力的发展相适应，与经济体制改革相适应，与我国的历史条件、经济发展水平和文化教育水平相适应。[1] 2006 年 7 月，胡锦涛在全国统战工作会议上，正式使用"中国特色社会主义政治发展道路"一词。[2] 2008 年 2 月，胡锦涛在中共十七届二中全会上提出，坚持中国特色社会主义政治发展道路，关键是要坚定不移坚持党的领导、人民当家作主、依法治国有机统一。[3] 这一

---

[1] 《江泽民文选》第 3 卷，人民出版社 2006 年版，第 236~237 页。
[2] 《胡锦涛文选》第 2 卷，人民出版社 2016 年版，第 472 页。
[3] 《胡锦涛文选》第 3 卷，人民出版社 2016 年版，第 74 页。

论述首次明确了中国特色社会主义政治发展道路的内涵。中共十八大以来，习近平反复强调要按照党的领导、人民当家作主、依法治国有机统一的要求，坚持走中国特色社会主义政治发展道路。他特别指出："坚定中国特色社会主义制度自信，首先要坚定对中国特色社会主义政治制度的自信，增强走中国特色社会主义政治发展道路的信心和决心。"① 中共十九大报告把坚持党的领导、人民当家作主、依法治国有机统一（为叙述方便，以下简称为"三者有机统一"），列为政治体制改革的第一条内容，这是改革开放以来的第一次，体现出对中国特色社会主义政治发展道路的高度重视。

简要回顾"中国特色社会主义政治发展道路"形成过程，不难看出，中国特色社会主义政治发展道路具有"承上启下"的重大意义。"承上"，是指它是在坚持和发展中国特色社会主义这个大背景下产生的，是中国特色社会主义道路在政治领域的具体表现，因而要体现中国特色社会主义的共同要求。"启下"，是指它是推进政治体制改革的根本遵循，具有统率全局的作用。

强调政治体制改革必须走中国特色社会主义政治发展道路，是中国共产党分析历史与现实、国内与国际正反两方面经验教训得出的根本结论。从世界范围看，一些发展中国家简单套用西方政治理论、复制西方制度模式，但缺乏强有力的政党领导，因而陷入民族分裂、战乱不止、国家繁荣、人民安康无从谈起。从社会主义国家看，一些国家片面强化无产阶级政党的领导，不重视发展民主、法治，导致政党、国家和社会缺乏必要的活力，最后走向僵化、固化并丧失政权。

从中国自身情况看，改革开放后，推进政治体制改革，发展民主和法治，是各方面共同的看法，但在如何推进政治体制改

---

① 习近平：《在庆祝全国人民代表大会成立 60 周年大会上的讲话》，载于《人民日报》2014 年 9 月 6 日。

革、发展什么样的民主、法治问题上却存在较大的分歧。少数人所主张的政治体制改革就是要搞西方政治模式，认为中国共产党的领导与他们心目中的民主、法治是不相容的，是对立的，因而质疑、否定党的领导。尽管这种论调不断受到批判，但始终没有消失。这是江泽民、胡锦涛提出中国特色社会主义发展道路问题的直接原因。2010 年，《人民日报》专门发表署名"郑青原"的文章。文章指出，经过 30 多年的改革探索，我们在政治体制改革方面积累了宝贵经验，其中最为核心的一条，就是要把握正确政治方向。推进政治体制改革，必须坚持走自己的路，决不能照搬西方政治体制模式，搞多党轮流执政和三权鼎立那一套。①

大量事实证明，把党的领导、人民当家作主、依法治国三个方面结合起来，做到既坚持党的领导又发展社会主义民主、法治，是保证政治体制改革有序推进的必由之路。党的领导、人民当家作主、依法治国，合则三利，分则三害。强调人民当家作主、依法治国，把中国特色社会主义政治与传统社会主义政治区分开来；强调坚持党的领导，体现了中国特色社会主义最本质特征，把中国特色社会主义政治与西方资本主义政治区分开来；把党的领导、人民当家作主、依法治国三者有机统一起来，是中国特色社会主义政治"合金型"品质的最高、最集中的体现，是新民主主义革命时期孕育的新型政治制度在新的历史条件下的发扬光大。

（二）"三要素"交互作用和强化

对于党的领导、人民当家作主、依法治国三要素各自地位及其相互关系，中共十九大报告表述为：党的领导是人民当家作主和依法治国的根本保证，人民当家作主是社会主义民主政治的本

---

① 郑青原：《沿着正确政治方向积极稳妥推进政治体制改革》，载于《人民日报》2010 年 10 月 27 日。

质特征，依法治国是党领导人民治理国家的基本方式。展开来分析，三要素之间的关系则包括党的领导与人民当家作主的关系、党的领导与依法治国（法治）的关系、人民民主与依法治国的关系。所谓"关系"，也说明每组关系下的两个要素是相互作用、相互影响的，而不是单向发生作用的。上一章从不同角度讨论过三组关系，特别是党的领导之于民主、法治的重要意义。这里着重分析民主、法治之于党的领导的意义。

无论对于中国革命、建设还是对于改革来说，党的领导地位和领导作用发挥关系都十分重大，从另一个方面看，确保党的领导的正确性意义也十分重大。中国共产党成立后，党的路线和政策曾多次发生偏差，给党和国家事业带来严重影响。所以，我们可以看出，中国共产党的党内制度设计属于"双螺旋"结构：既有保证集中统一领导的制度，也有保证党内民主特别是集体领导的制度，而且从第一个无产阶级政党诞生、第一次执政时就是这样的要求。① 与此相应，中国共产党历史上有一个"双加强"现象：加强党的领导的同时，一定伴随着党内民主加强的过程，反之，亦然。党内民主不够，造成党员权利流失，各种意见建议得不到及时充分表达，党的干部得不到有效监督，进而造成党的决策失误、权力滥用及其他消极现象，而党的决策失误、干部腐败同样会损害党的权威。

正因为如此，中国共产党非常注意按照民主原则和要求来加强自身建设，把党内民主视为党的生命。第一，党的领导是集体领导。集中不是把权力集中到个别人、少数人手中，领导也不是书记个人的领导，领导个体的意志与组织的意志有一致的地方也有不一致的地方，不能用个体意志取代组织意志。从党的委员会、常务委员会等名称可以看出，它们实行的都是委员会制，区

---

① 曾峻等：《坚持和加强党的全面领导研究》，人民出版社2019年版，第20页。

别于行政机关的首长负责制，议事规则遵循少数服从多数原则。第二，保障党员主体地位。党员必须服从组织，但党员有提出意见建议、检举揭发、申诉等权利。人民民主要扩大群众的民主选举、民主决策、民主监督等权利，党内也要落实党员的知情权、参与权、选举权、监督权。第三，党的干部的选拔任用、考核评议、日常监督要注意发扬民主，防止少数人在少数人中选少数人，克服干部任用中的腐败，因为吏治腐败是杀伤力更大的腐败。改革开放以来，党内民主制度建设主要是围绕以上三个方面展开的。

中共十八大以来，非常重视强化"四个意识""两个维护"，但党内民主并未被忽视。2018年3月4日，习近平在看望参加全国政协十三届一次会议的民盟、致公党、无党派人士、侨联界委员时指出，中国共产党领导的多党合作和政治协商制度，既强调中国共产党的领导，也强调发扬社会主义民主。"坚持中国共产党的领导，不是不要民主了，而是要形成更广泛、更有效的民主。"① 同年年底，他在中央政治局民主生活会上又指出，党的十八大以来，党中央各项决策都严格执行民主集中制，都注重充分发扬党内民主，都是经过深入调查研究、广泛听取各方面意见、进行反复讨论而形成的。要把我们这样一个大党大国治理好，就要掌握方方面面的情况，这就要靠发扬党内民主而来，靠各级党组织和广大党员、干部广泛听取民声、汇聚民意而来。领导干部要把民主素养作为一种领导能力来培养，作为一门领导艺术来掌握。② 这个讲话有力地反驳了"近年来只要党的集中统一、不要党内民主"的论调。

---

① 《习近平在看望参加政协会议的民盟致公党无党派人士侨联界委员时强调 坚持多党合作发展社会主义民主政治 为决胜全面建成小康社会而团结奋斗》，载于《人民日报》2018年3月5日。
② 《中共中央政治局召开民主生活会强调 树牢"四个意识"坚定"四个自信" 坚决做到"两个维护"勇于担当作为 以求真务实作风把党中央决策部署落到实处》，载于《人民日报》2018年12月27日。

就外部关系而论，党的领导是指对执政党以外各种组织的领导。党政军民学，东西南北中，党是领导一切的，体现的是集中统一。但这中间也有一个民主执政的问题。中共十八大以来，对党的领导的重视达到空前高度，即使这样，也并不是说党要取代其他组织、事无巨细地介入到具体事务之中。在党与其他组织关系上，习近平指出，既要"众星拱月"但又不能"月明星稀"。"众星拱月"就是要坚持中国共产党的领导，但其他组织的作用也必须发挥出来，要"月明星灿"，不能"月明星稀"。① 在庆祝改革开放 40 周年大会上，习近平重申：坚持党的领导，必须不断改善党的领导，让党的领导更加适应实践、时代、人民的要求。党要总揽全局、协调各方，坚持科学执政、民主执政、依法执政，完善党的领导方式和执政方式，提高党的执政能力和领导水平，不断提高把方向、谋大局、定政策、促改革的能力和定力，确保改革开放这艘航船沿着正确航向前进。② 很明显，在党的领导基本定位、方式方法等问题上，改革开放以来形成的政策和做法没有改变。

政治民主推动了党内民主发展和民主执政思想的形成，法治则推动了党内法规制度建设和依法执政思想的形成。党的领导体现依法治国精神，表现为加大法治国家建设力度，坚持党在宪法法律范围内活动，也表现为依规治党。对于一个拥有数百万个组织、数千万党员的世界最大的政党来说，按照法治要求建立健全以党章为根本的党内法规制度体系，是党的建设治本之策。2012年以来，中国共产党开展了自建党以来规模最大的党内法规制度立改废工作。经过 2012~2014 年的清理，新中国成立后颁布的党内文件宣布废止 482 件、失效 600 件、继续有效 507 件。2019

---

① 中共中央文献研究室：《习近平关于社会主义政治建设论述摘编》，中央文献出版社 2017 年版，第 187~188 页。

② 习近平：《在庆祝改革开放 40 周年大会上的讲话》，载于《人民日报》2018年 12 月 19 日。

年上半年又完成第二次集中清理工作,对纳入清理范围的中央党内法规和规范性文件废止54件、宣布失效56件、修改8件,对14件涉党和国家机构改革的中央党内法规作出"一揽子"修改。参照形成社会主义法律体系的要求,印发《关于加强党内法规制度建设的意见》《中央党内法规制定工作五年规划纲要(2013～2017年)》《中央党内法规制定工作第二个五年规划(2018～2022年)》等文件,提出"1+4"党内法规制度框架体系,即在党章之下分为党的组织法规制度、党的领导法规制度、党的自身建设法规制度、党的监督保障法规制度。参照国家"立法法",印发《中国共产党党内法规制定条例》《中国共产党党内法规和规范性文件备案规定》,明确党内法规制度订制规程和标准。按照严格执法的精神,强化党内法规制度执行力,避免党纪国法成为"橡皮泥""稻草人"。

人民民主、依法治国促进执政党建设、执政方式转型,党内民主的发展、党内法规制度的完善又反过来发挥积极的示范引领作用,带动民主政治建设和法治国家建设。党的领导、党的建设与民主、法治之间形成良性循环,呈现相互强化态势,党的领导、人民当家作主、依法治国三者有机统一得到更加充分的实现。

(三)"三要素"统一的制度平台

2014年9月5日,习近平在庆祝全国人民代表大会成立60周年大会上的讲话中提出一个重要观点:人民代表大会制度是坚持党的领导、人民当家作主、依法治国有机统一的根本制度安排。这一论断首次回答了三者有机统一的组织载体和制度保障问题,进一步丰富了中国特色社会主义政治发展道路的内涵。

人民代表大会制度之所以能够成为党的领导、人民当家作主、依法治国有机统一的根本制度安排,是由人大制度的特殊地位和作用决定的。在中国,人民选举代表组成各级人民代表大会，各级人民代表大会选举产生其他政权机关。也就是说，通过人民代表大会，人民掌握国家政权，体现出一切权力属于人民的最高原则，因此，人民代表大会是人民当家作主最基本的形式。在人大各项职权中，立法权是最基本的权力。健全国家法制体系，维护宪法法律权威，是依法治国的基础性工程。执法、司法是依法治国的关键，由于行政权、监察权和司法权由人大派生出来，行政、监察、司法等机关对人大负责、接受人大监督，因而发挥好人大作用，是推动严格执法、公正司法的重要保障。人民代表大会不仅内在地包含着人民民主、依法治国两大要素，而且与党的领导紧密联系在一起。支持和保证人民实现当家作主、建设社会主义法治国家，是中国共产党的领导重要内容，人民代表大会是实现人民民主、依法治国的枢纽，所以，党的领导和人大制度具有天然的耦合性。

把人大作为党的领导、人民当家作主和依法治国有机统一的根本制度安排，有三个方面的重要意义：

第一，有助于实现中国特色社会主义政治发展道路的具体化、组织化。党的领导、人民民主和法治建设的内在联系不再停留于空泛的学理讨论，而是落到实处，坚定不移走中国特色社会主义政治发展道路有了具体抓手。

第二，有助于进一步加强和改善党的领导。中国共产党反复强调，人民代表大会制度是当代中国的政体、根本政治制度。但如何用好这个制度、体现根本政治制度的地位和作用，在具体实践上还存在一定差距。改革开放以来，时常发生少数地方党组织不尊重人大人事任免权、发布的红头文件与人大法律法规相抵触等现象，人大是"二线"单位、象征意义大于实质意义等错误认识没有得到很好改变。强化人大是三者有机统一的根本制度，有利于改善党的执政方式和领导方式，真正做到"四个善于"，即善于使党的主张通过法定程序成为国家意志，善于使党组织推荐的人选通过法定程序成为国家政权机关的领导人员，善于通过国家政权机关实施党对国家和社会的领导,善于运用民主集中制原则维护党和国家权威、维护全党全国团结统一。

第三,有助于进一步增强人民代表大会和人民代表大会制度的权威。把人民代表大会作为中国共产党执政的根本途径,把中国特色社会主义制度最大优势和中国特色社会主义根本政治制度结合起来,人民代表大会制度拥有了坚强的政治保证,其他组织和社会各个方面会更加尊重和支持人民代表大会行使职权。

三、坚持和完善中国特色政治制度

加强党的领导、发展社会主义民主、建设社会主义法治国家以及实现三者有机统一,制度建设是关键。当代中国政治制度有特色有优势,因而必须坚持下去并在改革中不断增加和扩大这些特色与优势。同时,中国政治制度还存在不完善不适应地方,因而又必须与时俱进地优化完善。

(一) 制度四要素及其意义

制度具有根本性、全局性、稳定性和长期性,围绕制度建设推进政治体制改革,是改革开放以来的基本结论,也是基本经验。之所以需要政治体制改革,政治体制改革之所以得以顺利进行,是与政治制度的复合结构紧密联系在一起的。

宽泛地讲,政治制度是界定政治的组织、运行及相关活动的规则体系。通常人们把制度分为正式制度和非正式制度两类,前者指见诸正式文本的规则,因此制度往往和法律、规章、规定等紧密相关,犹如一块硬币的两面;后者指实际发挥作用但没有明文规定的规范,其中有积极的也有消极的,消极的非正式制度多被称为"潜规则"。这种划分同样适用于政治制度。

对于制度,还需要从构成要素角度进行分析。任何一项制度均由四个要素构成：一是理论理念，即制度依据什么理论设计的。所依据的理论理念不同，建构出来的制度自然也就不同。二是基本制度，即制度的总体框架、主体结构，反映设计制度的基本理念，体现制度的总体风格。三是具体制度，即总体制度内较低层次、微观层面的规范。为了与基本制度作出区分，具体制度在中文语境下称作"体制"。四是操作技术，即制度在实际运行过程中表现出来的程序、手段、方法，这是制度最具体也是最外显的部分。

构成制度的四个要素各有其价值与功能。理论理念是制度的基础性要素，由于相对抽象、隐蔽，因而往往被人们忽视。制度是理论理念的外化、现实表现，没有转化为制度的理论，只是思想的书面表达、文本规定。换句话说，如果仅凭书面表述无法证明某个制度的好坏。制度的其余三个要素分别指向现实制度的宏观、中观、微观内容。基本制度是制度的决定性因素，代表制度的基本性质与功能。但光有制度框架，还不能说明制度已经完备，正如一栋建筑物，结构封顶并不代表这栋建筑已经完工。制度内部的组织设置、功能划分、关系界定及运行机制，就属于中观层面的具体制度。即使有了具体制度，如果某些具体做法、技术手段不合理，仍然可能影响制度作用的发挥，进而使制度背后好的理论理念无法充分显现出来。

比如，表决方式看似一个技术性问题，但规定不好或者执行不好会损害整个制度的效力。过去很长一段时间，一些重要选举大多采用举手表决方式，导致代表无法真实表达自己的意志。后来改为无记名投票，但规定同意候选人就不用动笔、直接把选票投进选票箱。在这种情况下，代表动笔则说明有不同意见或者另选他人。在众目睽睽之下以及摄像机面前，许多代表选择不动笔。后来，为了改进表决方式，一些地方在会场四周设置秘密划票间，但因为担心被怀疑有"小动作"，所以代表也不会使用这些秘密划票间。再后来，表决又改为电子表决，但由于代表座位是固定的,很容易查实每个人所按表决器情况,结果同样影响了代表表达自己的意愿。

对于政治制度,长期以来比较多的论证停留于理论理念和基本制度上,对具体制度和操作技术重视不够。对于一些重要政治制度的讨论,大多引用法律条文、文件,但由于具体制度和操作技术不够完善,甚至存在比较严重的缺陷,从而导致这些讨论缺乏必要的说服力。强调制度要素的完整性及其有机联系,可以推动政治制度的系统建设,避免在文本本身打转转。这样做,也有利于处理好坚持和完善的关系,坚持中国特色社会主义政治制度主要着眼于支撑理论和基本制度,完善中国特色社会主义政治制度主要着眼于具体制度和操作技术。

(二) 不断增强政治制度特色和优势

政治体制改革必须坚持中国特色社会主义政治制度,这里的政治制度是指基本政治制度及其背后的理论与理念。在这两个方面,当代中国政治有鲜明的特色和优势,是与中国国情整体相适应的,在实践中显示出巨大的制度绩效。

中国特色社会主义政治制度在理论理念上,坚持马克思主义指导地位和科学社会主义的原则,体现中华优秀传统文化的和合精神,同时吸收人类政治文明的有益成果。中国的基本制度集中反映了"多元一体、有主有辅"的共同特征,具体表现为七个方面:第一,坚持党的领导、人民当家作主、依法治国有机统一,把党的领导与民主、法治结合起来,打破了共产党执政与民主、法治不能兼容的"定论"。第二,工人阶级领导的、以工农联盟为基础的人民民主专政的国体,把民主与专政结合起来;享有民主权利的人民具有广泛的包容性,而且随着社会发展其对象范围不断扩展,把工人阶级的领导地位与其他社会各阶层的大联合结合起来。第三,人民代表大会制度的政体,把民主与集中结合起来,各级人大由人民直接或间接选举产生,体现的是民主;

各级人大统一行使国家权力，体现的是集中。人大派生出其他国家权力，体现的是集中；行使行政、监察、审判、检察等权力的机关在法定职权范围内相对独立开展工作，体现的是民主。第四，中国共产党领导的多党合作和政治协商制度，把中国共产党的执政与其他政党参政结合起来，突破了一党制、两党制、多党制的政党制度分类，创造了新型政党制度。第五，在实行单一制国家结构的前提下，注意调动地方积极性，在少数民族聚居地方实行民族区域自治制度，在香港、澳门实行特别行政区制度，把保障国家意志的普遍性与尊重区域的特殊性结合起来。第六，实行基层群众自治制度，把高层民主与基层民主结合起来，大大扩展了民主的实践范围与民主的实际运用。第七，在权力划分与运行上，决策权、执行权、监督权既相互制约又相互协调，既防止权力滥用又防止陷入掣肘、效率低下境地。

与这种多元一体格局相对应的是中国共产党的有力领导。党的领导是各种元素之中的最高政治领导力量、主导因素，也是保证"多元"能够融为"一体"的根本保证。中华人民共和国国旗是当代中国政治制度特色的具象化表达。五颗星，代表着多元，代表着社会各阶层的大联合、各种积极因素的大团结；五颗星中又有一颗大五角星，代表中国共产党，代表着领导力量。有些国家（如美国）国旗上有比中国国旗更多的五角星，代表各联邦成员的平等，但没有一个更大的五角星来代表政治生活中的主导力量。其他社会主义国家国旗上只有一颗星，却没有更多数量的五角星，说明这些国家仅强调一个阶级、一个政党，不存在其他阶层和政党，即便存在也未受到足够的重视。中华人民共和国国旗是当代中国政治制度的象征，这种制度源于新民主主义时期，但所体现的精神实质却一直延续到当下。

当代中国政治制度的制度精髓概括为一点，就是实现了"一"与"多"的有机结合。这是特色所在，也是优势所在。"一"与"多"的结合，既保证了党的领导、国家统一、民族团结、社会稳定有序,又保证了党和国家政治生活以及经济社会必要的活力。对此,习近平是这样论述的:当代中国政治制度的一系列安排,"能够有效保证人民享有更加广泛、更加充实的权利和自由,保证人民广泛参加国家治理和社会治理;能够有效调节国家政治关系,发展充满活力的政党关系、民族关系、宗教关系、阶层关系、海内外同胞关系,增强民族凝聚力,形成安定团结的政治局面;能够集中力量办大事,有效促进社会生产力解放和发展,促进现代化建设各项事业,促进人民生活质量和水平不断提高;能够有效维护国家独立自主,有力维护国家主权、安全、发展利益,维护中国人民和中华民族的福祉。"① 政治体制改革就是要不断增强和扩大中国特色社会主义政治制度的这些特色和优势,而不能削弱和缩小这些特色和优势。

同时,多元一体的政治理念与制度安排,赋予中国制度极大的韧性、弹性,为动态调整提供了可能,以适应国际国内环境的变化。当活力有余、政治稳定受到威胁的时候,可以更多地强调集中统一;当活力不够、经济社会缺乏必要动力的时候,可以更多地强调民主、放权,调动各方面的积极性。在这种动态调适过程中,逐步在更高层次上实现统一性与多样性的融合与均衡。

(三)政治制度的自我完善和发展

中国特色社会主义政治制度要坚持,也要发展,因为制度还不成熟、未定型。这里所说的"制度"指的是具体的体制机制和相关的操作方法。

政治制度不成熟、未定型,是从多个角度说的,也是由多种因素决定的。第一,不成熟、未定型是相对于制度所蕴含的特色与优势而言的。中国政治制度的特色与优势已经初步显露,但还

---

① 习近平:《在庆祝全国人民代表大会成立 60 周年大会上的讲话》,载于《人民日报》2014 年 9 月 6 日。

没有充分展现。政治生活中，民主不够、法治不彰、效率不高、消极腐败等问题仍然存在，党的领导弱化、社会稳定相对脆弱、国家安全风险点多等问题同样仍然存在。这表明中国政治制度的特色和优势还尚未充分释放出来。第二，不成熟、未定型是相对于政治环境而言的。中国经济社会依旧处于快速转型过程中，传统与现代、发展与安全、国内与国际问题交织碰撞，全球化、信息化、网络化以及就业方式、生活方式、社会组织形式的多样化，都会给国家治理产生新的压力。政治体制改革要解决旧问题，也要解决新问题。第三，不成熟、未定型是相对于人民新的需求而言的。在外部环境带来新挑战的同时，也会提出新需要。正如中共十九报告指出的那样，随着全面小康社会建设进程加快，人民不仅对物质文化生活提出了更高要求，而且在民主、法治、公平、正义、安全、环境等方面的要求日益增长。民主、法治、公平、正义都涉及到政治制度的优化。第四，不成熟、未定型还与渐进式改革有一定关联。渐进式改革有利于有领导有步骤改革，但在思想认识不到位、条件不具备情况下，会搁置某些难啃的骨头，绕过某些深层次的体制机制，从而延迟相应领域的改革。

不断完善中国特色社会主义政治制度，首先要对制度现状有一个全面客观的认识，做到既自信又自醒。对基本制度及其包含的理论理念要自信，对于具体制度和操作技术层面存在的不足及其衍生的弊端要自醒。真正的制度自信，是指敢于直面问题，而不是忌病讳医，更不是盲目自大。习近平在庆祝全国人民代表大会成立六十周年大会上指出："中国特色社会主义民主是个新事物，也是个好事物。当然，这并不是说，中国政治制度就完美无缺了，就不需要完善和发展了。制度自信不是自视清高、自我满足，更不是裹足不前、故步自封，而是要把坚定制度自信和不断改革创新统一起来，在坚持根本政治制度、基本政治制度的基础上,不断推进制度体系完善和发展。"① 2016 年 10 月 27 日,他在中共十八届六中全会第二次全体会议上再次提醒全党:"我们要坚持党的领导和我国社会主义制度的优越性,增强中国特色社会主义道路自信、理论自信、制度自信、文化自信,同时也要有所发现、有所发明、有所创造、有所前进,决不能因自信而自满,因自满而停滞不前。"②

在新的历史起点上,完善中国特色政治制度,需要着力解决"三化"问题。一是推进制度的具体化。聚焦各个领域制约、抑制制度潜力释放的因素,一方面改革不适应时代发展和人民需要的体制机制法制;另一方面持续构建实践发展必需的体制机制法制。二是推进制度的法定化。对于实践证明是科学、有效的制度,及时上升为党内法规和国家法律,运用法治手段巩固制度改革的成果,不断强化制度权威和制度效力。三是推进制度的体系化。善于集成创新,实现上下、左右各类制度的有机衔接,提高制度的系统性、协同性,增强制度的整体合力。

四、坚持政治体制改革的科学方法

渐进式政治体制改革还体现在推进改革的方法论上,运用科学的思想方法和工作方法,辩证处理发展目标与问题导向、基层探索与高层推动、整体谋划与重点突破、治标与治本的关系。

(一)目标引领与问题驱动相结合

中国政治体制改革有总体的长远目标,即发展社会主义民

---

① 习近平:《在庆祝全国人民代表大会成立 60 周年大会上的讲话》,载于《人民日报》2014 年 9 月 6 日。
② 中共中央文献研究室:《习近平关于社会主义政治建设论述摘编》,中央文献出版社 2017 年版,第 35 页。

主、建设社会主义法治，不断提高社会主义政治文明水平。长远目标规定了政治体制改革的方向，具有导航引领功能。各个时期可能会调整工作重点，甚至需要花费一定时间和精力处置突发问题，进行必要的整顿，但一旦这些问题得到解决，就适时作出调整，向着既定目标继续前进。比如，邓小平在澄清否定毛泽东和社会主义的思潮并提出坚持四项基本原则后，便发表《党和国家领导制度的改革》等讲话，推动政治体制改革；在采取必要措施解决"资产阶级自由化"问题后，多次发表讲话，正式把政治体制改革全面提上议程，为中共十三大制定改革方案进行理论、舆论上的准备；1989年政治风波平息后，在深圳、上海等地发表讲话，使得政治体制改革得以继续推进。20世纪90年代以后，面对苏东剧变、西方在人权问题上对中国的施压以及"普世价值""宪政"等各种主张西方政治制度模式的观点，江泽民、胡锦涛等党的领导人始终保持战略定力，一方面排除干扰，另一方面扭住既定目标，把政治体制改革推向深入。

但是，长远目标的实现不是一蹴而就的，需要通过阶段性目标来逐步实现，具体化为中期目标、近期目标。在政治体制改革方面，中共十八大以前，中国并未制定跨度10~20年的中期改革方案。这种状况直到十八大后才改变。十八届三中全会提出全面深化改革方案，其中包括较长时间内中国政治体制改革的总体目标和全面规划；十八届四中全会提出全面依法治国方案，又对法治国家建设作出全面部署，同时提出全面依法治国的总目标；十九届三中全会作出党和国家机构改革的决定，进一步聚焦机构改革，提出"构建系统完备、科学规范、运行高效的党和国家机构职能体系"的目标任务。这三个方案虽然着眼于全面建成小康社会的需要，把2020年作为重要节点，不过时间跨度上却带有中长期取向。习近平在十八届四中全会上指出：对全面推进依法治国作出部署，既是立足于解决我国改革发展稳定中的矛盾和问题的现实考量，也是着眼于长远的战略谋划。全面建成小康社会之后路该怎么走？如何跳出"历史周期率"、实现长期执政？如何实现党和国家长治久安？这些都是需要我们深入思考的重大问题。①

《中共中央关于深化党和国家机构改革的决定》指出，深化党和国家机构改革，既要立足于实现第一个百年奋斗目标，针对突出矛盾，抓重点、补短板、强弱项、防风险，从党和国家机构职能上为决胜全面建成小康社会提供保障；又要着眼于实现第二个百年奋斗目标，注重解决事关长远的体制机制问题，打基础、立支柱、定架构，为形成更加完善的中国特色社会主义制度创造有利条件。②《中共中央关于坚持和完善中国特色社会主义制度、推进国家治理体系和治理能力现代化若干重大问题的决定》更明确地提出，坚持和完善中国特色社会主义制度、推进国家治理体系和治理能力现代化的总体目标是，到我们党成立一百年时，在各方面制度更加成熟更加定型上取得明显成效；到二〇三五年，各方面制度更加完善，基本实现国家治理体系和治理能力现代化；到新中国成立一百年时，全面实现国家治理体系和治理能力现代化，使中国特色社会主义制度更加巩固、优越性充分展现。由此可以看出，政治体制各方面的改革方案都不是权宜之计，都有长远考虑在里面。

2018年3月，十三届全国人大一次会议作出修改宪法决定，取消国家主席两届任期限制。领导人任期时间的延长，意味着有关全面深化改革、全面依法治国等重大决定，能够适用于更长时间段。从改革具体任务看，全面深化改革、全面依法治国等重大决定涉及到许多深层次难题，达到改革预期目标，需要持续发力、久久为功。对国家领导人任期作出修改，一个重要目的是为

---

① 中共中央文献研究室：《习近平关于全面依法治国论述摘编》，中央文献出版社2015年版，第11~12页。
② 《中共中央关于深化党和国家机构改革的决定》，载于《人民日报》2018年3月5日。

了"保证党和国家长治久安"①，长治久安意味着保持政策的长久性、连续性和稳定性。

政治体制改革的目标以及相应任务更多是通过五年一次的全国党代会报告来体现，围绕党代会报告，有关部门再制定年度性计划或某个方面专题性方案。但无论是近期目标还是中长期目标，都是基于对一定时期面临的突出矛盾和问题的研判，是问题驱动的结果。直面某个阶段问题，坚持问题导向，是中国渐进式政治体制改革的基本方法。司法体制改革就是这方面的一个代表性例证。

从中共十一届三中全会到20世纪90年代前，中国司法改革具有恢复和重建性质。组织体系方面，人民法院、检察院、司法行政机关先后恢复，乡镇、街道增配基层司法助理员，各司法机关的职能得到界定。司法制度方面，明确了基本审判、检察制度和程序，恢复律师、公证、人民调解等制度。法制规范方面，新的宪法、有关司法机关的组织法、刑法、刑事诉讼法颁行。

进入90年代后，随着社会主义市场经济体制建设，社会矛盾日渐增多，利益格局更趋复杂，司法理念和司法体制的不足进一步暴露出来。比如，在审判体制方面，司法活动中的地方保护主义产生、蔓延，严重危害社会主义法制的统一和权威；法官管理体制导致法官整体素质难以适应审判工作专业化要求，难以抵制拜金主义、享乐主义、特权观念等腐朽思想的侵蚀，人民群众对少数司法人员腐败现象和裁判不公反映强烈，直接损害了党和国家的威信；审判工作的行政管理模式，不适应审判工作的特点和规律，严重影响人民法院职能作用的充分发挥；人民法院特别是基层人民法院经费困难，装备落后，物质保障不力，严重制约

---

① 信春鹰：《我国宪法修改的重点内容及其重大历史意义》，载于《人民日报》2018年5月16日。

审判工作的开展。① 针对这些问题,最高人民法院启动司法审判体制改革,内容涉及审判方式、审判组织、法院内设机构、法院人事管理制度、审判管理和社会监督机制等。检察机关也推出主诉检察官责任制、"检务公开"等改革举措。全国人大对刑事诉讼法、刑法进行修订,确立"无罪推定""罪刑法定""罪刑相适应"等司法原则。中共十六大后,中央专门成立司法体制改革领导小组,紧扣司法职权配置,推动司法体制和工作机制改革。

2010年,中央宣布社会主义法律体系形成后,法律执行问题显得更为紧迫和重要。对于执法、司法状况,人民群众意见还比较多,社会各界反映还比较大,特别是执法不严、司法不公、司法腐败问题比较突出。2014年1月,习近平在全国政法工作会议上集中列举了一些具体表现:有的政法机关和干警执法随意性大,粗放执法、变通执法、越权执法比较突出,要么有案不立、有罪不究,要么违规立案、越权管辖;有的滥用强制措施,侵犯公民合法权益,有的办关系案、人情案、金钱案,甚至徇私舞弊、贪赃枉法。一些律师和法官、检察官相互勾结,充当"司法掮客",老百姓说是"大盖帽,两头翘,吃了被告吃原告",造成了十分恶劣的影响。一些党政领导干部出于个人利益,打招呼、批条子、递材料,或者以其他明示、暗示方式插手干预个案,甚至让执法司法机关做违反法定职责的事。② 习近平特别强调:我们社会主义国家的政法机关,不能搞成旧社会"官府衙门八字开,有理无钱莫进来!"③ 习近平指出的这些现象说明,司法领域一些深层次体制问题还有待解决,这既是全面深化司法体制改革的根本原因,也从一个方面折射出中共十八大后政治体制

---

① 最高人民法院:《人民法院五年改革纲要》(1999年10月20日),http://www.law-lib.com/law/law_view.asp?id=196550。
② 中共中央文献研究室:《十八大以来重要文献选编》(上),中央文献出版社2014年版,第717、720~721页。
③ 中共中央文献研究室:《十八大以来重要文献选编》(上),中央文献出版社2014年版,第721~722页。

改革的强烈问题意识。

（二）基层探索与高层推动相结合

说到基层探索，人们首先联想到的就是基层民主。在学界，"基层"指向两类基层组织：第一类是基层群众自治组织，包括农村村民委员会、城市居民委员会，合称为基层群众自治组织，与之有关的制度即基层群众自治制度；第二类是基层党政组织，包括县级、乡镇（街道）的政权机关和党组织，因此乡镇人大代表、行政领导、党组织领导干部的选举活动均可纳入基层民主的范围。基层民主中的"民主"，除了选举外，还有决策、管理、监督等环节的民主。由于选举行为的政治学效应更大，所以也更受到关注。

1980年2月，广西壮族自治区宜山县三岔公社合寨大队果作村85户村民以差额选举方式选举产生村民委员会，这是改革开放后第一个也是新中国历史上第一个村民委员会诞生，由此揭开农村基层民主政治建设的全新一页。果作村村民为什么要实行自治？因为实行包工包产到户后，原有集体生产组织瘫痪，社会治安等农村公共事务无人管理，于是村民商定：村里的事情没人管，只能靠咱们自己管，要管总得有个组织，有人牵头。城里人叫居民，有居民委员会；村里人就是村民，咱们的组织就叫村民委员会。过去的干部是上级任命的，现在没有人任命了，就由我们自己来选。① 果作村村民遇到的情况不是孤例，20世纪80年代初，河北、山东、四川等地也自发出现了类似组织。各地村委会的成立，是群众应对家庭联产承包责任制后农村管理空白点的新创造。1986年，吉林省梨树县的北老壕村经过两轮预选，产生11名新村民委员会候选人，并从中再选举产生9名村委会成

---

① 米有录、周朗：《泥腿子踩出来的民主之路——关于村民自治情况调查》，载于《人民日报》1999年3月4日。

员，原村委会主任落选，开创"海选"先例。在各地探索基础上，1982年宪法规定："人民依照法律规定，通过各种途径和形式，管理国家事务，管理经济和文化事务，管理社会事务。"宪法还明确村委会、居委会是群众自治组织。1987年11月，第六届全国人大常委会第二十三次会议审议通过《村民委员会组织法（试行）》规定："村民委员会主任、副主任和委员，由村民直接选举产生。"村民直接选举村委会的做法得到法律认可。

从时间顺序看，似乎说明基层探索在先，上层认可在后，说明基层民主属于自发的实践。然而，实际情况则是，在基层探索之前，上层对基层民主已经进行过倡导、鼓励。早在1978年3月，时任全国人大常委会委员长叶剑英在第五届全国人大一次会议上就指出："我们必须从一切基层单位起，认真地实行有广大人民群众参加的民主管理。基层单位有无真正的民主管理，这是能否真正保障人民民主权利的一个极关紧要的环节。"[1] 在广西果作村村民委员会产生前夕，《人民日报》也专门刊发文章，要求各地恢复、整顿和健全居民委员会、治保委员会、调解委员会等组织，扭转基层事务无人管理、陷入瘫痪的局面。[2] 尽管果作村地处偏僻，信息传递有一定滞后，但中央的声音依旧会影响到这里。即使是当地村民对这些信息无从知晓，在当时的政治环境下，他们仍然有可能从领导讲话或有关文件找到必要的根据。所以，类似村民自治的做法不可能是纯粹自发的，基层与高层的相互影响从一开始就存在。当然，这并不否认基层探索的意义，因为面对新情况新问题时，党的政策、国家法律、领导人讲话提供的只是原则性、方向性意见，具体如何做需要基层通过探索进行具体化。有了各地实践后，中央再把共性做法进行整合并上升为

---

[1] 叶剑英：《关于修改宪法的报告》，载于《人民日报》1978年3月8日。
[2] 《健全基层群众自治组织　加强政权建设》，载于《人民日报》1980年1月16日。

全国层面的法律或政策。

中央不仅为许多基层探索提供必要的空间，而且对一些做法进行引导和规范。在基层民主活跃的20世纪90年代，高层与基层的互动更加频繁。1990年8月，中组部、民政部等单位在山东莱西县召开全国村级组织建设工作座谈会，肯定莱西县提出的以党支部为核心、村民自治为基础、群团组织为纽带的村级组织"三配套"建设经验。"莱西经验"强调了基层党组织的作用，是对单纯突出村民自治的必要修正。时任中组部部长宋平在座谈会上提出，要在基层党组织领导下逐步建立健全村民委员会，推进农村基层民主政治建设。同年9月，民政部印发通知，要求加强对实施《村民委员会组织法（试行）》的领导，有领导、有计划、有步骤在农村逐步实行村民自治，并在全国开展村民自治示范活动。① 1994年11月，中共中央印发《关于加强农村基层组织建设的通知》。通知提出，要力争在三年内把处于软弱涣散和瘫痪状态的基层组织整顿和建设好，尤其对由于领导班子的原因经济长期落后的村，社会治安状况严重混乱的村，干群关系特别紧张的村，宗族、宗教干预和把持村务的村，邪恶势力横行乡里的村，要选派得力干部下去，依靠当地党员、干部和群众，逐个进行整顿。通知特别强调，党支部是基层的领导核心，党支部要加强对村民委员会的领导，支持村民委员会依法开展工作。村民委员会必须把自己置于党支部领导之下，积极主动地做好职责范围内的工作。②

中共十五大提出"扩大基层民主"的要求后，中央在基层民主制度化、法治化方面采取了更多措施。1998年4月，中共中央办公厅、国务院办公厅发出《关于在农村普遍实行村务公开

---

① 转引自刘维芳：《辉煌40年——中国改革开放成就丛书·政治建设卷》，时代出版传媒股份有限公司、安徽教育出版社2018年版，第157~158页。

② 中共中央文献研究室：《十四大以来重要文献选编》（中），中央文献出版社2011年版，第84、89页。

和民主管理制度通知》。2004年6月,再就健全和完善村务公开和民主管理提出意见,把农村推进税费改革中出现的新议题纳入基层民主范围。2009年,中央有关部门在全国推广河南邓州"四议两公开"经验。"四议"指党支部提议、"两委"会商议、党员大会审议、村民代表会议或村民会议决议,"两公开"指决议公开、实施结果公开。1998年11月,第九届全国人大常委会第五次会议审议通过《中华人民共和国村民委员会组织法》;2010年10月,第十一届全国人大常委会第十七次会议对村委会组织法再次修订,对村民委员会成员选举和罢免程序、民主议事等制度进行细化完善。2002年7月,中共中央办公厅、国务院办公厅就进一步做好村民委员会换届选举工作提出要求;2009年4月,中央又就加强和改进村民委员会选举工作发出通知。在既有经验和规定基础上,2013年5月,民政部印发《村民委员会选举规程》,基层选举的规范化达到新水平。

列举上述有关农村基层民主的主要文件,旨在说明基层民主的发展是上下两方面力量共同作用的结果,那种只关注或过分强调基层作用的观点有失偏颇。与此形成鲜明对比的是,基层政权方面的所谓民主实践却因没有得到高层认同,最终"昙花一现"。这些实践包括乡镇长直选、基层人大代表竞选、乡镇党委"公推直选"等。这些探索之所以没有上升到国家法律或中央政策层次,因为它们都把重心放在选举民主上,对党在基层政权的控制力带来挑战。如果外界推波助澜的话,更容易引起高层警惕,担心基层成为影响政治稳定的"薄弱"环节。正因为如此,村委会、居委会等群众自治制度被纳入到中国特色社会主义基本政治制度的范畴,与乡镇政权和党组织有关的做法却并未进入。这也进一步说明,任何层次的政治体制改革如果不能把党的领导、人民民主与法治方式结合起来,都不能得到政治上的承认,也难以产生实实在在的效果。

(三) 分类改革与系统集成相结合

从结果角度看,政治体制改革的谋篇布局包括两个方面:其一,整个政治体制改革的布局。改革开放后,历次党代会报告都会作出总体安排,内容涵盖民主、法治、行政、监督、统一战线等各个领域;其二,单个领域改革的布局。比如,民主政治建设会涵盖人大制度、中国共产党领导的多党合作与政治协商制度、基层民主制度,法治会涵盖立法、执法、司法、普法等多个方面。但是,从过程角度看,系统性布局却是长期分步实践、逐步积累的结果。最初,改革会有一个大致设计,否则就会凌乱无序。但这种设计也只能是粗线条的,原则性地提出改革的目标、任务和原则,经过一定时期实践后,再充实原有设计。即使是相对完备的方案,落实到具体实践中,也不会平均用力,而是有所侧重。这样,不同阶段的政治体制改革在保持结构一致性或相似性的同时,又呈现出侧重点上的差异性。20世纪80年代的改革侧重党政关系,90年代的改革侧重行政体制,21世纪头10年的改革侧重发展党内民主,近年来则侧重党的领导、法治建设。改革的阶段性特征反映的是各个历史时期,中国共产党对政治体制改革的切入点与突破口选择;切入点与突破口的选择则是基于对当时面临突出矛盾和问题的判断,其中也包含了思想认识的状况以及对改革节奏的把握。总体设计、分类推进、再总体设计、再分类推进,如此循环往复,推动政治体制改革螺旋式上升。对此,我们结合行政体制改革作进一步说明。

与政治领域其他方面的改革一样,行政体制改革本身构成一个相对独立的子系统。首先,行政体制改革是整个政治体制改革的组成部分,会对其他改革产生影响,同时受到其他改革的影响。其次,行政体制改革是由多种因素构成的系统,这些因素各自发展程度及其相互关系如何决定了行政系统的效能。单纯从学理方面看,行政体制由行政职能、行政体制、行政流程、行政行为四大要素构成。行政职能回答和解决政府干什么、不干什么的问题,主要是分清政府与政党,政府与市场、社会的角色和功能,政府既不能"缺位"也不能"越位"。行政体制的核心是两大问题:第一,不同层级政府的关系问题,主要是指从中央到基层各级政府的权责利划分。第二,同一层级不同政府工作部门的关系问题,主要是指政府机构的设置及其职责划分。行政职能通过配置活动与行政体制联系起来,不考虑行政职能配置问题,职能和体制就是两张皮,政府职能转变和行政体制改革也将被割裂开来。纵向和横向政府职能配置结果不尽相同,各级政府的机构设置也不能整齐划一,同级政府的人员编制也不能完全划一,相应地其可支配财力也不能完全相同。这是机构改革、人事改革和财政改革的基本依据。行政流程实际上是行政管理的机制问题,核心是处理决策、执行、监督三类管理行为的关系问题。行政行为,包含三个层次的内容:一是个体公务员服务态度和工作方法问题。二是政府管理和公共服务供给方式问题。三是行政机构及其人员的业绩评价问题。

从行政体制涉及到的四大要素之间的关系看,改革的理想顺序应该是,环境决定职能、职能决定体制、体制决定流程、流程影响行为。然而,实际改革的顺序则是先从行政体制和运行暴露的突出问题入手,逐项改革、逐步深化,然后达到系统性改革。1982年,中国开始第一次行政体制改革,这次改革在当时叫作"政府机构改革",着眼点是精简机构。因为当时机构臃肿、层次繁多及由此带来的效率低、成本高、官僚主义等问题已达到无法承受的地步。1988年、1993年、1998年的行政改革基本上拘泥于机构改革,但政府职能转变问题已经提出,机构改革也不再局限于行政系统内部,而是把市场、社会考虑进来,通过发挥市场主体作用,培育行业协会、中介机构等社会组织来取代原有政府机构。中共十六大以后,行政领域的具体改革思路和举措纷纷推出,改革拓展到行政法制、行政监督、公务员制度、事业单位、公共财政、中央与地方关系、区域合作、政府绩效管理、公共管理和公共服务方式创新等诸多领域。与此同时，权力收放、机构精简膨胀等怪圈仍然没有走出，政府、市场、社会关系也未完全理顺。如果没有行政体制的整体设计，单个方面的改革无法深入推进。

2004年，中共十六届四中全会通过的《中共中央关于加强党的执政能力建设的决定》提出，今后要围绕提高行政效率、降低行政成本、整合行政资源，加强行政体制改革的总体研究，继续推进行政体制改革。其中"加强行政体制改革的总体研究"属于第一次提出，反映了行政体制改革的新趋势。2007年，中共十七大进一步提出了"抓紧制定行政管理体制改革总体方案"的要求以及形成权责一致、分工合理、决策科学、执行顺畅、监督有力的行政管理体制的改革目标。总结过去近30年的改革，十七大还对行政改革涉及的内容进行了首次系统整合。在政府职能转变上，加快推进政企分开、政资分开、政事分开、政府与市场中介组织分开，规范行政行为，加强行政执法部门建设，减少和规范行政审批，减少政府对微观经济运行的干预。在政府职责体系上，完善公共服务体系，推行电子政务，强化社会管理和公共服务。在纵向关系上，减少行政层次，规范垂直管理部门和地方政府的关系。在机构改革上，加大机构整合力度，探索实行职能有机统一的大部门体制，健全部门间协调配合机制，精简和规范各类议事协调机构及其办事机构；统筹党委、政府和人大、政协机构设置，减少领导职数，严格控制编制。在事业单位改革方面，加快推进事业单位分类改革。2010年，中共十七届五中全会提出"顶层设计"概念，这表明整个改革进入到系统集成、整体突破的阶段。

加强行政体制改革的系统集成、顶层设计，有三个方面的重大意义。第一，有助于走出分散式改革的困局。这种改革在初始阶段很有必要，但时间一长容易造成盲人摸象的感觉，把握不住改革的整体和关键；诸多提法、措施存在冲突、矛盾，使人们无所适从；许多改革缺乏必要的配套措施，使改革进退维谷，无果而终。第二，有助于破解改革中的"疑难杂症"。政府职能转变、机构改革多年无法实现实质性进展，根本原因在于外部对行政权力缺乏充分约束。不突破那些制约行政体制改革的深层次障碍，枝节性、表层的改革就无法实现突破；而突破深层次障碍，单靠地方或某个方面是无能为力的，需要顶层的胆识、勇气和智慧。第三，有助于克服上位资源缺失带来的问题。作为上层建筑领域的改革，行政体制改革对上位资源的依赖性强。地方、基层、具体部门的创新如果缺乏更高层的支持，往往推行得比较困难，甚至出现"人亡政息"局面。①

中共十八大后，中国改革的系统性特征更加突出，但也不能忽视其中的重点，这些重点是当前与今后分类推进改革的重心所在。《中共中央关于全面深化改革若干重大问题的决议》提出，使市场在资源配置中起决定性作用是深化经济体制改革的重点，而理顺市场与政府关系又是确保市场决定性作用的关键、是统率行政体制改革的关键。正是出于这种考虑，转变政府职能问题被放在有关经济体制改革的板块，而不像以往那样放在政治体制改革板块。单就政府职能转变有关内容看，重点聚焦健全宏观调控体系、全面正确履行政府职能、优化政府组织结构三个方面。把政府职能转变置于政府组织结构优化前面，强调了政府职能的牵引作用，摆正了二者之间的逻辑关系。政府组织结构优化则突出两个方面的重点：一是机构人员优化，包括统筹党政群机构改革，优化行政区划设置，严格控制财政供养人员总量，推进机构编制管理科学化、规范化、法制化。二是纵向关系优化，包括建立现代财政制度，建立事权

---

① 曾峻：《关于加强行政体制改革顶层设计的思考》，载于《理论探讨》2012年第1期。

和支出责任相适应的制度等改革。以上这些改革内容表明，系统集成是与重点突破联系在一起的，已经出台的重要改革措施也充分证明了这一点。

（四）治标之举与治本之策相结合

发现问题、正视问题是第一步，关键是怎样解决问题或者说基于何种取向来解决问题。解决问题有治标和治本两种取向。治标取向，就是针对实际表现出来的具体现象或问题，借助政治权威、以高压态势和大规模动员形式进行阶段性整治。治标策略在快速控制不良问题蔓延方面具有一定的优势，但也容易导致就事论事、隔靴搔痒、事后反弹等弊端。治本取向，则是通过查找问题产生的深层次、根本性原因，发现真正的症结所在，有针对性采取防范和处治措施，为问题的彻底解决打下坚实基础。解决问题往往从治标开始，但不能停留于治标阶段，不能"头痛医头"，更不能"头痛医脚"，而需要在这个过程中找到治本之策。实现从治标到治本的升级，实质上是从解决表层、枝节性问题转向解决深层次、根本性问题的过程。坚持标本兼治、重在治本的改革取向，体现在政治体制改革的各个方面，在防范与惩治腐败方面体现得尤为明显。

改革开放以来，中国共产党对反腐败工作中的治标与治本关系的认识不断深化。1978～1992年，反腐败的治标特征比较突出，以遏制腐败为主要内容。针对当时群众反映强烈的"三招三转一住"问题，开展扎实有效的纠风治理工作；针对经济领域的严重犯罪活动，集中力量严惩走私贩私、违反财经纪律、投机倒把、诈骗等严重犯罪行为。1992～2002年，党中央提出标本兼治的概念。中共十五大以后，反腐败斗争逐步从侧重遏制转到标本兼治、加大治本力度上来。2002～2012年，确立标本兼治、综合治理、惩防并举、注重预防的方针，提出建立健全惩治和预防腐败体系的目标。①

中共十八大后,坚持标本兼治,更加重视治本,成为中国共产党破解各个领域难题的鲜明取向。2012年12月,习近平在广东视察工作时就明确要求,全面深化改革要加强顶层设计,努力做到全局和局部相配套、治本和治标相结合、渐进和突破相促进;改革要辨证施治,既养血润燥、化瘀行血,又固本培元、壮筋续骨,使各项改革发挥最大效能。② 此后,他又在多个场合表达过同样的思想,范围涉及经济发展、食品安全、环境保护、城市管理、反恐怖斗争、禁毒工作、公共安全体系建设等多个方面。标本兼治、重在治本,也是惩治腐败的基本原则。2013年4月,习近平在中共十八届政治局第五次集体学习会上提出了新形势下预防和惩治腐败的工作要求,即坚持标本兼治、综合治理、惩防并举、注重预防方针,更加科学有效地防治腐败,全面推进惩治和预防腐败体系建设,提高反腐败法律制度建设执行力,让法律制度刚性运行,尽快形成内容科学、程序严密、配套完备、有效管用的反腐败制度体系。③ 此后,每次中纪委全会几乎都强调了标本兼治问题。六年后,反腐败压倒性胜利已经形成,标本兼治走向"深化"阶段,更加注重夯实治本基础,一体推进不敢腐、不能腐、不想腐。④

反腐败必须从治标入手,通过有效遏制腐败,回应人民群众强烈关切;首先解决"不敢腐"问题,为解决"不能腐、不想腐"问题赢得时间、创造条件。据统计,改革开放以来,全

---

① 刘海涛:《改革开放以来党的纪律检查工作特点》,载于《中国纪检监察报》2018年12月6日。
② 中共中央文献研究室:《习近平关于全面深化改革论述摘编》,中央文献出版社2014年版,第32页。
③ 中共中央文献研究室:《习近平关于全面深化改革论述摘编》,中央文献出版社2014年版,第74页。
④ 《习近平在十九届中央纪委三次全会上发表重要讲话强调 取得全面从严治党更大战略性成果 巩固发展反腐败斗争压倒性胜利》,载于《人民日报》2019年1月12日。

国纪检监察机关总共查办各类违纪违法案件约 400 多万件，给予 600 多万人以党纪政纪（政务）处分。① 中共十八大以后，全国纪检监察机关共立案 154.5 万件，处分 153.7 万人。② 十八大后五年查处案件、处分人数分别占整个改革开放四十年的 38.6%、25.6%。十八大后处分的干部中，省军级以上党员干部及其他中管干部 440 人，厅局级干部 8 900 余人，县处级干部 6.3 万人，涉嫌犯罪被移送司法机关处理 5.8 万人；在被处理的省军级以上干部中，十八届中央委员、候补委员 43 人，中央纪委委员 9 人。③

可以说，十八大后反腐败范围之广、力度之大，是改革开放其他时期所未有的。人民群众对反腐败的满意度也达到前所未有的高度。2016 年 10 ~ 11 月，国家统计局在 21 个省（区、市）开展了全国党风廉政建设民意调查。调查结果显示，92.9%的群众对党风廉政建设和反腐败工作成效表示满意，比 2012 年提高 17.9 个百分点；93.1%的群众对遏制腐败现象表示有信心，比 2012 年提高 13.8 个百分点；90.9%的群众认为当前党员干部违纪案件高发势头得到遏制，比 2012 年提高 5.5 个百分点。④

坚持无禁区、全覆盖、零容忍，重拳"打虎""拍蝇""猎狐"，迅速改变了反腐败斗争形势。2015 年 1 月，十八届中央纪委五次全会对反腐败作出的判断是：形势依然严峻复杂，"不敢腐、不能腐、不想腐"没有取得压倒性胜利。2016 年 1 月，十八届中央纪委六次全会的判断是：反腐败斗争压倒性态势正在形成。2017 年 10 月，中共十九大的判断是：反腐败斗争压倒性态

---

① 邵景均：《改革开放以来党内监督的基本实践和主要成效》，载于《中国纪检监察报》2018 年 12 月 13 日。
②③ 《十八届中央纪律检查委员会向中国共产党第十九次全国代表大会的工作报告》，载于《人民日报》2017 年 10 月 30 日。
④ 《党心民心极大提振——2016 年全国党风廉政建设民意调查报告》，载于《中国纪检监察》2017 年第 1 期。

势已经形成。2018年1月,十九届中纪委二次会议上提出"夺取反腐败斗争压倒性胜利"要求。2019年1月,十九届中纪委三次会议上提出"巩固发展反腐败斗争压倒性胜利"要求。从"反腐败没有取得压倒性胜利"到"反腐败取得压倒性胜利",短短五六年间的重大转变,充分表明了集中整治腐败的巨大成效。

如果反腐败仅局限于削减"存量"而不能控制"增量"的话,那么,就是停留于治本层次,时过境迁,腐败又会复潮反弹。总结过去反腐败斗争的经验教训,十八大后的反腐败从一开始就在思考和谋划治本之策,并且随着治标进程的加快把工作重心进一步聚焦到治本上。正是不断推出的治本之策,为巩固反腐败成果打下了基础,也为更好地削减腐败提供了有力支撑。

注重制度反腐。积极把权力关进制度的笼子,坚持用制度管权管人。在建立健全严密制度体系的同时,强化制度执行力,推动制度规范落到实处。

注重外力反腐。建构完善的党内监督、国家监督、社会监督体系,强化自上而下的监督,突破下级"不敢"监督、同级"不愿"监督的困局,确保监督在党中央领导下既有力又有序。

注重精准反腐。一方面提出反腐败共性要求,另一方面针对各领域具体情况推出权力清单,明晰权力主体的权责范围,努力铲除腐败滋生的土壤,大力压缩腐败产生的空间。

注重依法反腐。把反腐败纳入法治化轨道,充分运用既有法律、制度提供的反腐败资源和力量,及时把反腐败成熟做法和经验上升到党内法规制度和国家法律高度,巩固反腐败成果。

注重思想反腐。发挥思想建设优势,配合反腐败工作在党内开展集中教育活动,提高党员干部思想觉悟和党性修养水平,巩固"不想腐"的思想基础。

第七章

政治体制改革的成效与展望

中国渐进式政治体制改革虽然不是"狂飙突进",但却是静水流深,推动中国政治发生历史性转变,为人类政治发展作出理论和实践上的新贡献。对照政治建设的宏伟目标,面对国内外形势提出的新要求,政治体制改革仍然要以永远在路上的姿态继续向纵深推进。

一、评价政治制度的中国标准

衡量政治体制改革的成效,有一个评价标准问题。标准不同,得出的结论自然各异。在评价政治体制改革方面,中国形成了自己的主张和标准。政治体制改革旨在发展和完善中国特色政治制度,因此对政治体制改革成效的评价在相当程度上即是对政治制度的评价。

(一)"三个有利于"评价标准

发展经济、解放生产力、实现现代化,是改革开放的最初动因和中心任务,其他各个领域的改革都必须服务于这个中心任务。改革开放之初,邓小平就明确提出:同心同德地实现四个现代化,是今后一个相当长的时期内压倒一切的中心任务,是决定

第七章　政治体制改革的成效与展望

祖国命运的千秋大业。对实现四个现代化是有利还是有害，应当成为衡量一切工作的最根本的是非标准。① 在这个对改革的基本定位引导下，中国排除各种干扰，各项改革得以稳步前行。1992年一二月间，针对当时国内"左"的思潮抬头，"姓资姓社"争论甚嚣尘上的情况，邓小平一针见血地指出，改革开放迈不开步子，不敢闯，说来说去就是怕资本主义的东西多了，走了资本主义道路。评价改革，应该坚持"三个有利于"标准，即主要看是否有利于发展社会主义社会的生产力，是否有利于增强社会主义国家的综合国力，是否有利于提高人民的生活水平。② 政治体制改革是全面改革的组成部分，"三个有利于"是衡量所有改革的标准，当然也是衡量政治体制改革成败的首要标准。

评价政治体制改革，不仅要遵循改革的共同标准，而且要体现自身特殊的要求。这些要求或标准与政治体制改革所要达到的目标、所要完成的任务有关联，也与对整个政治制度的评价联系在一起。1986年以前，邓小平多次论及政治体制改革的具体目的，包括改变权力过分集中情况、提高工作效率、消除官僚主义、调动人民积极性、促进各方面人才涌现等。1986~1987年，邓小平对政治体制改革目标的认识更加清晰，政治体制改革评价标准问题相应地明晰起来。

1986年9月29日，在会见波兰统一工人党中央第一书记、国务委员会主席雅鲁泽尔斯基时，邓小平把政治体制改革总的目标概括为三条：第一，巩固社会主义制度；第二，发展社会主义社会的生产力；第三，发扬社会主义民主，调动广大人民的积极性。③ 11月9日，在会见日本首相中曾根康弘时，邓小平把政治体制改革的目标概括为：始终保持党和国家的活力；克服官僚主

---

① 《邓小平文选》第2卷，人民出版社1994年版，第208~209页。
② 《邓小平文选》第3卷，人民出版社1994年版，第372页。
③ 《邓小平文选》第3卷，人民出版社1994年版，第178页。

义，提高工作效率；调动基层和工人、农民、知识分子的积极性。他指出，领导层有活力，克服了官僚主义，提高了效率，调动了基层和人民的积极性，四个现代化才真正有希望。①

1987年3月27日，邓小平会见喀麦隆总统比亚时直接提出了评价一个国家的政治体制、政治结构和政策的标准问题，概括起来是"三个能否"：能否保持国家政局稳定；能否增进人民的团结，改善人民的生活；能否持续发展生产力。② 6月12日，邓小平会见南斯拉夫共产主义者同盟中央主席团委员科罗舍茨时指出："我们的改革要达到一个什么目的呢？总的目的是要有利于巩固社会主义制度，有利于巩固党的领导，有利于在党的领导和社会主义制度下发展生产力。对中国来说，就是要有利于贯彻执行党的十一届三中全会以来所制定的一系列路线、方针、政策。"邓小平还指出，要做到这"三个有利于"，党和行政机构以及整个国家体制要增强活力，就是说不要僵化，要用新脑筋来对待新事物；要真正提高效率；要充分调动人民和各行各业基层的积极性。③ 更主要的是，邓小平在这次谈话中，还从制度角度提出了政治体制改革怎样保持自己的优势、避免和克服资本主义制度弊病问题。他指出，"社会主义国家有个最大的优越性，就是干一件事情，一下决心，一做出决议，就立即执行，不受牵扯。我们说搞经济体制改革全国就能立即执行，我们决定建立经济特区就可以立即执行，没有那么多互相牵扯，议而不决，决而不行。就这个范围来说，我们的效率是高的，我讲的是总的效率。这方面是我们的优势，我们要保持这个优势，保证社会主义的优越性。"④

邓小平1987年6月的讲话，标志着政治体制改革目标思想

---

① 《邓小平文选》第3卷，人民出版社1994年版，第179~180页。
② 《邓小平文选》第3卷，人民出版社1994年版，第213页。
③ 《邓小平文选》第3卷，人民出版社1994年版，第241页。
④ 《邓小平文选》第3卷，人民出版社1994年版，第240页。

有了新的发展。第一，巩固社会主义制度、巩固党的领导、发挥社会主义制度优越性，上升为政治体制改革的重要目标。第二，增强活力、提高效率、调动积极性等目标被置于总的改革目标之下，是实现更高目标的途径与手段。这样，政治体制改革的目标划分为不同层次。政治体制改革目标的设定，既为改革指明了方向，也成为后来评价政治体制效能的依据。

（二）"五个有利于"评价标准

20世纪90年代以后，在总结政治体制改革经验、吸取苏联东欧改革教训的基础上，江泽民进一步丰富和发展邓小平的思想，提出了衡量政治体制改革更加完善的标准。

1993年12月26日，江泽民在纪念毛泽东诞辰一百周年大会上指出，政治体制改革要做到"三个以利于"：以利于维护国家的稳定和加强各民族人民的大团结，以利于巩固党的领导和社会主义制度，以利于发展社会主义社会的生产力。做到"三个以利于"的途径是：党和国家领导制度、干部制度的改革和机构改革；克服官僚主义、形式主义和提高工作效率；建立健全各种形式的责任制和民主决策、民主监督制度，大力发扬社会主义民主，充分调动广大工人、农民、知识分子和各方面的积极性和创造性；所有这些改革都必须在坚持和完善人民代表大会制度、中国共产党领导的多党合作和政治协商制度等社会主义政治制度的基础上进行。① 这里，邓小平强调的所要坚持的政治制度被当作改革的前提条件，增强党和国家活力、提高效率、调动人民积极性的内涵也被进一步具体化，同时维护民族团结问题首次被纳入政治体制改革的标准之中。

1997年9月，江泽民在中共十五大报告中把政治体制改革的目的概括为"五个有利于"，也就是说，推进政治体制改革，

---

① 《江泽民文选》第1卷，人民出版社2006年版，第357页。

要有利于增强党和国家的活力,有利于保持和发挥社会主义制度的特点和优势,有利于维护国家统一、民族团结和社会稳定,有利于充分发挥人民群众的积极性,有利于促进生产力发展和社会进步。

2000年12月,江泽民在全国统战工作会议上提出了"四个能否"观点。他指出,衡量中国的政治制度和政党制度的,最根本的是要从中国国情出发,从中国革命、建设、改革实践的效果着眼:一是看能否促进社会生产力持续发展和社会全面进步;二是看能否实现和发展人民民主,增强党和国家的活力,保持和发挥社会主义制度的特点和优势;三是看能否保持国家政局稳定和社会安定团结;四是看能否实现和维护最广大人民的根本利益。[①] 2001年4月,"四个能否"表述为"四个方面",即政治体制改革是否成功,关键看国家政局是否稳定,看生产力能否得到持续发展,能否改善广大人民的生活,能否增进各族人民的团结。[②]

江泽民之所以很短时间内两次谈政治体制改革的标准问题,是有的放矢的。改革开放后,中国的政治体制改革虽然在不断推进,但存在"认同度"不高问题。国内外总有一种议论,认为中国经济体制改革与经济成就还可以,但政治体制改革乏善可陈甚至处于严重滞后或停滞状态。江泽民指出,持这种观点的人,一种是不了解中国的情况,受了西方舆论宣传的影响,认为中国是共产党执政的国家,共产党执政的国家就是"独裁"国家;一种目的很明确,就是要在政治上西化、分化我们,他们所说的政治体制改革与我们讲的根本不是一回事,他们是要我们搞西方的那一套政治制度模式,妄图改变中国共产党的领导地位,取消

---

① 《江泽民文选》第3卷,人民出版社2006年版,第144页。
② 《江泽民文选》第3卷,人民出版社2006年版,第236页。

第七章 政治体制改革的成效与展望

中国的社会主义制度。① 由于这些人坚持用西方政治制度标准来评价中国政治制度，所以，无论中国政治体制怎么改，他们都不会满意，对政治体制改革的"评分"也不会高。

江泽民关于如何评价政治体制改革的思想被写入中共十六大报告。十六大报告特别强调，政治体制改革是社会主义政治制度的自我完善和发展，推进政治体制改革要有利于增强党和国家的活力，发挥社会主义制度的特点和优势，充分调动人民群众的积极性创造性，维护国家统一、民族团结和社会稳定，促进经济发展和社会全面进步。十六大报告所讲的"五个有利于"，虽与十五大报告的表述"大同"，但存在"小异"。在"发挥社会主义制度的特点和优势"之前，增加了"保持"二字，体现出坚持中国政治制度这个前提；有关调动人民群众积极性的表述，放在了"维护国家统一、民族团结和社会稳定"之前，突出发扬人民民主在政治体制改革中的地位和作用。

评判政治体制改革成败的"五个有利于"标准，在胡锦涛任中共中央总书记期间得到进一步坚持和丰富。2004年9月，胡锦涛在首都各界纪念全国人民代表大会成立五十周年大会上指出："有利于增强党和国家的活力，有利于调动人民群众的积极性、主动性、创造性，有利于维护国家统一、民族团结和社会稳定，有利于促进经济发展和社会全面进步，是我们推进政治体制改革、发展社会主义民主政治必须遵循的原则，也是保证党和国家长治久安、切实维护最广大人民根本利益必须遵循的原则，任何时候都不能动摇。"② 2011年，在庆祝中国共产党成立九十周年大会上的讲话中，胡锦涛首次正面回答了社会主义政治制度的优势问题。他指出，包括根本政治制度、基本政治制度以及建立其上的各项具体制度在内的中国政治制度，"符合我国国情，顺

---

① 《江泽民文选》第3卷，人民出版社2006年版，第233~234页。
② 《胡锦涛文选》第2卷，人民出版社2016年版，第239~240页。

应时代潮流，有利于保持党和国家活力、调动广大人民群众和社会各方面的积极性、主动性、创造性，有利于解放和发展社会生产力、推动经济社会全面发展，有利于维护和促进社会公平正义、实现全体人民共同富裕，有利于集中力量办大事、有效应对前进道路上的各种风险挑战，有利于维护民族团结、社会稳定、国家统一。"① 既然中国政治制度优势明显，那么政治体制改革就应该巩固和扩大这些优势，并以此作为衡量政治体制改革效果的尺度。

尽管对于中国政治体制改革存在不同见地，但随着中国经济奇迹的出现，学界对政治制度的兴趣不断增加，并在中国改革开放迎来而立之年达到高潮。大家认为，解读中国奇迹的密码应到政治领域中寻找，"集中效率优势""政治组织优势""制度创新优势""文化包容优势"是其他市场经济国家所没有的，也是中国发展奇迹的奥妙之所在。② 基于对人类政治文明发展和中国国情的综合考虑，有学者认为，衡量我国政治制度是否成功，要坚持以下五大标准：一看能否促进我国社会生产力的持续发展和社会全面进步，实现国家富强、民族振兴；二看能否实现和发展人民民主，保证人民当家作主的权利，增强党和国家的活力和效率，充分调动广大人民群众的积极性和创造性；三看能否实现广泛有序的政治参与，保持国家政局的稳定和社会安定团结，有利于建设和谐社会；四看能否实现和维护最广大人民的根本利益，使人民过上更有尊严、更富裕、更幸福的生活，促进人的全面发展；五看是否具有不断进行自我调整、自我完善和自我更新的能力和较强的适应性。③

---

① 《胡锦涛文选》第 3 卷，人民出版社 2016 年版，第 527 页。
② 陈红太：《中国经济奇迹的密码在政治领域》，载于《红旗文稿》2010 年第 7 期。
③ 甄小英：《政治制度成功的五大标准》，载于《人民论坛》2011 年第 6 期。

(三)"八个能否"评价标准

在继承以往领导人关于政治制度评价标准的基础上,中共十八大后,习近平提出"八个能否"的评价标准。习近平指出:"评价一个国家政治制度是不是民主的、有效的,主要看国家领导层能否依法有序更替,全体人民能否依法管理国家事务和社会事务、管理经济和文化事业,人民群众能否畅通表达利益要求,社会各方面能否有效参与国家政治生活,国家决策能否实现科学化、民主化,各方面人才能否通过公平竞争进入国家领导和管理体系,执政党能否依照宪法法律规定实现对国家事务的领导,权力运用能否得到有效制约和监督。"[①] 相较于以前的表述,"八个能否"内容更加具体,操作性更强。对于政治制度的评价,不仅要看"民主",而且要看"有效"。这里的"有效",包括两层意思:第一,国家治理的意图能不能充分实现。国家治理的目标除了民主、法治外,还包括政局稳定、国家统一、民族团结、经济发展等方面;第二,从民主本身看,人民当家作主这个实质性内容能不能得到真实实现。评价标准所涉及的八方面内容都包含着这种取向。

以"八个能否"来审视中国政治制度,通过40余年持续的改革完善,其成效有目共睹。习近平概括为"四个能够":一是能够有效保证人民享有更加广泛、更加充实的权利和自由,保证人民广泛参加国家治理和社会治理;二是能够有效调节国家政治关系,发展充满活力的政党关系、民族关系、宗教关系、阶层关系、海内外同胞关系,增强民族凝聚力,形成安定团结的政治局面;三是能够集中力量办大事,有效促进社会生产力解放和发展,促进现代化建设各项事业,促进人民生活质量和水平不断提

---

① 习近平:《在庆祝全国人民代表大会成立60周年大会上的讲话》,载于《人民日报》2014年9月6日。

高；四是能够有效维护国家独立自主，有力维护国家主权、安全、发展利益，维护中国人民和中华民族的福祉。①

从邓小平到习近平，中国政治体制改革自始至终有自己的标准，并且在改革中得到不断丰富完善。这套标准实现了内在性与外在性、普适性与特殊性的结合。内在性与外在性的结合，是指在评价标准的结构上，评价政治体制改革成效兼顾两个维度。一是内在维度，即对政治体制改革及其所完善和发展的政治制度本身的评价。具体包括建立健全基本政治制度和程序规则，国家法制的完备程度、执法、司法活动的公正性与权威性，各级公职人员特别是国家领导层的正常更替，政治制度对各方面优秀人才的吸纳能力，人民参与政治、经济、社会及与自身利益密切相关事务的可及性与实际效果，对权力监督制约的有效性，能够防范和克服消极腐败、各种不良作风。二是外在维度，即对政治体制改革和政治制度外部效度的评价。具体包括执政党和国家贯彻发展意志的能力，维护主权统一、民族和谐、政治和社会稳定的能力，调动各个方面积极性、释放人民群众智力和社会活力的水平，促进生产力发展，进而实现经济实力、综合国力和国际竞争力提升的水平。

普适性与特殊性的结合，是指评价政治体制改革和政治制度的中国标准，既反映了人类政治文明发展和国家治理的一般要求，也反映了中国现实的特殊要求。从前一方面看，发展高度的民主与法治，保持政治安全与稳定，促进经济社会发展，是所有政治实体追求的目标，是人类政治文明前进的共同趋势。评价中国政治制度，同样要遵循这些共同标准。中国通过对外开放重新融入世界体系，不断发展民主、健全法治，积极保护公民的政治权利和人权，都体现了对共同标准的认同。从后一方面看，在如

---

① 习近平：《在庆祝全国人民代表大会成立60周年大会上的讲话》，载于《人民日报》2014年9月6日。

何发展民主和法治以及阶段性重点任务选择上,对政治制度的评价反映了中国的特殊性。一是更加注重政治评价的外在标准,把建设社会主义现代化强国、实现中华民族伟大复兴作为头等大事,政治体制改革和政治的制度安排均服务于此。二是更加注重安全、稳定、统一等标准。发展是当代中国的第一要务,而发展必须有一个安定团结的政治环境,因此稳定就成为压倒一切的选项。坚持中国共产党的领导,有序扩大人民民主,突出政治体制改革的渐进性、实效性等,都有助于保证政治发展的可控性,避免大起大落、干扰经济发展。

评价政治体制改革与政治制度中国标准的形成,本身也是中国政治体制改革的成果之一。在评价标准问题上,中国摆脱了纯粹以西方标准为标准的束缚,是道路自信、制度自信、理论自信和文化自信的重要体现,是"合金型"政治文明的重要方面。支撑中国标准的理论基础是"适应论"。中国共产党认为,政治制度不是人为建构的结果,更不是照搬别国模式的结果,特定的政治制度是特定"土壤"里生成的结果。各国历史传统、经济文化发展水平和社会制度不同,政治制度也必然不同。正如世界上没有两片完全相同的叶子,世界上也没有两个完全相同的政治制度,也不可能有一种放之四海而皆准的政治制度模式。适应各国国情的制度,才是最好的制度,也是最有效的制度。因此,必须从中国实际出发来衡量中国制度,来衡量中国政治体制改革的成效。

二、渐进式改革的革命性成效

改革与革命长期以来被认为是对立的两极。邓小平指出,中国的改革是一场革命。这是从改革的广泛性与深刻性角度讲的。从改革的效果角度看,中国渐进性政治体制改革同样产生了革命性成果,推动了中国特色社会主义政治制度的自我完善,为经济社会跨越式发展提供了政治保障。

(一) 政治体制改革成果的总结

在改革开放进程中,中国一方面逐步形成评价政治体制改革和政治制度的标准;另一方面运用这些标准对改革的进展与成效进行总结,比较系统的有三次。

第一次是在 2000 年 1 月。江泽民向中央政治局通报"三讲"情况时,对 1989 年以后政治体制改革的成果进行了概括。第一,改进党的领导方式和执政方式,以党代政、党政不分的现象得到很大改变,党的领导得到加强和改善。第二,进一步完善人民代表大会制度,为各级人大代表行使代表职权和履行代表义务提供法律依据和有力保证,使选举工作更加规范化、制度化。第三,进一步完善中国共产党领导的多党合作和政治协商制度,各级政协的政治协商、民主监督、参政议政的规范化、制度化建设不断推进,巩固和发展了广泛的爱国统一战线。第四,进一步加强城乡基层民主建设,在农村广泛开展以民主选举、民主决策、民主管理、民主监督为主要内容的基层群众性自治活动,城镇居民委员会组织和企事业单位的职工代表大会制度,也得到健全和加强。第五,社会主义法制建设取得重大进展,形成有中国特色社会主义法律体系框架,我国政治、经济、社会生活的基本方面已经做到有法可依。执法、司法、普法和依法治理工作也深入发展。第六,各级政府的职能进一步转变,党政机关精简机构的工作正在进行之中,实施了国家公务员制度。第七,干部制度改革取得新成绩,对干部选拔开展民主推荐、公开考试、择优录取,引入了竞争机制。[1]

第二次是在 2011 年 7 月。胡锦涛在庆祝中国共产党成立九

---

[1]《江泽民文选》第 2 卷,人民出版社 2006 年版,第 536 页。

十周年纪念大会上,对改革开放以来的政治体制改革成果进行了总结。胡锦涛指出,改革开放以来,我们坚持推进政治体制改革,在发展社会主义民主政治方面取得重大进展,具体包括:第一,废除实际上存在的领导干部职务终身制,确保国家政权机关和领导人员有序更替。第二,不断扩大人民有序政治参与,人民实现内容广泛的当家作主。第三,坚持和完善中国共产党领导的多党合作,深入开展政治协商、民主监督、参政议政,发展最广泛的爱国统一战线。第四,建立健全深入了解民情、充分反映民意、广泛集中民智、切实珍惜民力的决策机制,保证决策符合人民利益和愿望。第五,建立健全广纳群贤、人尽其才、能上能下、充满活力的用人机制,为各方面优秀人才建功立业开辟了广阔渠道。第六,形成中国特色社会主义法律体系,我们党自觉在宪法和法律范围内活动,支持人大、政府、政协、司法机关等依照法律和各自章程独立负责、协调一致开展工作。第七,建立健全权力运行制约和监督体系,保证党和国家机关按照法定权限和程序行使权力。事实充分证明,我国社会主义民主政治具有强大生命力,中国特色社会主义政治发展道路是保证人民当家作主的正确道路。①

第三次是2014年9月。习近平在庆祝全国人民代表大会成立六十周年大会上提出评价政治制度的"八个能否"标准后,对照这些标准指出,经过长期努力,中国在解决这些重点问题上都取得了决定性进展。第一,废除了实际上存在的领导干部职务终身制,普遍实行领导干部任期制度,实现了国家机关和领导层的有序更替。第二,不断扩大人民有序政治参与,人民实现了内容广泛、层次丰富的当家作主。第三,坚持发展最广泛的爱国统一战线,发展独具特色的社会主义协商民主,有效凝聚了各党派、各团体、各民族、各阶层、各界人士的智慧和力量。第四,

---

① 《胡锦涛文选》第3卷,人民出版社2016年版,第537~538页。

努力建设了解民情、反映民意、集中民智、珍惜民力的决策机制，增强决策透明度和公众参与度，保证了决策符合人民利益和愿望。第五，积极发展广纳群贤、充满活力的选人用人机制，广泛把各方面优秀人才集聚到党和国家各项事业中来。第六，坚持依法治国、依法执政、依法行政共同推进，坚持法治国家、法治政府、法治社会一体建设，全社会法治水平不断提高。第七，建立健全多层次监督体系，完善各类公开办事制度，保证党和国家领导机关和人员按照法定权限和程序行使权力。①

综合中共领导人的概括总结，可以把主要政治领域的改革成果整合为六个方面：

第一，废除实际上存在的领导干部职务终身制，普遍实行领导干部任期制，国家机关和领导层实现有序更替。这是政治体制改革最早解决也是最稳定的成果。改革开放初期，新中国成立前参加革命的老干部，健在的达到250万人，其中大部分人还留在工作岗位上，各级领导班子老化的状况达到相当严重的地步。1982年2月，中共中央决定建立老干部离休退休和退居二线制度。中共十二大到十四大期间设立顾问委员会，顺利实现干部新老交替，一大批高级领导干部逐步进入离退休行列。1989年9月，邓小平提出辞去中共中央军委主席，并再次强调"一个国家的命运寄托在一两个人的威望上是很不正常的"②。11月，中共十三届五中全会同意邓小平辞去中共中央军事委员会主席职务。邓小平完全退休，不仅是中共党史上而且是国际共产主义运动史上的大事件，标志着党的最高领导人任期制的开始。

第二，人民有序政治参与不断扩大，人民民主内容与形式丰富发展。在中共十一大报告中，作为政治学意义上"民主"一

---

① 习近平：《在庆祝全国人民代表大会成立60周年大会上的讲话》，载于《人民日报》2014年9月6日。
② 《邓小平文选》第3卷，人民出版社1994年版，第316～317页。

次都没有出现，在十九大报告中则有 50 多次。民主是社会主义政治的本质特征，没有民主就没有社会主义，就没有社会主义现代化，成为思想共识。人大民主、协商民主、基层民主、党内民主等各个领域的民主全面发展，民主选举、民主决策、民主监督、民主管理等各个环节的民主全面落实。根据中国国情和实际，不断修改选举法，完善选举制度，农村和城市公民选举人大代表的比例实现从 8∶1 到 4∶1 再到 1∶1 的跨越，并保证各地区、各民族、各方面在人大中都有适当数量的代表。

第三，中国共产党领导的多党合作和政治协商制度的制度化程度不断提高，有效凝聚各种政治力量。坚持和完善新型政党制度，确立"长期共存、相互监督、肝胆相照、荣辱与共"的方针，明确中国共产党是执政党，各民主党派是参政党、亲密友党。全面贯彻民族政策，坚持和完善民族区域自治制度，实现了统一与自治的结合、民族因素与区域因素的结合，为维护国家统一、领土完整，加强民族平等团结，促进民族地区发展，增强中华民族凝聚力作出积极贡献。在各阶层大团结大联合上，统一战线的对象和范围不断扩大。2015 年印发的《中国共产党统一战线工作条例（试行）》确定为民主党派成员；无党派人士；党外知识分子；少数民族人士；宗教界人士；非公有制经济人士；新的社会阶层人士；出国和归国留学人员；香港同胞、澳门同胞；台湾同胞及其在大陆的亲属；华侨、归侨及侨眷；其他需要联系和团结的人员等 12 类对象，形成由全体社会主义劳动者、社会主义事业建设者、拥护社会主义爱国者、拥护祖国统一和致力于中华民族伟大复兴爱国者组成的最广泛政治联盟。

第四，选人用人机制不断健全，各方面优秀人才集聚到党和国家各项事业中来并充分发挥作用。干部人事制度改革深入推进，全面建立有中国特色的公务员制度，坚持分类管理，积极探索扩大选人用人的民主性，干部人事管理的公平、公正、公开、透明程度有较大幅度提高。形成严格干部选拔标准、注意科学合理使用干部、不断调动广大干部积极性、推动人事制度法治化等经验，为经济社会发展提供了坚强有力的组织保证和政治保证。① 在人才队伍建设方面，先后提出"尊重知识，尊重人才""人才是第一资源"等人才战略思想，坚持以品德、能力、业绩、贡献为标准评价人才，向用人主体放权，为人才松绑，打破户籍、地域、所有制、身份、人事关系等限制，形成"天下英才聚神州"的兴旺局面。②

第五，社会主义法律体系基本形成，立法、执法、司法得到加强，全社会法治意识不断提高。改革开放之初，绝大多数人对"法制"噤若寒蝉，对"法治"更是不知何物。现在，依法治国、建设社会主义法治国家成为党和国家政治建设的重要目标。相对于当初无法可依的状况，以宪法为统领，由各种法律、行政法规、地方性法规组成的多层次社会主义法律体系基本形成。依法执政、严格执法、公正司法、全民守法的氛围日益浓厚，公然违背法律的行为显著减少，法治文明成为衡量社会主义政治文明的重要标尺。

第六，权力监督和制约体系不断完善，防范和惩治腐败等各类消极现象的能力进一步提升。实现从思想教育到监督制约的重大转变，形成教育、监督和惩治相结合的权力防控体系，以全面从严治党带动全面从严治权，以党内监督促进其他方面的监督，建立全新的国家监察体制。特别是中共十八大以来，反腐败取得压倒性胜利，官僚主义、形式主义等不良作风得到扭转，走出了一条执政党自我革命、自我完善、自我提高、自我革新的新路。

---

① 沈传亮、武圣强：《改革开放40年干部人事制度改革的宝贵经验》，载于《中国党政干部论坛》2018年第7期。
② 陶庆华：《广纳天下英才 共筑中国梦——人才事业发展40年回眸》，载于《光明日报》2018年12月23日。

第七章 政治体制改革的成效与展望

(二) 中国奇迹的政治学透视

2018年8月，国家统计局发布改革开放40年经济社会发展成就报告。报告指出，改革开放以来的40年，是中国经济大踏步前进、经济总量连上新台阶的40年，是成功从低收入国家迈入中等偏上收入国家行列的40年，也是综合国力和国际影响力显著提升、实现历史性跨越的40年。报告还提供了一连串令人信服的数据：

在数量与规模上，2017年，国内生产总值按不变价计算比1978年增长33.5倍，年均增长9.5%，平均每8年翻一番，远高于同期世界经济2.9%左右的年均增速，在全球主要经济体中名列前茅。2010年经济总量超过日本，成为世界第二大经济体。2017年，我国国内生产总值折合12.3万亿美元，占世界经济总量的15%左右，比1978年提高13个百分点左右。近年来，我国对世界经济增长的贡献率超过30%，日益成为世界经济增长的动力之源、稳定之锚。2017年末，外汇储备余额达31 399亿美元，稳居世界第一位。2017年，货物进出口总额达到4.1万亿美元，比1978年增长197.9倍，年均增长14.5%，居世界第一位。2017年，人均国内生产总值59 660元，扣除价格因素，比1978年增长22.8倍，年均实际增长8.5%。人均国民总收入（GNI）由1978年的200美元提高到2016年的8 250美元，超过中等偏上收入国家平均水平，在世界银行公布的217个国家（地区）中排名上升到第95位。

在经济结构上，2012年，第三产业增加值占国内生产总值的比重首次超过第二产业，成为国民经济第一大产业。2017年，服务业比重提升至51.6%，比1978年上升27个百分点，对经济增长的贡献率为58.8%，提高30.4个百分点。2017年，内需对经济增长的贡献率达到90.9%。消费日益成为经济增长的"稳定器"和"压舱石"。2013～2017年，最终消费支出对经济增长的平均贡献率达到 56.2%，比资本形成总额高 12.4 个百分点。2017 年末，我国常住人口城镇化率为 58.52%，比 1978 年末上升 40.6 个百分点，年均上升 1 个百分点。

在居民生活和社会事业上，消费层次由温饱型向全面小康型转变。2017 年，全国恩格尔系数为 29.3%，比 1978 年下降 34.6 个百分点。按照 2010 年标准，改革开放之初，我国有 7.7 亿农村贫困人口，贫困发生率高达 97.5%。2017 年末，我国农村贫困人口减少为 3 046 万人，累计减少 7.4 亿人，贫困发生率下降至 3.1%。我国扶贫力度之大、规模之广、成效之好、影响之深，举世罕见。社会保障事业水平不断提高，目前已形成了世界上最大的社会保障安全网。教育、卫生、科技、文化等社会事业长足进步。15 岁及以上人口平均受教育年限由 1982 年的 5.3 年提高到 2017 年的 9.6 年，劳动年龄人口平均受教育年限达到 10.5 年。居民预期寿命由 1981 年的 67.8 岁提高到 2017 年的 76.7 岁。[①]

中国经济社会以及其他各个领域发生的翻天覆地的变化，无论是纵向与以往相比，还是横向与其他国家相比，都堪称一场伟大的革命、伟大的传奇。中共十九届四中全会把中国奇迹概括为两大奇迹，即"世所罕见的经济快速发展的奇迹和社会长期稳定的奇迹"[②]。创造两大奇迹的任何一个都非常不易，同时创造两大奇迹，在经济快速发展之时实现社会长期稳定，更加不易。造就这样的奇迹的原因是多方面的，但政治制度因素不可忽视。政治体制改革推动政治发展，政治发展释放出政治制度的优势，为经济社会巨变奠定了基础、创造了条件。

[①] 国家统计局：《波澜壮阔四十载　民族复兴展新篇——改革开放 40 年经济社会发展成就系列报告之一》，国家统计局网站：http://www.stats.gov.cn/ztjc/ztfx/ggkf40n/201808/t20180827_1619235.html。

[②] 《中共中央关于坚持和完善中国特色社会主义制度、推进国家治理体系和治理能力现代化若干重大问题的决定》，载于《人民日报》2019 年 11 月 6 日。

第七章 政治体制改革的成效与展望

首先,中国政治制度有效维护了安定团结的政治局面。从1840年开始,中国要么处于内忧外患之中,要么处于探索道路的曲折之中,政局和政策的剧烈波动,使整个国家无法集中精力发展经济和社会事业。根据英国经济史学家麦迪森测算,鸦片战争之前,中国GDP总量占世界的比重高达33%,1900年下降到11%,1950年跌至5%。[①] 而到了1978年,这个比例进一步下降到1.8%。当然,这并不是说改革开放前30年时间中国没有发展,而是说中国发展速度没有世界其他国家和地区那样快,因此相对比重才会继续下跌。1978年后,中国找到适合自己的现代化道路并实行科学的政策,更重要的是保持了自近代以来唯一的、连续40年的稳定局面,从而使中国抓住机遇,快速赶上时代,进而引领时代。40多年一路走来,中国遇到过自然灾害、经济起伏、政治风波、群体性事件、公共卫生事件、国际动荡,有的甚至相当严重,但均未演化为全局性风险。这归功于中国共产党的驾驭风险能力和战略定力,归功于中国政治制度的抗风险能力和强大的韧性。

其次,中国政治制度有效发挥了集中力量办大事的优势。作为后发现代化国家,要在较短时间里改变落后面貌、缩短与发达国家的差距,需要调集和配置有限资源。在中国,执政党和政府具有巨大的威信,拥有完善的组织体系,也有能力集中优质资源实现特定目标。新中国成立后,中国共产党运用政治和组织优势,推行举国体制,在工业、科技、基础医疗、教育、倡导新风尚等方面成效显著。改革开放后,集中力量办大事的政治动员和组织能力没有被彻底否定,在抢险救灾、重大工程建设、重大赛事举办、重大科技攻关等领域仍然发挥了积极作用,避免议而不决、久拖不决而丧失战略机遇。2006年2月,《国家中长期科学

---

① [英]安格斯·麦迪森:《世界经济千年史》,伍晓鹰等译,北京大学出版社2003年版,中文版前言。

和技术发展规划纲要（2006—2020年）》明确指出，"坚持社会主义制度，把集中力量办大事的政治优势和发挥市场机制有效配置资源的基础性作用结合起来，为科技事业的繁荣发展提供重要的制度保证"。2012年出台的《关于深化科技体制改革加快国家创新体系建设的意见》要求，"探索社会主义市场经济条件下的举国体制"，"注重发挥新型举国体制在实施国家科技重大专项中的作用"。国民经济和社会发展第十三个五年规划纲要也提出："在重大关键项目上发挥市场经济条件下新型举国体制优势。"2019年2月20日，习近平在会见探月工程嫦娥四号任务参研参试人员代表时指出："这次嫦娥四号任务，坚持自主创新、协同创新、开放创新，实现人类航天器首次在月球背面巡视探测，率先在月背刻上了中国足迹，是探索建立新型举国体制的又一生动实践。"① 新型举国体制保留集中力量办大事基本内涵，同时又根据时代发展提出新的要求，融入市场配置资源、发挥市场和社会多元主体作用、开展国际合作等元素。

再次，中国政治制度有效保持了基本政策的长远性和连续性。2017年10月18日，中共十九大开幕式场景引起人们广泛热议：前后三个总书记江泽民、胡锦涛、习近平同时出现在主席台上，现任总书记作报告，前任总书记鼓掌。这个现象折射的是中国政治制度的又一优势。每任领导人根据形势发展需要，会提出新的思想和政策主张，但党的基本理论、基本路线等根本性问题又保持连贯性，体现出连续性与发展性的有机统一。此外，党和国家发展具有长远目标设定，围绕既定的目标，一届接着一届干。在十九大报告中，习近平提出了中国发展新的战略安排，即在2020年全面建成小康社会后，2035年基本实现现代化，2050

---

① 《习近平在会见探月工程嫦娥四号任务参研参试人员代表时强调 为实现我国探月工程目标乘胜前进 为推动世界航天事业发展继续努力》，载于《人民日报》2019年2月21日。

年全面建成社会主义强国。小康社会、现代化强国,是邓小平在20世纪70年代末提出来的,此后三十多年没有改变。如果再往前追溯,那么可以看出,在20世纪五六十年代,毛泽东等领导人就描绘了中国数十年后的奋斗目标。长期目标能够激励不同时期的人不懈努力,党的基本理论、基本路线、基本方略的连续性能够防止改革举措大起大落,这是经济社会发展必需的政策环境和制度保证。

最后,中国政治制度有效激发出了各方面的积极性和创造性。人民群众积极性、创造性、主动性的调动,得益于所有制结构、分配方式等经济政策调整,在贡献与受益之间建立起更加密切的正向激励机制,改变了平均主义、"大锅饭"格局。这些是中国领导层顺应民意、时代发展趋势作出的决策,是决策民主化、科学化的结果,因而属于政治体制改革的一部分。放权让利是政治体制改革激发各种经济、社会组织以及各级政府活力的又一重要途径,特别是"晋升锦标赛"成为具有中国特色的激励地方官员推动地方经济发展的治理方式。[①] 另有研究者指出,由于实行分权分税体制,地方政府成为中国市场经济的重要力量,与中央政府、市场机制共同构成"三元治理结构",这是与西方市场经济的很大不同,也是中国经济快速发展的关键变量之一。[②]

三、政治体制改革的历史性贡献

政治体制改革促进了中国政治制度的完善,使其特色更加鲜

[①] 周黎安:《中国地方官员的晋升锦标赛模式研究》,载于《经济研究》2007年第7期。

[②] 参见史正富:《超常增长:1979~2049年的中国经济》,上海人民出版社2013年版。

明，优势更加明显，为现代化事业作出巨大贡献。政治体制改革形成的理论与实践成果，为科学社会主义注入活力，推动中华治理实现现代转型，为人类政治发展道路和制度模式提供了新选择。

（一）对科学社会主义的贡献

如何在民主法治根基薄弱的国家，让马克思恩格斯的政治理想能够得到不断体现、逐步接近人的全面而自由发展的境界，是所有社会主义国家需要解决的基本课题之一。由于缺乏健全的民主制度，社会主义国家曾经出现过严重失误，进而导致社会主义各项事业出现重大挫折。在相当长时期里，社会主义一度被贴上"独裁""极权""僵化""落后"的标签，失去应有的道义至高性和吸引力。在这种背景下，一些人把实践中的偏差归咎于马克思主义，出现各种"非难"马克思主义的说法。英国学者特里·伊格尔顿驳斥过10种有代表性的观点，其中许多与政治问题直接相关。比如，马克思主义是历史宿命论，剥夺了人的自由与个性；马克思主义是乌托邦，这种幼稚的想法来源于对人性的轻信；马克思主义倡导暴力斗争，因而与民主制度势不两立；马克思主义主张建立全面强大的国家，实行专政集权，将彻底消除个人自由。① 实践是检验真理的唯一标准，实践问题不是理论本身造成的，却与不当理解和运用理论联系在一起，所以澄清思想理论上的非议，必须从实践入手。

面对政治体制上的各种问题，苏联等国家推出"公开性""民主化"等政治改革举措，企图按照西方政治理念与制度模式来改变现状。正如"休克疗法式"的经济改革导致经济崩溃，激进式政治改革同样导致了政治崩溃，无产阶级政党失去政权，

---

① 参见［英］特里·伊格尔顿：《马克思为什么是对的》，李杨等译，新星出版社2011年版。

国家陷入解体状态,给人民带来灾难性影响。与苏联解体及其造成的政治、经济、社会动荡形成鲜明对照的是,中国在坚持马克思主义指导地位不变、社会主义方向不变、社会主义基本政治制度不变的前提下,通过政治体制改革,兴利除弊,为社会主义注入生机活力,科学社会主义在政治上重新赢得世人瞩目,社会主义显示出新的生命力。

马克思主义国家理论是科学社会主义在政治上的具体体现,为中国政治体制改革提供了理想、价值、原则和根本遵循,另一方面,中国政治体制改革推动这些理想、价值、原则在古老的中华大地生根、开花、结果,展示出社会主义的先进性,并丰富发展了马克思主义国家理论。

坚持工人阶级及其政党的领导,是科学社会主义的基本原则之一。中国共产党的领导是中国特色社会主义的本质特征,是中国特色社会主义制度的最大优势。政治体制改革无论怎么改,这一条始终没有改变,而且贯穿到社会主义民主政治建设、社会主义法治国家建设、治国理政的各个领域各个环节。中国共产党的领导是保证中国政局稳定和政治体制改革最有力的因素。在坚持和加强党的领导的同时,把完善党的领导作为政治体制改革的重要组成部分。通过改革,明确中国共产党"总揽全局、协调各方"的基本定位,明确民主执政、依法执政、科学执政的基本要求,明确政治领导、思想领导、组织领导的基本途径,明确"四个善于"是党的领导的基本方式,明确党内民主是党的领导的重要保障。在坚持工人阶级作为领导阶级的地位、积极发挥工人阶级先锋队作用的同时,积极发展最广泛的政治联盟,形成工人阶级领导、以工农联盟为基础、由广大社会主义劳动者、社会主义建设者、拥护祖国统一和致力于民族复兴的爱国者组成的统一战线,寻求"最大公约数",画出最大的"同心圆"。

民主是社会主义政治的本质特征,公平正义是社会主义的内在要求。民主政治体现了人民是历史创造者的历史唯物主义原理，体现了人民是国家主人这个马克思主义的根本思想。改革开放以来，中国始终高举人民民主旗帜，努力提高社会主义政治文明水平，逐步实现民主的目的与手段、内容与形式的统一。与此同时，立足中国国情，有序扩大民主参与，扩展民主的内涵，丰富民主的形式，通过制度建设巩固人民当家作主的成果。人民代表大会制度、协商民主、基层群众自治等各项民主制度的程序化、规范化、法治化程度不断提高。既积极发展民主又保持政治参与有序，成为中国民主政治建设的重要经验，是落后国家走向民主的必然选择。

改革开放以来政治体制改革的各方面成果归结为一点，就是形成了中国特色社会主义政治发展道路、中国特色社会主义政治制度体系、中国特色社会主义民主政治理论和中国特色社会主义政治文化，这是马克思主义国家理论在当代中国的具体表现，是当代中国马克思主义在政治领域的具体体现。1850年1月31日，马克思在伦敦对未来中国政体作出了一个伟大的预言：

"世界上最古老最巩固的帝国8年来在英国资产者的大批印花布的影响之下已经处于社会变革的前夕，而这次变革必将给这个国家的文明带来极其重要的结果。如果我们欧洲的反动分子不久的将来会逃奔亚洲，最后到达万里长城，到达最反动最保守的堡垒的大门，那末他们说不定就会看见这样的字样：

RÉ REBLIQUE CHINOISE

LIBERTÉ, EGALITÉ, FRATERNITÉ

中华共和国：

自由，平等，博爱。"①

100年后，中华人民共和国成立，而且"人民"加入到国号之中，体现出马克思所说共和国的本质属性。又过了70多年，中华人民共和国以更坚定的制度自信屹立于世界的东方。如果

---

① 《马克思恩格斯全集》第7卷，人民出版社1959年版，第265页。

马克思在天之灵有知，一定会为近14亿人取得的成就感到欣慰。

（二）对中华传统治理的贡献

在马克思之前两千多年，中国的先哲也曾对未来作出过美好的憧憬：

"大道之行也，天下为公。选贤与能，讲信修睦，故人不独亲其亲，不独子其子，使老有所终，壮有所用，幼有所长，鳏寡孤独废疾者，皆有所养。男有分，女有归。货恶其弃于地也，不必藏于己；力恶其不出于身也，不必为己。是故谋闭而不兴，盗窃乱贼而不作，故外户而不闭，是谓大同。"（礼记·礼运）

与理想之境对应的却是"天下为家""各亲其亲，各子其子"。为了达到孔子"大同"状态，中国古人提出过各种思想主张和制度设计，最终形成与自然经济、宗法社会、地理环境相适应的政体。如前所述，五千年文明积淀下来的价值观念、思维方式和治理经验，成为中国共产党设计和完善当代政治制度的重要资源，特别是独特的历史文化、独特的国情坚定了中国探索自身政治发展道路的决心和信心，中华文明中的合和精神铸就新中国政治制度多元一体、开放包容的品格。中华文明滋养当代中国政治，当代中国政治也反哺中华文明，丰富中华文明的内涵，使其在现代化、时代化中凤凰涅槃、获得新生。

通过政治体制改革，民本思想得以真正实现。中国自古就有朴素的民本思想，历朝历代文人学士围绕重民、爱民、利民、安民、富民、教民、惜民、察民、恤民、民心发表过各种论述，统治者更是把"爱民如子""宽厚仁慈"时常挂在嘴边。只看这些表述，似乎重民、爱民已经做到极致。但检视历史，却往往呈现的是另一面，统治者的专横颟顸、随性武断，视人民为草芥，人民经常处于食不果腹、衣不蔽体境况之中。在长期的高压政治下，人民无法独立思考，结果变得唯唯诺诺、谨小慎微，民智不开、民力不聚，尤其是到帝国后期，甚至到了亡国灭种的危险地步。只是近代以降，人民与国家的关系才发生"哥白尼式"翻转：是人民决定国家的命运，而不是国家决定人民的命运。新中国成立后特别是经过改革开放后民主政治的不断发展，国家一切权力属于人民、人民是国家的主人，从观念变成制度，从初步制度架构发展成完备的制度体系。只有到了这个时候，才能接近中国古人的理想。

中国传统治理体系和治理方式建立在宗法关系基础之上，宗法关系的实质却是以血缘为纽带，由家庭到家族、宗族再扩大到社会关系和政治关系，所以家国是同构的。这种具有浓郁伦理色彩的结构使中国的社会、政治关系充满温情，但同时也带来一些问题。仁爱、平等具有等差性，有血缘关系的人往往能够得到更多的关照。没有血缘关系的人但利益相关的人则通过各种途径使之"拟血缘化"，于是就有老乡、同学、师生等各种"次生"关系形态，进而社会交往和政治行为便陷入各种"关系网""人情网"，以关系亲疏而非规则来处理事情，伦理压倒了法理。

重血缘及类血缘关系自然假定，只有"熟人"是可靠可信的，进一步延伸开来就是假定人性是善的，当然这里的人只是处于同一关系网络中的人。基于这样的假定，人们认为借助儒家学说、四书五经以至"半部论语"就可以治理天下。熟读经典的人通过科举进入政治体系中，似乎便成为道德楷模，也会自觉约束自己的行为，做一个称职的"父母官"。因此，官吏教育和约束的基本思路是做到"内圣"自然会"外王"，"修身齐家"自然会"治国平天下"。在这种情况下，通过人民的外部监督和有力制度规范来约束权力的做法很难成为主导方式。唯一对权力有清醒认识的人是帝王，为了防止至高无上的皇权被侵蚀，他们建立了近乎烦琐的监视、防范官吏的制度和机制。

中国共产党是中华优秀传统文化的继承人和弘扬者，但中国共产党人尤其是早期奠基者们也是近代新文化运动的旗手、是马克思主义的信仰者，他们对传统文化的重视并不意味着他们全盘接受传统，他们对传统文化的缺陷始终保持批判的姿态。移风易俗、解放妇女、倡导平等的同志关系等，都是传统社会所无法想象的。改革开放以来，面对对外开放、市场经济大潮的冲击，面对日益严峻的消极腐败，中国共产党跳出对权力浪漫的想象，以务实的态度着力建构完备的权力监督和制约体系，更加注重运用法治、制度手段来防止权力异化，防止"公仆"蜕变为"主人"。可以说，这是对中国传统治理模式和方式的重大改造和发展，推动了中华文明与现代民主法治、市场经济的结合。

中国传统治理还与小农经济紧密联系在一起，整个治理体制和方法由小农经济决定，带有相对封闭的农业社会特征。表现在治理技术上就是精密、精准和精细水平不高，属于典型的"经验治国"。新建立的朝代，大多会总结前朝覆亡的教训，采取反向平衡的政策。前朝治理过于严苛，则新朝主张休养生息；前朝"外强中干"、地方权力过大，则新朝主张"中强外干"、加强中央控制；前朝相权过大，则新朝削减相权，如此等等。即使是一个朝代不同时期的最高统治者，他们之间也大多采用类似的策略。由于皇帝具有一言九鼎的威力，所以"经验治国"也就是凭最高统治者的经验治国；由于他们的素养不同，所以治国的效果也大为不同，有"文景之治""贞观之治"，更多的时候是平庸、昏聩之治。所有这些汇总在一起，便使古代中国陷入各种"治乱循环""收放循环"的怪圈中而无法自拔。改革开放以来的政治建设打破了这些循环，原因就在于国家治理实现了制度化、法治化，制度、法治实现了体系化、精密化，处理各种政治关系具备更加科学、规范的依据。中华传统治理经过工业社会、信息社会的洗礼，变得更有时代感和开放性。

总之，政治体制改革及由此推动的政治发展，促进了中华民族伟大复兴，也促进了中华文明伟大复兴。中华文明因吸收新的养分而茁壮成长，中华民族因富强文明而更加自信。中华文明留给世人的印象，不再是贫穷落后，也不再仅仅是长城、故宫、武术、瓷器和京剧,还有先进的制度、实实在在的民主和健全的法治。中华文明的现代转型昭示世人,不仅我们的先人可以创造文明,当代中国人也可以创造文明,我们的后人还能创造更高的文明。

(三) 对人类政治文明的贡献

1989年夏季,美国《国家利益》杂志发表了一篇名为《历史的终结?》论文,作者是日裔美籍学者弗兰西斯·福山。虽然这篇论文标题使用了一个问号,但作者的结论是肯定的:作为唯一具有正统性的自由民主,将战胜世袭君主制、法西斯和共产主义,成为"人类意识形态进步的终点"和"人类统治的最后形态"。① 在《历史的终结?》的基础上,1992年,福山出版《历史的终结与最后的人》一书,宣告历史将以西方民主自由的全面胜利而终结。当福山提出"历史终结论"的时候,社会主义国家政治制度似乎真的到了山穷水尽的地步,中国刚刚经历政治风波,苏联则土崩瓦解。

然而数年后,福山修正了自己的观点。在《国家建构:21世纪的国家治理与世界秩序》中,福山提出国家建构包括两个方面:国家职能的范围和国家力量的强度,前者指政府所承担的各种职能和追求的目标,后者指制定并实施政策和执法的能力特别是廉洁、透明的执法能力,即通常所说的国家能力或制度能力。② 福山指出,一些国际机构等外部势力为别国创造制度需求的能力非常有限,不但没有形成国家能力,反而使之"越搞越糟"。③ 在《政治秩序的起源》一书中,福山指出,政治制度由

---

① [美] 弗兰西斯·福山:《历史的终结》,本书翻译组译,远方出版社1998年版,第1页。
② [美] 弗朗西斯·福山:《国家构建:21世纪的国家治理与世界秩序》,黄胜强、许铭原译,中国社会科学出版社2007年版,第7页。
③ [美] 弗朗西斯·福山:《国家构建:21世纪的国家治理与世界秩序》,黄胜强、许铭原译,中国社会科学出版社2007年版,第38页。

第七章 政治体制改革的成效与展望

三个因素构成：国家、法治和责任制政府，三者缺一不可。① 这实际上表明，民主和法治并非政治制度仅有的要素，对于许多发展中国家来说，建立有效政府的任务可能优先于民主、法治。近年来，福山对中国政治给予更多关注，肯定高效的决策力是中国模式下的独特优势。② 与此对应，美国则因其复杂的制衡体系加上两极分化和强大利益群体的崛起，陷入"否决民主"困境，变成"失败国家"。"特殊利益群体可以否决对他们有害的举措，与此同时，致力于公共利益的集体行动变得极难达成。"③

进入21世纪后，对中国政治体制由否定到怀疑再到肯定的转变，不只福山一人，这表明改革后的中国政治制度受到国际瞩目，并与西方社会的治理乱象形成鲜明对比。英国学者乔舒亚·雷默提出与"华盛顿共识"不同的"北京共识"概念，分析了中国制度的创新与弹性特点。马丁·雅克在《当中国统治世界》中指出，文明国家、民族、朝贡体系和统一性，是中国历史极为独特的四个方面，完全不同于西方，中国未来给世界的影响，将与美国媲美甚至会超过美国。④ 美国学者约翰·奈斯比特夫妇则把中国式民主概括为"纵向民主"，"人民群众自下而上地进行参政议政"，而中国共产党转变为吸纳民众参与的政党。⑤ 西方学者这些观点，难免挂一漏万，但中国政治制度影响力增强却是不争的事实。

从一度甚嚣尘上的"全盘西化"到平视西方、珍视自己的制度，从单向度吸收西方政治文明成果到中西政治文明的双向互

---

① [美] 弗朗西斯·福山：《政治秩序的起源：从前人类时代到法国大革命》，毛俊杰译，广西师范大学出版社2012年版，第16页。
② [美] 弗朗西斯·福山：《我看中国模式》，载于《文汇报》2011年7月6日。
③ 《福山：美国已成失败国家》，澎湃新闻，2017年1月17日，http://www.thepaper.cn/newsDetail_forward_1601553。
④ [英] 马丁·雅克：《当中国统治世界：西方世界的衰落和中国的崛起》，张莉、刘曲译，中信出版社2010年版，第13页。
⑤ [美] 约翰·奈斯比特、[德] 多丽丝·奈斯比特：《中国大趋势：新社会的八大支柱》，魏平译，吉林出版集团、中华工商联合出版社2009年版，第40~41页。

动，中国政治体制改革为此作出了贡献。

其一，中国政治体制改革贡献了一条独特的政治发展道路。西方政治发展道路大多经历的是科技革命、经济革命、政治革命的顺序，带有自然演进特色。一旦政治革命完成即服务于其经济意图，在国内外争夺市场和资源，特别是后者给不发达国家造成经济、生态和心理上的巨大创伤。作为后发现代化国家，又是东方社会主义大国，中国致力于政治发展与其他领域发展的融合，自觉服务本国现代化战略，走出一条和平发展之路。

其二，中国政治体制改革贡献了一个渐进式转型策略。通过改革开放，中国自觉融入世界体系，积极学习借鉴西方等国家治理的经验，但坚持根据本国实际情况，保持积极进取姿态同时保证改革可控制、不急躁，积小胜为大胜，稳扎稳打，适时进行领域扩展和系统集成。

其三，中国政治体制改革贡献了一种基本方法，就是善于结合。在博采众长的基础上，立足自身需要，把各种有益因素结合在一起。学习外国但不食洋不化，传承历史但不食古不化，坚持马列但不搞教条主义，主动纠错但不放弃根本。如果用公式表达，这种结合就是 A + B + C + …的过程，得到的结果既非 A、也非 B、也非 C，但又是 A、又是 B、又是 C。正是在这个意义上，当代中国的伟大社会变革"不是简单延续我国历史文化的母版，不是简单套用马克思主义经典作家设想的模板，不是其他国家社会主义实践的再版，也不是国外现代化发展的翻版"[①]。当然，我们也可以说，这场伟大的变革是一次全方位的综合创造，吸收了各种有益因素，从而使自己强大起来。

中共十九大报告指出，"中国特色社会主义道路、理论、制度、文化不断发展，拓展了发展中国家走向现代化的途径，给世

[①] 习近平：《在纪念马克思诞辰 200 周年大会上的讲话》，载于《人民日报》2018 年 5 月 5 日。

界上那些既希望加快发展又希望保持自身独立性的国家和民族提供了全新选择,为解决人类问题贡献了中国智慧和中国方案。"①这一论断适用于政治发展和政治制度,即中国通过政治体制改革和政治建设,打破了近代以来形成的"西方中心论"和"西方道路是唯一选择"的认知和思维窠臼,增强了自身的制度自信,也增强了广大发展中国家探索自身政治发展道路的信心。

四、政治体制改革未有穷期

政治体制改革成效显著、贡献巨大,制度自信前所未有,但国内外环境也正经历前所未有的变化,政治制度未完全定型、优势未完全释放,因而需要继续推进改革,为全面建成社会主义现代化强国和人类政治文明建设作出更大贡献。

(一)以"政治强国"引领改革

改革开放以来,随着经济实力和国际影响力的提升,一直存在着一种观点:只要能够保持经济增长、维持社会稳定,中国人现阶段对政治体制改革的需求并不强烈,改革慢一点儿或者进行一些外围改革,关系不大。特别是近些年来,针对过去强调制度自信不够、唯西方马首是瞻的情况,中国加大对改革成就和制度特色的总结、提炼和传播力度,一些人又从"自信"滑向"自满"乃至"自大",有意无意排斥人类政治文明的成果,排斥国家治理的普遍法则。在这种心态下,似乎我们的制度已经完美无缺,没有改进的必要。这就提出了一个非常重要的问题:中国还

---

① 习近平:《决胜全面建成小康社会　夺取新时代中国特色社会主义伟大胜利——在中国共产党第十九次全国代表大会上的报告》,载于《人民日报》2017年10月28日。

需要政治体制改革吗？毫无疑问，答案是肯定的。第一点理由在于，政治体制改革对完成当下和今后中国战略发展的意义不容低估，建设政治强国是建设社会主义现代化强国的重要内容。

中共十九大提出了中国未来发展的战略安排。十九大同时宣布，实现 2020 年、2035 年、2050 年的目标，关键是提升质量效益。也就是说，不再简单追求数量规模上的扩张，而要真正把质量、效率、效益放在第一位。如果说数量上还要增长，也是更有质量、更有内涵的增长。提升质量效益的关键则在于创新创造，不能再走依靠资源、资金、能耗巨量投入拉动发展的老路。这里的创新创造，首先是指科技创新，却不限于此，而是包括理论创新、制度创新在内的全面创新创造。

这一点非常重要。因为未来的经济靠科技创新驱动，但还有一个如何驱动科技创新的问题。没有理论创新、制度创新，就可能以旧思路、老办法来"驱动"科技创新，这样做，要么驱动不了，要么成本巨大、效果有限。所以，不进行政治体制改革，科技政策、科技管理体制及支撑科技创新的教育政策、教育管理体制及其他政策、体制，就会成为科技创新的"绊脚石"，而不是"垫脚石"。比如，许多科研单位、科研人员、创业者会遇到政策"天花板"，遇到"玻璃门""弹簧门""旋转门"等各种有形无形的障碍物。还比如，单一、片面的评价指标，导致无数学生仍然摆脱不了"分数魔咒"，没有足够的时间保证身心健康，更没有时间发展个人兴趣特长，遑论培养创新思维和创造能力。没有创新思维和创造能力，科技创新便是无源之水、无本之木。

再就经济增长速度而论，改革开放前 30 年每年平均 10% 的增长很难再现，因为增长的基数越来越大，增长的难度越来越大。保持中国经济必要的增长速度的潜力在哪里呢？现在人们更多是从经济层面思考出路。出口、投资、消费"三驾马车"转向更多依靠消费，一、二、三产业转向更多依靠第三产业，通过城镇化实现农民向市民的转变，把农业农村发展作为新增长极，改变生育政策防止"人口红利"进一步下降，等等。不可否认，这些措施都是必要的，不过没有触及根本。比如，在经济学上，"人口红利"是指一国劳动年龄人口（15～59岁的人口）占总人口的比重高，相应地劳动力成本较低、抚养率较低，因而有利于经济发展。从这个定义看，中国"人口红利"呈消减趋势。但"人口红利"还可以从另外一个意义来理解，即社会成员积极性、主动性、创造性"三性"发挥的程度。中国改革开放之所以成功，归根结底是我们的政策、制度设计符合初级阶段实际，顺乎人心民意，有效释放了人民群众的"三性"，出现了争先恐后"发家致富"的局面。如果不继续进行政治体制改革，就无法进一步释放千百万民众的创新、创造、创业的潜力。

2019年，中国GDP总量稳居世界第二，人均GDP接近一万美元，与改革开放之初比较有了长足进步。然而中国人均GDP在世界主要国家和地区中排名70多位，仍未达到世界平均水平；与许多发达国家比，差距更大。差距就是增长的空间，中国有信心也有能力缩短差距，这已经被改革开放的历史所证明。政治体制改革就是创造一种有利于反映民情民意的决策机制和调动民智民力的实施机制，这是比具体经济政策调整更有威力的变革。

以上是从对解决当前和今后一个时期经济发展的作用来看政治体制改革必要性。从党和国家总体发展战略目标和任务角度看，进一步推进政治体制改革对于建设社会主义现代化强国同样意义重大。到本世纪中叶，中国要建设的强国有领域指向，"富强民主文明和谐美丽"分别对应经济、政治、文化、社会和生态，这5个词的排序也反映了中国对现代化理解的深化过程。与强国目标配套，还有12个具体领域的强国任务和3个世界一流要求。12个具体领域的强国是制造强国、质量强国、贸易强国、航天强国、网络强国、交通强国、海洋强国、科技强国、人才强国、教育强国、体育强国、文化强国；3个世界一流是建设世界一流军队、世界一流企业、世界一流教育。把"民主"纳入强国目标,已体现出对政治建设的重视,可以在此基础上进一步凝练"政治强国"概念,作为继续推进政治体制改革的目标和动力。

"政治强国"是中国自身全面发展的需要,也是提高中国制度的国际竞争力和影响力的需要。国家间竞争,不仅是经济、军事、科技等硬实力的较量,而且是制度及其内含价值、意识形态的较量。中国要建设的政治强国,是中国共产党领导的、社会主义性质的政治强国,是适合中国国情、能够实现人民幸福和世界和平发展的政治强国,是追求民主、法治、人权和公平、正义的政治强国,是与人类政治文明进步趋势一致但具有中国特色的政治强国。

建设政治强国并系统构建话语体系,向世界展示真实、全面的中国政治,有利于改变话语权上的"弱势"地位,澄清国际社会对中国的误读。中国不需要别人"指手画脚",无须刻意博得他人的"掌声",但消除不必要的误解是中国全面走向世界舞台中心的重要环节。中国赢得世界的不光是庞大的市场和民众购买力,还有民众的文明素养和政治制度的魅力。

(二) 从"物理反应"到"化学反应"

与改革开放之初相比,中国政治制度的完备性无疑得到显著提升,但尚未达到理想状态。1992 年,邓小平在视察南方重要谈话中指出:"恐怕再有三十年的时间,我们才会在各方面形成一整套更加成熟、更加定型的制度。"① 邓小平的讲话表明了建立健全制度的长期性、艰巨性。20 年后,完善制度的任务依然显得十分紧迫。基于这样的考虑,中共十八大报告把制度建设摆在突出位置,强调必须坚决破除一切妨碍科学发展的思想观念和

---

① 《邓小平文选》第 3 卷,人民出版社 1994 年版,第 372 页。

体制机制弊端，构建系统完备、科学规范、运行有效的制度体系，使各方面制度更加成熟更加定型。十八大后，习近平一方面肯定中国特色社会主义制度是特色鲜明、富有效率的，另一方面也指出"还不是尽善尽美、成熟定型的"①。十八届三中全会进一步把制度建设提升到全面深化改革总目标的高度，就是要通过推进国家治理体系和治理能力现代化，"为党和国家事业发展、为人民幸福安康、为社会和谐稳定、为国家长治久安提供一整套更完备、更稳定、更管用的制度体系"②。十九届四中全会强调要"把我国制度优势更好转化为国家治理效能"，从一个侧面也说明，包括政治制度在内的中国制度优势尚未充分释放出来。这是中国需要继续推进政治体制改革的第二点理由。

前文曾指出，结合是中国政治制度的显著特征，是"合金型"制度的突出优势所在。不同事物和要素的关系有四种形态。一是"水火"关系。认为不同事物是对立的、不可兼容的，故而反对结合。在极左思潮盛行的时代，人为隔断古今、中外、继承与发展等做法就是典型。二是"水油"关系。虽然看到不同事物彼此关联、互补，但结合停留在表层，并没有深度融合，存在"两张皮"现象。三是"水乳"关系。不同事物交融在一起、难分彼此，但仍然属于"物理反应"，没有产生出新的事物或要素。四是"合金"关系。即通过一定的方法，不同事物之间发生"化学反应"，产生了新物质或新元素。

从制度发展角度看，中国走出了"水火"阶段，少数方面处于"水油"阶段，多数方面处于"水乳"阶段，但许多方面还未发生"化学反应"，结合的有机性还有待提高。例如，在党

---

① 《习近平在中共中央政治局第一次集体学习时强调 紧紧围绕坚持和发展中国特色社会主义 学习宣传贯彻党的十八大精神》，载于《人民日报》2012年11月19日。
② 中共中央文献研究室：《习近平关于社会主义政治建设论述摘编》，中央文献出版社2017年版，第7页。

的领导、人民当家作主与依法治国有机统一上，一些党组织习惯于发号施令、强制命令，在选举等过程中简单机械地确定候选人，甚至干扰选举，没有充分尊重群众的知情权、选择权。还有一些党组织与政府联合发文，如果这些文件、出台的政策发生法律纠纷，则导致责任主体、诉讼主体模糊。在上下级关系特别是不同层级政府责权利划分上，也缺乏精确界定，造成执行时畸重畸轻。在人大及其产生的其他国家机关关系上，根据新修订宪法，监察委员会由人大选举产生，对人大负责，但监察委员会监督的对象包括人大常委会组成人员、人大机关工作人员以及相当数量具有干部身份的人大代表。在这种情况下，需要思考如何保证人大权力机关的地位问题。

政治制度建设需要解决的另一个问题是怎样发挥既有资源和力量的作用。目前各级党委、人大、政协拥有数百万代表、委员。但在党代会、人大、政协开会期间，一些代表、委员参政议政、反映社情民意、监督政府的力度还不够，更多的是表态，或抒发一己之见，还有少数代表、委员是"哑巴"代表、"哑巴"委员。在闭会期间，许多代表、委员主要时间和精力花在忙于自己的本职工作，很难充分联系群众、调查研究。为了保证代表、委员参加会议和考察调研等活动，一些人大、政协不得不用严格的考勤来约束代表、委员。在理论上，人大制度是根本政治制度，政协是协商民主的重要形式，但具体的人事安排却客观上给人们造成"二线"的印象，"到人大走程序"的做法也未彻底改观。所有这些都表明，既有制度仍有改进和完善的空间。

既有制度除了有完善问题外，还有一个执行到位问题，否则会形成理论与实践的反差，实践层面不到位会损害理论的权威，或者不顾实际、用理论来论证，导致理论缺乏说服力。集体领导是规定和要求，现实中却更多是"一把手"权力过大且缺乏制约，进而衍生出决策失误、腐败等弊端。选贤任能、德才兼备、五湖四海是规定和要求，现实中却较多存在用人上的腐败，任人唯亲弊端没有很好地解决。具有长远规划能力是我们的优势，现实中却是一些领导干部急功近利、搞"政绩工程"，"新官不理旧账"，随意改变法定程序通过的规划。进一步缩小实际做法与制度规范之间的距离，需要在政治体制改革方面下大气力。制度不仅在基本表述上更加完备、定型，而且也要更好地在实践中显现出来，让群众在日常、在身边感知政治制度的特色和优势。

（三）在动态调适中行稳致远

针对各个时期存在的突出问题，不断排除各种干扰，适时作出动态调整，在政治实践中逐步实现多重目标、任务、原则、价值和元素的结合，是中国政治体制改革成功的原因之一。可以形象地称作在"左右逢源"中避免"左右为难"。这集中体现在动态处理"一"与"多"的关系上。"一"就是统一、一致和发挥执政党领导核心和掌控政局的作用，"多"就是多元、多样和发挥其他政治主体参与作用。中国共产党的强大，来自严密组织、严格纪律及由此带来的政治动员能力，也来自团结、凝聚并发挥各种政治力量作用的意识和能力。政治就是人心，政治就是艺术，通俗而准确地揭示了政治的精髓。

对于中国政治体制改革来说，需要根据时代、环境变化动态把握的关系有三个。一是坚持和完善党的领导的关系。在坚持前提下完善，通过完善更好地坚持，两方面合在一起成为一个完整的要求。历史经验教训告诉我们，片面强调其中的任何一方面，都不利于党的领导。要防止以改革名义削弱党的领导，也要防止以党的领导名义取代其他组织、事无巨细地干预这些组织法定职权内的活动。此外，还需防止"泛政治主义"倾向，明确政治性问题与业务性问题界限，避免把业务性、技术性问题"上纲上线"。二是民主与集中的关系。要深入探索和解决民主与集中统一的内在机制、形式和平台。继续发扬党内民主，以集体领导体现集中领导。在主要领导与领导集体关系上也要贯彻民主集中制原则，防止和克服一些领导干部以个人意志代替组织意志。三是自上而下与自下而上的关系。比如，要发挥政府主导、调集资源"集中力量办大事"的优势，但也要注意发挥下级、基层、群众的积极性，更要注意防止和克服"集中力量办错事""集中力量办坏事"。长期以来，我们在发挥政府作用方面形成了一套相对成熟的机制，各级管理部门和领导干部也擅长使用这些办法，但在形成社会自发自动、自我平衡能力方面还不是很得力，运用市场的、法治的、协商的方法还不是很娴熟。政府和管理部门的负荷超载、职能庞杂，机构和人员难以削减，管理效率改善乏力。这就要求我们在保持固有优势的同时，必须积极培育和发展新的优势。

中国政治体制改革是在开放环境下进行的，主动学习借鉴了各国治理的有益经验。继续完善中国政治制度，也需要在新的历史条件下妥善处理好坚持特色与学习借鉴的关系。中国特色政治制度为人类政治文明作出了贡献，但并不意味着因此就故步自封、停止学习、停止创新。文明交流互鉴是双向的，世界正经历百年未有之大变局，新的技术革命蓄势待发，各国都在探索新的发展模式，适应新的世界格局。把自己的事情做好，将为世界作出更大贡献，而及时学习他国经验也可以帮助我们把自己的事情做得更好。

中国的改革开放已历经40多个年头，中华人民共和国已走过70多个春秋，中国共产党也即将迎来100周年华诞。虽然这些时段在历史长河中不过短暂一瞬，但对中华民族而言却意义非凡。回首历史、总结经验，是为了更好地前行。我们无意对未来做具体预测，但我们需要思考今后的路如何才能走得更好。未来充满机遇也充满挑战，但我们相信，具有高度人民性、包容性、进取性的中国特色社会主义政治制度一定会在新中国成立100周年的时候展现出更大的魅力和价值。

参考文献

1. 《马克思恩格斯选集》第 1~4 卷，人民出版社 1995 年版。
2. 《马克思恩格斯文集》第 1~10 卷，人民出版社 2009 年版。
3. 《列宁选集》第 1~4 卷，人民出版社 2012 年版。
4. 《毛泽东选集》第 1~4 卷，人民出版社 1991 年版。
5. 《毛泽东文集》第 1~2 卷，人民出版社 1993 年版。
6. 《毛泽东文集》第 3~5 卷，人民出版社 1996 年版。
7. 《毛泽东文集》第 6~8 卷，人民出版社 1999 年版。
8. 《邓小平文选》第 1~3 卷，人民出版社 1994 年版。
9. 《邓小平年谱（1975~1997）》，中央文献出版社 2004 年版。
10. 《江泽民文选》第 1~3 卷，人民出版社 2006 年版。
11. 《江泽民论有中国特色社会主义（专题摘编）》，中央文献出版社 2002 年版。
12. 《胡锦涛文选》第 1~3 卷，人民出版社 2016 年版。
13. 《习近平在中共中央政治局第一次集体学习时强调 紧紧围绕坚持和发展中国特色社会主义 学习宣传贯彻党的十八大精神》，载于《人民日报》2012 年 11 月 19 日。
14. 习近平：《在联合国教科文组织总部的演讲》，载于《人民日报》2014 年 3 月 28 日。
15. 习近平：《在庆祝全国人民代表大会成立 60 周年大会上

的讲话》，载于《人民日报》2014年9月6日。

16. 习近平：《在庆祝中国人民政治协商会议成立65周年大会上的讲话》，载于《人民日报》2014年9月22日。

17. 《习近平在省部级主要领导干部学习贯彻十八届四中全会精神全面推进依法治国专题研讨班上强调 领导干部要做尊法学法守法用法的模范 带动全党全国共同全面推进依法治国》，载于《人民日报》2015年2月3日。

18. 习近平：《加快建设社会主义法治国家》，载于《求是》2015年第1期。

19. 习近平：《毫不动摇坚持我国基本经济制度 推动各种所有制经济健康发展》，载于《人民日报》2016年3月9日。

20. 习近平：《在第十八届中央纪律检查委员会第六次全体会议上的讲话》，载于《人民日报》2016年5月3日。

21. 习近平：《在庆祝中国共产党成立95周年大会上的讲话》，载于《人民日报》2016年7月2日。

22. 习近平：《关于〈关于新形势下党内政治生活的若干准则〉和〈中国共产党党内监督条例〉的说明》，载于《人民日报》2016年11月3日。

23. 习近平：《在纪念孙中山先生诞辰150周年大会上的讲话》，载于《人民日报》2016年11月12日。

24. 习近平：《决胜全面建成小康社会 夺取新时代中国特色社会主义伟大胜利——在中国共产党第十九次全国代表大会上的报告》，载于《人民日报》2017年10月28日。

25. 习近平：《在纪念马克思诞辰200周年大会上的讲话》，载于《人民日报》2018年5月5日。

26. 习近平：《在民营企业座谈会上的讲话》，载于《人民日报》2018年11月2日。

27. 习近平：《在庆祝改革开放40周年大会上的讲话》，载于《人民日报》2018年12月19日。

28. 习近平：《关于坚持和发展中国特色社会主义的几个问题》，载于《求是》2019年第7期。

29. 中共中央文献研究室：《习近平关于全面深化改革论述摘编》，中央文献出版社2014年版。

30. 中共中央纪律检查委员会、中共中央文献研究室：《习近平关于党风廉政建设和反腐败斗争论述摘编》，中央文献出版社、中国方正出版社2015年版。

31. 中共中央文献研究室：《习近平关于全面依法治国论述摘编》，中央文献出版社2015年版。

32. 中共中央文献研究室：《习近平关于社会主义政治建设论述摘编》，中央文献出版社2017年版。

33. 中共中央宣传部：《习近平新时代中国特色社会主义思想三十讲》，学习出版社2018年版。

34. 《孙中山全集》第1卷，中华书局1981年版。

35. 《孙中山全集》第2卷，中华书局1982年版。

36. 《孙中山全集》第7卷，中华书局1985年版。

37. 《孙中山全集》第9卷，中华书局1986年版。

38. 《蔡和森文集》，人民出版社2013年版。

39. 中共中央文献研究室、中央档案馆：《建党以来重要文献选编（1921~1949)》第1~26册，中央文献出版社2011年版。

40. 中共中央文献研究室：《建国以来重要文献选编》第1~20册，中央文献出版社2011年版。

41. 中共中央文献研究室：《三中全会以来重要文献选编》，中央文献出版社2011年版。

42. 中共中央文献研究室：《十二大以来重要文献选编》，中央文献出版社2011年版。

43. 中共中央文献研究室：《十三大以来重要文献选编》，中央文献出版社2011年版。

44. 中共中央文献研究室：《十四大以来重要文献选编》，

中央文献出版社 2011 年版。

45. 中共中央文献研究室：《十五大以来重要文献选编》，中央文献出版社 2011 年版。

46. 中共中央文献研究室：《十六大以来重要文献选编》，中央文献出版社 2011 年版。

47. 中共中央文献研究室：《十七大以来重要文献选编》（上），中央文献出版社 2009 年版。

48. 中共中央文献研究室：《十七大以来重要文献选编》（中），中央文献出版社 2011 年版。

49. 中共中央文献研究室：《十七大以来重要文献选编》（下），中央文献出版社 2013 年版。

50. 中共中央文献研究室：《十八大以来重要文献选编》（上），中央文献出版社 2014 年版。

51. 中共中央文献研究室：《十八大以来重要文献选编》（中），中央文献出版社 2016 年版。

52. 中共中央文献研究室：《十八大以来重要文献选编》（下），中央文献出版社 2018 年版。

53. 中共中央文献研究室：《新时期党的建设文献选编》，人民出版社 1991 年版。

54. 中共中央文献研究室：《刘少奇传》，中央文献出版社 1998 年版。

55. 中共中央统战部研究室：《历次全国统战工作会议概况和文献》，档案出版社 1988 年版。

56. 《中共中央关于全面推进依法治国若干重大问题的决定》，载于《人民日报》2014 年 10 月 29 日。

57. 《中共中央印发〈关于加强社会主义协商民主建设的意见〉》，载于《人民日报》2015 年 2 月 10 日。

58. 《中办印发〈关于加强人民政协协商民主建设的实施意见〉》，载于《人民日报》2015 年 6 月 26 日。

59. 《中办国办印发〈关于加强城乡社区协商的意见〉》，载于《人民日报》2015 年 7 月 23 日。

60. 《中办印发〈关于加强政党协商的实施意见〉》，载于《人民日报》2015 年 12 月 11 日。

61. 《中共中央、国务院关于深入推进城市执法体制改革 改进城市管理工作的指导意见》，载于《人民日报》2015 年 12 月 31 日。

62. 《中共中央关于加强和改进党的群团工作的意见》，载于《人民日报》2015 年 7 月 10 日。

63. 《中共中央关于深化党和国家机构改革的决定》，载于《人民日报》2018 年 3 月 5 日。

64. 《中共中央关于坚持和完善中国特色社会主义制度、推进国家治理体系和治理能力现代化若干重大问题的决定》，载于《人民日报》2019 年 11 月 6 日。

65. 陈红太：《中国经济奇迹的密码在政治领域》，载于《红旗文稿》2010 年第 7 期。

66. 《党心民心极大提振——2016 年全国党风廉政建设民意调查报告》，载于《中国纪检监察》2017 年第 1 期。

67. 《法治与人治问题讨论集》编辑组：《法治与人治问题讨论集》，群众出版社 1981 年版。

68. 费孝通：《文化与文化自觉》，群言出版社 2010 年版。

69. 国务院新闻办公室：《中国的司法改革》，载于《人民日报》2012 年 10 月 10 日。

70. 国务院新闻办公室：《中国人权法治化保障的新进展》，载于《人民日报》2017 年 12 月 16 日。

71. 金春明：《六十年代"左"倾错误的发展与"文化大革命"的爆发》，载于《中共党史研究》1996 年第 1 期。

72. 林蕴晖等：《凯歌行进的时期》，河南人民出版社 1996 年版。

73. 刘维芳：《辉煌 40 年——中国改革开放成就丛书·政治建设卷》，时代出版传媒股份有限公司、安徽教育出版社 2018 年版。

74. 米有录、周朗：《泥腿子踩出来的民主之路——关于村民自治情况调查》，载于《人民日报》1999 年 3 月 4 日。

75. 牟宗三：《政道与治道》，广西师范大学出版社 2006 年版。

76. 钱颖一、许成钢：《中国的经济改革为什么与众不同：M 型的层级制和非国有部门的进入与扩张》，载于《经济社会体制比较》1993 年第 1 期。

77. 邵景均：《改革开放以来党内监督的基本实践和主要成效》，载于《中国纪检监察报》2018 年 12 月 13 日。

78. 史正富：《超常增长：1979～2049 年的中国经济》，上海人民出版社 2013 年版。

79. 《十八届中央纪律检查委员会向中国共产党第十九次全国代表大会的工作报告》，载于《人民日报》2017 年 10 月 30 日。

80. 宋金寿、李忠全主编：《陕甘宁边区政权建设史》，陕西人民出版社 1990 年版。

81. 唐志宏、谭继和主编：《中华苏维埃共和国史稿》，成都出版社 1993 年版。

82. 温家宝：《在全国依法行政工作会议上的讲话》，载于《人民日报》2010 年 9 月 20 日。

83. 信春鹰：《我国宪法修改的重点内容及其重大历史意义》，载于《人民日报》2018 年 5 月 16 日。

84. 轩理：《保证党和国家长治久安的重大制度安排》，载于《人民日报》2018 年 3 月 1 日。

85. 俞可平主编：《治理与善治》，俞可平等译，社会科学文献出版社 2000 年版。

86. 甄小英：《政治制度成功的五大标准》，载于《人民论坛》2011 年第 6 期。

87. 曾峻：《中国特色社会主义的"合金"品质》，载于《党政论坛》2010 年第 5 期。

88. 曾峻：《文明视野中的中国特色社会主义》，载于《上海行政学院学报》2013 年第 4 期。

89. 曾峻：《文化自信与道路自信、理论自信、制度自信的关系》，上海市中国特色社会主义理论体系研究中心：《文化自信：创造引领潮流的时代精神》，上海人民出版社 2017 年版。

90. 曾峻等：《坚持和加强党的全面领导研究》，人民出版社 2019 年版。

91. 郑谦：《"文化大革命"的巴黎公社情结》，载于《中共党史研究》2010 年第 2 期。

92. 郑青原：《沿着正确政治方向积极稳妥推进政治体制改革》，载于《人民日报》2010 年 10 月 27 日。

93. 周黎安：《中国地方官员的晋升锦标赛模式研究》，载于《经济研究》2007 年第 7 期。

94. ［美］李侃如：《治理中国：从革命到改革》，胡国成、赵梅译，中国社会科学出版社 2010 年版。

95. ［法］皮埃尔·卡蓝默：《破碎的民主——试论治理的革命》，高凌瀚译，三联书店 2005 年版。

96. ［英］安格斯·麦迪森：《世界经济千年史》，伍晓鹰等译，北京大学出版社 2003 年版。

97. ［英］马丁·雅克：《当中国统治世界：西方世界的衰落和中国的崛起》，张莉、刘曲译，中信出版社 2010 年版。

98. ［英］特里·伊格尔顿：《马克思为什么是对的》，李杨等译，新星出版社 2011 年版。

99. ［美］弗兰西斯·福山：《历史的终结》，本书翻译组译，远方出版社 1998 年版。

100. ［美］弗朗西斯·福山：《国家构建：21 世纪的国家治

理与世界秩序》,黄胜强、许铭原译,中国社会科学出版社 2007年版。

101. [美]弗朗西斯·福山:《政治秩序的起源:从前人类时代到法国大革命》,毛俊杰译,广西师范大学出版社 2012 年版。

102. [美]约翰·奈斯比特、[德]多丽丝·奈斯比特:《中国大趋势:新社会的八大支柱》,魏平译,吉林出版集团、中华工商联合出版社 2009 年版。

后记

1997年4月，我从复旦大学国际政治系毕业，获得政治学博士学位。博士论文修改后以《公共秩序的制度安排——国家与社会关系的框架及其运用》为题，于2005年由学林出版社出版。毕业后较长一段时间，我的研究旨趣仍在政治学，代表性成果是《中国共产党与当代中国民主：历史与经验》（2004年）一书。后来，我的研究重点逐步转向公共管理理论，出版了"三部曲"中的前两部《公共管理新论——体系、价值与工具》（2008年）、《中国特色社会主义公共管理研究》（2013年）。2015年以后，我又花了较多精力关注中国共产党的创新理论，领衔撰写并出版了《打铁还需自身硬——今天如何做一名共产党员》（2016年）、《坚持和加强党的全面领导研究》（2019年）等书。这些论著出版后，多次获得省部级哲学社会科学优秀成果奖，其中一等奖有2个。

阶段性研究主题的转换，与我的个性有关。我喜欢不断开拓新领域，特别是对于自己希望搞清楚的问题，总想通过系统研究来找到答案。此外，也是出于工作需要。转到行政岗位后，我深感要做好管理工作，必须加强思想理论方面的学习，否则无法进行有效的指导。

跨领域研究使我获益匪浅。比如，现实感和问题意识更强，不再"无病呻吟"或"隔靴搔痒"。在表达上，也不再"故作深沉""聱牙诘屈"。更重要的是，自己对政治思想、政治制度和政府管理之间的差异与联系有了更深的理解，并试图提炼或借用新概念来建构自己的分析框架、理论体系。本书用"合金"来透析中国特色社会主义，分析当代中国政治制度和政治体制改革，就是这方面的一次尝试。从发表第一篇论文到现在，已过去十年。本书的出版也算是个总结和交代。

2019年6月，本书初稿完成后，我又运用这个概念分析中国共产党百年党内治理结构的变迁，近期独立完成了30多万字的《中国共产党百年自身建设研究》书稿，在"走近政党"的基础上进一步"走进政党"。由此看出，尽管不同时期我的研究兴趣点不同，但万变不离其宗，这个"宗"就是政治、政府和政党，学术研究的初心未改。

本书得以出版，首先，要感谢顾海良教授。经他引荐，我有幸担任中国道路系列丛书政治建设卷的主编，并负责政治体制改革这本书的撰写，因而也就有机会把自己的思考呈现给读者。其次，要感谢单位的同事和家人。他们真心付出，使我能够有一定的时间阅读和写作，能够在学术的道路上继续前行。最后，感谢经济科学出版社的陈迈利、孙丽丽等人。他们为出版本书及政治建设卷另外10本书倾注了大量心血，他们出色的工作令人肃然起敬。

由于研究是在繁重的行政工作之余进行的，加之本人水平有限，本书难免存在许多值得商榷的地方，欢迎读者不吝赐教，以利我进一步完善自己的观点。

作　者
2020年7月22日